神社史料研究会叢書Ⅲ

祭礼と芸能の文化史

薗田　稔・福原敏男編

思文閣出版

本殿と御廊の間の斎垣を背にしてまどろむ頓覚坊。児姿の春日明神が出現する。
『春日権現験記絵巻』(模写、東京国立博物館蔵)　(松尾論文参照)

前は二層黒塗りの河原町のだんじり、
上には松に鶴と岩の造り物

後は神拝村の二層白木造りのだんじり、
波に松と鯉の土台幕

前は二層白木造りの横黒のだんじり、
上に御高祖頭巾の女人形、土台幕は
波に浮かんだ酒壺の上に猩々

後は二層黒塗りの明屋敷のだんじり、
胴板は牡丹の襖、隅障子と袖障子は
黄色の桟の障子

(福原論文参照)

『伊曽乃祭礼細見図』（東京国立博物館蔵）

東大寺鎮守八幡宮　本殿及び御廊
『八幡縁起絵巻』（東大寺蔵）　（松尾論文参照）

はじめに

神社史料研究会叢書第三輯は神社などを祭場、舞台に繰り広げられる祭礼と芸能の文化史的研究を特輯した。

松尾恒一「神社廻廊の祭儀と信仰―春日社御廊を中心として―」は、神社廻廊が祭儀空間として如何なる機能を果たすかを、奈良市春日大社を例に論じたものである。春日社本殿と向かい合う御廊は、興福寺僧の一切経会などの法会空間となり、また僧侶個人の祈願のための参籠空間ともなったことを明らかにしている。

廣瀬千晃「相撲節会と楽舞―儀式書に見られる相撲と楽舞の関連―」は、『内裏式』『儀式』『北山抄』『江家次第』などの儀式書に定式化されている、平安時代の相撲節会に関する論文である。相撲節会の次第における楽舞のあり方に注目し、相撲と楽舞の関連について考察したものである。行事の性格に合わせた奏舞の構成がとられていることや、平安時代を通して儀式内容の変容とともに楽舞のあり方も変化していることを明らかにした。

島田潔「中世諏訪祭祀における王と王子」は、中世の諏訪上宮（現、諏訪大社上社）の相互に関連しあった年間祭祀を事例として、その中心に位置する現人神、大祝を神聖王、「神使」

と称された六人の男児を諏訪大明神の「王子」と捉え、上宮を巡るトータルな世界観の一端を浮き彫りにする試みである。神使は、籠りから晴れへの祭祀と、新年を迎えた元日の祭祀の中で、神聖王権の内包する負の性格を担って追放・殺害されるスケープゴートとしての王子という象徴的機能をもっていたことを論じている。

森本ちづる「鹿島神宮物忌職の祭祀―その由来と亀卜による補任について―」は、常陸鹿島神宮における物忌と呼ばれる女性祀職の起源伝承と系譜、出自と亀卜による補任の次第についての考察である。物忌は本殿内陣御扉の御鑰を預かり、年に一度正月七日夜の御戸開神事において内陣に参入して幣帛を奉ることをその任としたこと、などを明らかにしている。

宮永一美「越前志津原白山神社の祭礼芸能―能装束にみる芸能の伝承と断絶―」は、志津原白山神社の祭礼芸能について、従来十分に調査されてこなかった能装束・道具と、文献史料の両面から考察した論文である。この地域の祭礼について、中世には鞍谷氏や池田氏が池田庄の祭礼芸能に経済的に関与し、専業猿楽者が参勤していたが、近世には費用・出演者の両面で村人負担になり、村人が芸能を奉納していたことを明らかにした。

薗田稔・髙橋寛司「武蔵国幕閣大名領における祭礼の振興」は、江戸の山王祭りなどの指揮責任者であった阿部重次・松平信綱・阿部忠秋など幕府老中が、自らの領地における都市祭礼をいかに振興させたかを考察している。近世初期の幕藩体制確立の中で、城下及び藩領の祭礼を利用した帝王学とでもいえるものが、江戸天下祭りを手本として進められていった過程を、岩槻・川越・忍の各藩を例に明らかにしようとする試みである。

　軽部弦「近世鶴岡八幡宮祭礼としての面掛行列」は、現在鎌倉市坂之下の御霊神社の祭礼として執行されている面掛行列と、近世鶴岡八幡宮の祭礼行列を比較分析した論文である。面掛行列は、御霊神社のみに残存しているため、従来特殊視されてきた嫌いもあるが、近世鶴岡八幡宮の祭礼行列を原型としており、近世期においては鶴岡八幡宮を中心とする鎌倉十四箇村の中の一祭礼であったことを明らかにしている。

　浦井祥子「住吉大社における荒和大祓の神事をめぐって」は、近世大坂の夏祭り、住吉祭を考察した論文である。住吉祭は、住吉大社、祓所のある堺（宿院）、住吉大社末社の由来を持つ三十歩神社のある平野の三つの地域によって担われていた。摂津平野郷の惣年寄等をつとめた末吉家に伝わる『末吉文書』の分析により、「荒和祓家」と称される神役が存在し、その役を、末吉家をはじめとする平野郷の七名家が勤めていたこと、住吉大社への桔梗の奉幣と、堺奉行への桔梗の造花の献上が行われたことなどを実証している。

　福原敏男「『伊曾乃祭礼細見図』考―瀬戸内祭礼文化圏の一事例―」は、伊予国伊曾乃神社の祭礼を描いた『伊曾乃祭礼細見図』に関する考察である。伊曾乃祭礼に展開した屋台（だんじり）、みこし、船だんじり、狂言台、傘鉾などの祭礼風流を、瀬戸内祭礼文化圏という地域の特質から考察している。

　本書に収載した九篇の論考は、それぞれ会員の個別研究にもとづいて宮廷や神社の神事祭礼と芸能を主題とし、関連史料に新たな文化史の光を当てたものである。
願わくは、既刊の前二冊とともに、本書も神社史料研究の広がりと深化とに、いささかの貢献あることを念じたい。

平成十五年七月

薗田　稔
福原敏男

祭礼と芸能の文化史　目次

祭礼と芸能の文化史

神社廻廊の祭儀と信仰

――春日社御廊を中心として――

松尾恒一

はじめに

本殿や拝殿を方形に取り囲む建築物―廻廊―を有する神社として著名なのは、鮮やかな朱塗りが海の水に映えて美しい安芸の厳島神社であるが、春日・賀茂・祇園等、神社に廻廊が設けられるようになってくるのは平安時代中期以降である。

神社廻廊は、直接には寺院建築の影響によるものであるが、しかしながら古代より神域を示す区切り、表象として垣を巡らせることは行われていた。瑞垣《みずがき》である。

次の歌は、須佐之男命《すさのおのみこと》が出雲に宮を営んだ折に詠じたものであるが、

八雲立つ　出雲八重垣《やえがき》　妻ごみに　八重垣つくる　その八重垣を　(『古事記』)

「八重垣」と記されることよりわかるように、宮の周囲に幾重もの垣根がめぐらされていたのである。

平安時代初期の伊勢神宮においては、神殿を瑞垣が囲み、その外側を三重の玉垣が、さらにその周囲を板垣が囲んでいた(『皇太神宮儀式帳』)。瑞垣は古くより「忌垣《いがき》(斎垣)」とも称されたが(『万葉集』『古今集』『枕草子』

等）、社殿を構成する重要な部分でもあったのである。

廻廊は、この瑞垣の発展した様式として認めることができるが、こうした変化によって廻廊も本殿・拝殿について、祭儀空間として重要な役割を果たすことになる。

本稿は、南都興福寺の鎮守社として祭祀された春日社を中心として、社殿を囲む廊が、祭儀や信仰の上でいかなる特質を有するものであったのかを考察する論考である。

一　春日社、廻廊様式の成立

天児屋命《あめのこやねのみこと》を祖とする藤原氏（中臣氏）はまた、都が奈良に遷されて以降に、三笠山の地に鹿島の武甕槌命《たけみかづちのみこと》を勧請して祀るようになる。さらに香取の経津主命《ふつぬしのみこと》、河内の枚岡より中臣氏の祖神天児屋命を勧請し、四柱を祭神として春日社が成立する。

武甕槌命の春日鎮座は神護景雲二年（七六八）と伝えられるが、その降臨の際には、中臣時風・秀行兄弟が随従し、これより、それぞれの子孫辰市家・大東家が春日社の祠官の長たる正預・神主を勤めた。その後、平安期には、春日にはさらに若宮が祀られるようになるが、若宮社の祭祀を司る神主職は千鳥家が相伝した。

こうして、藤原氏が氏神春日明神を祭祀する春日社が成立する。現在、神殿を囲む美しい朱塗りの廻廊が著名であるが、その当初、四柱の神を祀る大宮の本殿を囲んでいたのは廻廊ではなく斎垣であった。

斎垣が廻廊に改められるのは平安後期～鎌倉初期のことで、同じころ、また鳥居が楼門・中門に改められるなど、全体として仏教建築の影響を強く受けてゆくが、実はこれら一連の改変は、春日社を鎮守として仰ぐ興福寺僧侶の意志によるところが大きかった。

この経緯については、早く、黒田昇義《のりよし》・福山敏男(1)が昭和初期に明らかにしたところで、本稿において史実とし

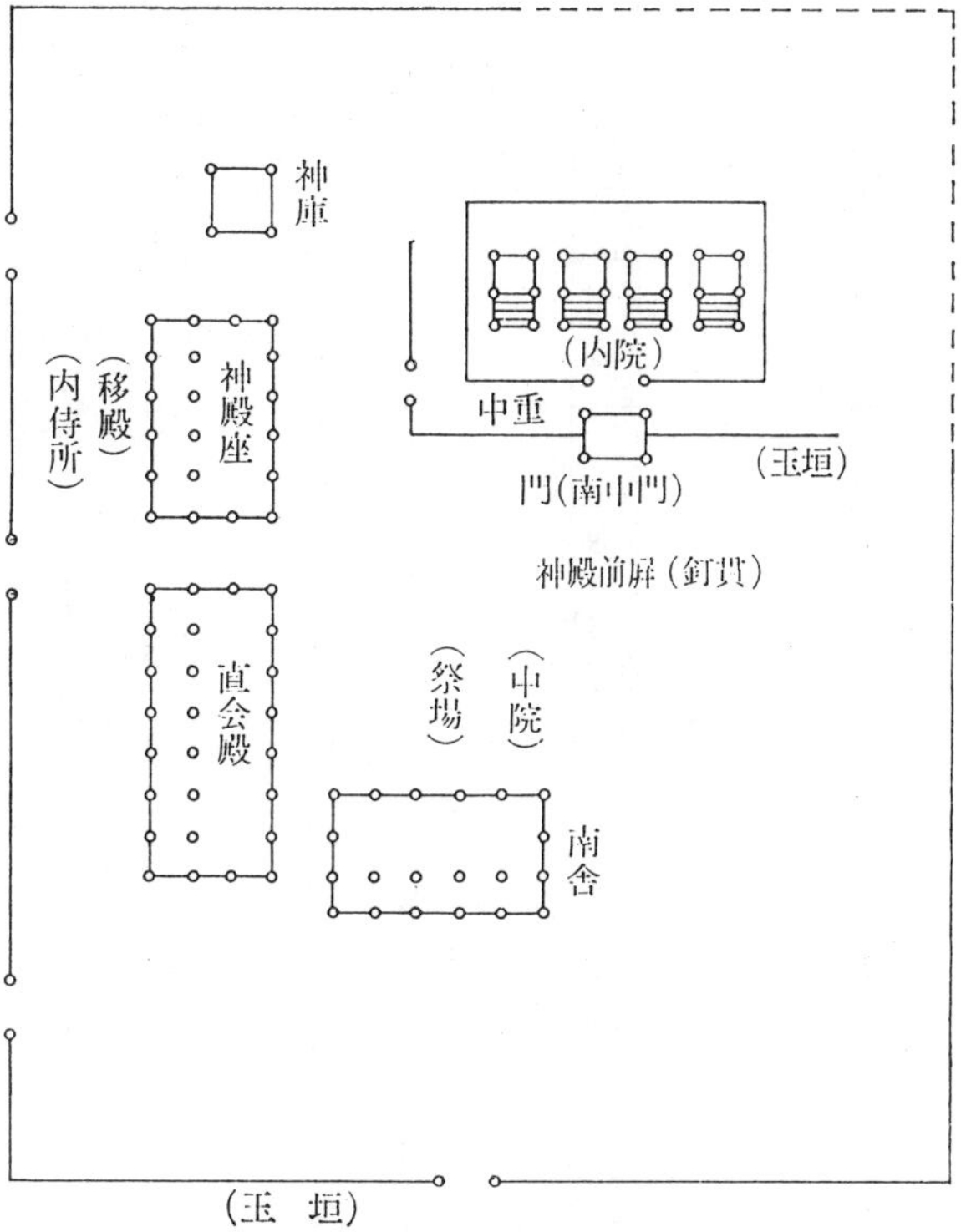

図1　春日神社社殿配置推定図（部分）
（黒田昇義『春日大社建築試論』に拠る）

て新たにつけ加えるものを特に持たないが、両者の研究に導かれながら、資料に基づいて確認しておきたい。

瑞垣の廻廊への改変を興福寺が主張したのは、治承二年（一一七八）の春日社改修の折りであった。『百練抄』治承二年二月十六日には、次のように記される。

春日社今度修造之時、改瑞垣可造廻廊之由、衆徒進奏上、依申請被宣下畢、而社家依有申旨、被行御卜之処、官寮（僚）共不快之由申之、而衆徒申云、不可依卜吉凶、仍被問諸卿、猶祈請本社可有覆推之由、定申之、遂改瑞垣造廻廊、

これを提案したのは、興福寺僧の中でも当時急速に人員、勢力を拡張した衆徒であったことが知られるが、ここで注目されるのは、社家、及び、都の官人とともに瑞垣の廻廊への改修には反対であったことである。

公卿等は、興福寺衆徒の提言に対して不快の念をはっきりと示しており、特に社家は神慮を恐れ、卜によりこの吉凶を神に問うてみるべきことを主張している。春日社家とは武甕槌命に随従して奈良の地を訪れた中臣時

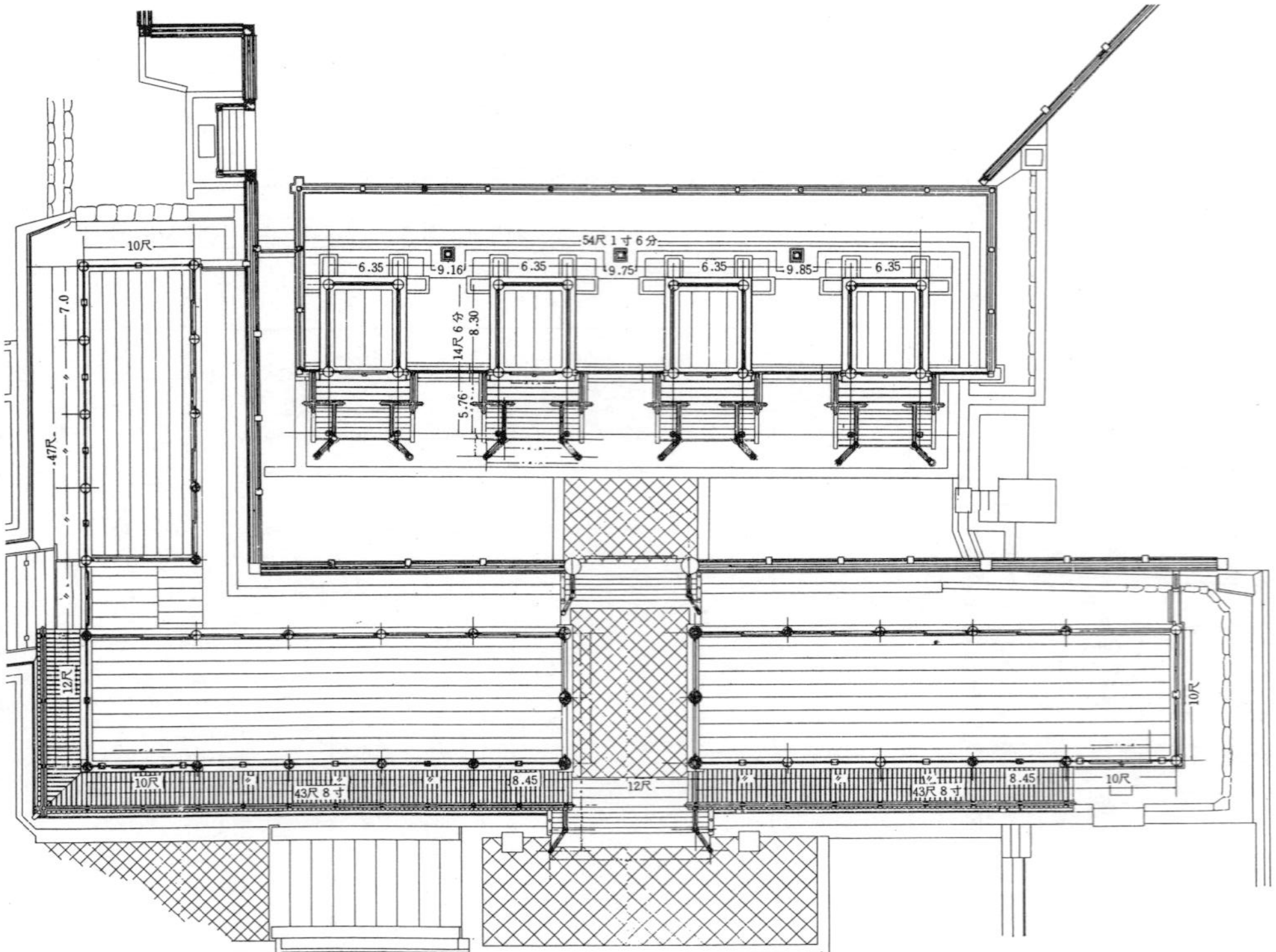

図2　春日大社本社 本殿・御間塀・透塀・内鳥居・瑞垣・棟門・中門・東御廊・西及び北御廊 平面図
(黒田昇義『春日大社建築試論』に拠る)

風・秀行《ひでつら》を先祖とする中臣の正預・神主らであろうが、これに対して、興福寺は、吉凶を問うべき事柄ではないとして、瑞垣から廻廊への改築を強行したのであった。

しかしながら、興福寺による、春日社の寺院様式への改変は、すでにこの一世紀ほど前より企まれていたらしい。文永六年（一二六九）卯月二十六日の「若宮神主祐賢注進状」は、承保二年（一〇七五）、大宮外側の鳥居が、従五位下播磨宿弥光親の受領功によって、まず四足門に改められ、さらに威容を大きくして二階楼となったことを記している。

一大宮南門本鳥居（中略）、其後承保二年八月四日、従五位下播磨宿弥光親、為受領功、成四足了、其後二階楼、即治承三年二月二十六日、棟上造畢之、後号南門、

なお、承保二年には、関白師実が春日参詣を行っており、改修は師実を迎えるに当たって行われたものではないかと推定されている。(2)

これより二十年ほど後、寛治七年（一〇九三）三月に上皇が春日社に御幸になるが、『中右記』三月二十日条には、

着御社内御所社前南廊、東二間懸御簾、為御所、三間為公卿座、庭東西引廻幔、（以下略）

とあり、春日社内の御所、及び公卿座として「南廊」が宛てられたことを記している。通常「東御廊」「西御廊」と呼ばれる御廊であるが、神殿に対して南面していることより、両者を総称して「南廊」記したものと考えられている。すなわち、神殿により近い瑞垣が、廻廊より五十年以上先立って廊様式に改められていたことが知られるのである。

しかしながらまた『増補春日神社記』には、

至此時（治承ノ造替）、同造替之、大宮三箇御廊十五間、并楼門、并垣等、此時始而造立、

とあり、これらを総合すれば、斎垣、鳥居が、廻廊・御廊、門の様式に完全に改められた大修築が治承の造替時であり、これによって現在に伝えられる、壮麗な春日社の威容が整ったものと認められよう。

二　春日社御廊をめぐる祭儀と説話

興福寺の意志のもとに、春日社の瑞垣、鳥居が、廻廊・御廊、楼門に改変されていったこと、これに対して、祭祀を司る社家は反対の意を有していたことなどを見てきたが、では、こうした新たな建築がその後の祭儀や信仰にいかなる影響を与えたのか、考えて行きたい。

まず第一に挙げたいのは、御廊における参籠である。垣という板・線状の、聖域であることを示す表象であった施設が、廻廊という幅をもった空間になったことにより、長時間にわたる滞在が可能となったわけである。

『春日験記』巻十五「唐院の得業が事」は、興福寺の唐院の得業なる僧侶の春日社御廊での参籠に触れた説話である。

得業が春日の東の御廊で行を行っていたところ、ある僧侶が寝込んでいるのを見咎めて、その頭を蹴って、社を去っていった。その後、この得業が病に罹り、巫女に春日明神を降ろして問うたところ、過日、春日の御廊で足蹴にした僧侶は、実は春日明神であったことが、明かされた。『成唯識論』に読み疲れて寝入ってしまっていたというのであったが、得業の病気は、春日明神を粗略にした罰であって、病が癒えることはないだろう、との託宣が下った。

唐院の得業といふ人、御社の東廊に入りて居たりけるに、修学者の臥したりけるが、起きも上がらざりければ、安からず覚えて、出でさまに足にて頭《かしら》を蹴て出でたりければ、此僧あさましと思へど、力なくて臥したりけり。

此得業、病を受けて大事なりける時、巫女を呼びて、大明神を降ろし奉りければ、この巫女のいひけるは、「汝、奇怪《きつかい》の事、有りしかば、一切に助けおはしますまじきなり」といふに、つや〳〵思ひ忘れて「此は何事に候ふらん」と申しければ、「『唯識論』に読みくたびれて、小生の寝たりしを、尊しと思ひしを、蹴たりし、返す〳〵奇怪なり」と仰せられけるにぞ、まことに然《さ》る事有りきと思ひ出しける、

御廊が、単に祈りを捧げる場であるばかりでなく、時に神が出現し、神意を示す空間であると信仰されていたことを示す説話であるが、御廊における、春日神との交感は当時の興福寺僧にとっては信仰というより、実感でもあったようである。

時代は下るが、『多聞院日記』天正十八年（一五九〇）十月七日条により、多門院英俊が病気平癒祈願のために唯識講御廊に参籠した記事を見てみたい。

去ル七月二十七日夜夢ニ、社参スルニ、五色ノ金銀ノ御幣キラヒヤカナルヲ持セテ、大宮殿神人ニ渡之、唯識講ノ御廊ノ未申角ニ丑寅向テ、愚身懃行祈念ノ処、拝殿ノ上臈ノ様ナル女人四五十人ホトノ人ヲリ、物ヲ上ニキテ来テ、対愚身ニ云、多門院モ行末ノ身躰心安ク思ワレヨ、是ノ殿ノ御如在ナケレハ、身躰心安カレヨ、コレノ大明神ノ御如在ナケレバト二返云聞セラレキ、抑難有事哉ト感涙命肝ニ忝難有ヤ貴ヤト拝シ奉了、泪セキアヱスナカレテ夢覚了、（以下略）

英俊は、御廊の中で夢中に入り、巫女とも天女とも思しい女性四五十人もの降臨に対面し、病身の回復の予言を受け、感涙に咽んでいる。

こうした、神前間近での参籠は、先にも述べたように、斎垣が廊という広さをもった空間に改められてはじめて可能となったものであるが、同時に、御廊をぬけて、神殿へとつながる通路である門も祈りの空間として機能

するようになった。

すでに見たように、斎垣が廊様式の建築に改められるのにともなって、鳥居は仏教様式の楼門に改められたが、門下は、僧侶が読経等の祈りを捧げる空間として機能するようになったのである。神前読経自体は、古代の早い時期に定着していたが(3)、注目したいのは、門からの神前での祈りと、参籠という時間的に継続性の有する祈願とが連続的な営みとして行い得るようになったことである。

『春日験記』巻七「経通卿が事」は、建暦二年（一二一二）、蔵人頭藤原経通が服のために頭職を辞退させられたことを嘆き、正月より春日に参籠して祈願する話である。夜間には、楼門下にて神楽を奏上し、百日を超える参籠を行ったのであったが、果して五月十日、上皇の夢に誰とも知らぬ人が現れ、経通を頭に還補するようにと告げられた。目を覚まされた後、経通が春日に参籠していることを知り、上皇は経通を頭とする旨伝える使者を送られたのであったが、験記には知らせを受けた経通の様子が次のように記される。

その時、経通楼門の下にて「寺僧達、聞こし召せ、忽ちに神恩を蒙りて、斯かる喜びをこそして候へ」とて涙を抑へて罷り出づ、楼門の左右の人々、寺僧までも、大明神の御利生、例なき由を貴びけりとなん、
注目されるのは「楼門の左右の人々、寺僧」たち、すなわち楼門の東西の廊にともに参籠していた人々がいることである。廊に籠りながら、折々―特に神の示現する夜間―門の下に参じ、社殿の祭神に向かって読経や神楽等の祈りを捧げるというかたちが、楼門と廊の成立より程なくして一般化していたことが推測されるのである。

このような祈りの場となった門が、神が示現する場となることは自然な展開ともいえる。これは御廊の外周を囲む廻廊を神前へと抜ける楼門も同様であったが（巻七「近真《ちかざね》が陵王の事」等）、特に注目したいのは、春日・興福寺が一体化してゆく状況下にあって、門が、春日明神が本地を仏・菩薩とすることを示す奇瑞を現す空間にもなっていたことである。

『春日験記』巻一「承平《じょうへい》の託宣の事」では、承平七年(九三七)二月深夜、神殿鳴動して風吹く中、橘氏《たちばなのうじ》の女《むすめ》に春日明神がのりうつり、参籠中の興福寺の僧を召し、我は「慈悲万行《まんぎょう》菩薩」なりと宣言している。画中には、門の下に橘氏女が見えるが、表情がわからないように描くことにより神が降りていることを表現している。

承平七年時点では、廊と門は、瑞垣と鳥居であった可能性が高く、描かれているような門下で憑依するといったような状況はあり得ないが、廊・門が成立した後となっては、寺院様式に近い門こそが菩薩であることを宣言する空間としてイメージされるようになっていたのである。

『春日験記』巻十八「明恵上人が事」は、明恵上人の春日社参を描くが、門下で二粒の鉄鎚が舎利に変ずるという奇跡がおこる。実はこれに先立って、明恵は笠置寺の解脱房貞慶のもとを訪れるのであるが、そこで貞慶より春日明神と連れ立って来たのではないかと告げられる。そして、貞慶より「見参の悦びに」といって「秘蔵の舎利」を授けられるのであるが、それは二つの鉄鎚と思しきものであった。この後に春日に参じて、祈りを捧げたところ鉄鎚が舎利に変じたのであったが、そこで春日明神が釈尊の舎利に入り同体となったことを悟った、というのである。

ところで、黒田・福山の論考でも指摘のないことであるが、瑞垣が、廻廊・御廊に改修された後でも、神前にはなお、御廊と本殿とを隔てる垣が立てられていた。この垣が、貞観の社殿成立期より立てられていたものが残存したものか、あるいは、神殿前の瑞垣が御廊に改められた後に、新たに立てられたものか、ここに明らかにし得ないが、この垣こそは、春日の神官にとっては、神域と仏域とを截然と示す、最後の砦ともいうべきものであった。

『春日験記』巻十四「頓覚房が事」は、忍辱山(菩提山正暦寺)の僧侶頓覚房《とんかくぼう》が、弟子の一人であった興福寺僧を申し受けようと、春日社に百日参りをして祈願した説話である。絵には斎垣の内側にて祈願を行う様子が描かれるが、頓覚房は本殿の直下で『法華経』を読誦して祈りを捧げたのであった。そして、疲れまどろんでいた夢中に春日明神が児姿にて出現したのであったが、児は、読経に対する礼を厚く述べながらも、「余りに近くて読むが悪きぞ、これより後には、斎垣の内をば出づべきなり」と仰せられ、さらに「かねては汝が申すことは叶ふまじきなり」と予言したのであった。

すでに見たように、瑞垣を廻廊に改修することを強く反対したのは、春日の社家であったが、その後、御廊を隔てて本殿前に立つ斎垣は、神と仏とを隔離する境界・表象としての役割を担うものであり、大宮全体としては、神仏習合の建築様式に改められたとはいえ、その最聖域部たる本殿は、仏（僧侶）より隔離する意識がはっきりと残っていたのである。

三　若宮社殿の場合

平安後期に鎮座した春日若宮神は、大宮よりやや離れた東の地に社殿が設けられて、大宮の神と同格の神として祭祀が奉じられてきた。

春日若宮神の出現は、長保五年（一〇〇三）のことと伝えられる（『長承註進状』仁平三年（一一五三）追記「御根本縁」、『春日社記』等）。大宮第四殿の板敷に出現した若宮神は当初、大宮内において祀られ、その後、約一世紀を経て、長承四年（一一三五）、大宮よりやや離れた現在の地に独立した社殿が造立され、奉遷される。

社殿は、当初斎垣で囲まれた本殿の正面に拝殿を備えるといったかたちであったが、その後、拝殿は康治二年（一一四三）の改修を経、治承二年（一一七八）に、中央の土間の細殿によって分割され、〔神楽殿・細殿・御廊〕といった部所よりなる構造となり、また新たに本殿と細殿の間に拝屋が加えられて、(4) 現在に続く。

主として拝屋で神職が神事を奉じ、さらに巫女の神楽や奏楽が行われる場合には神楽殿が舞台となり、御廊は

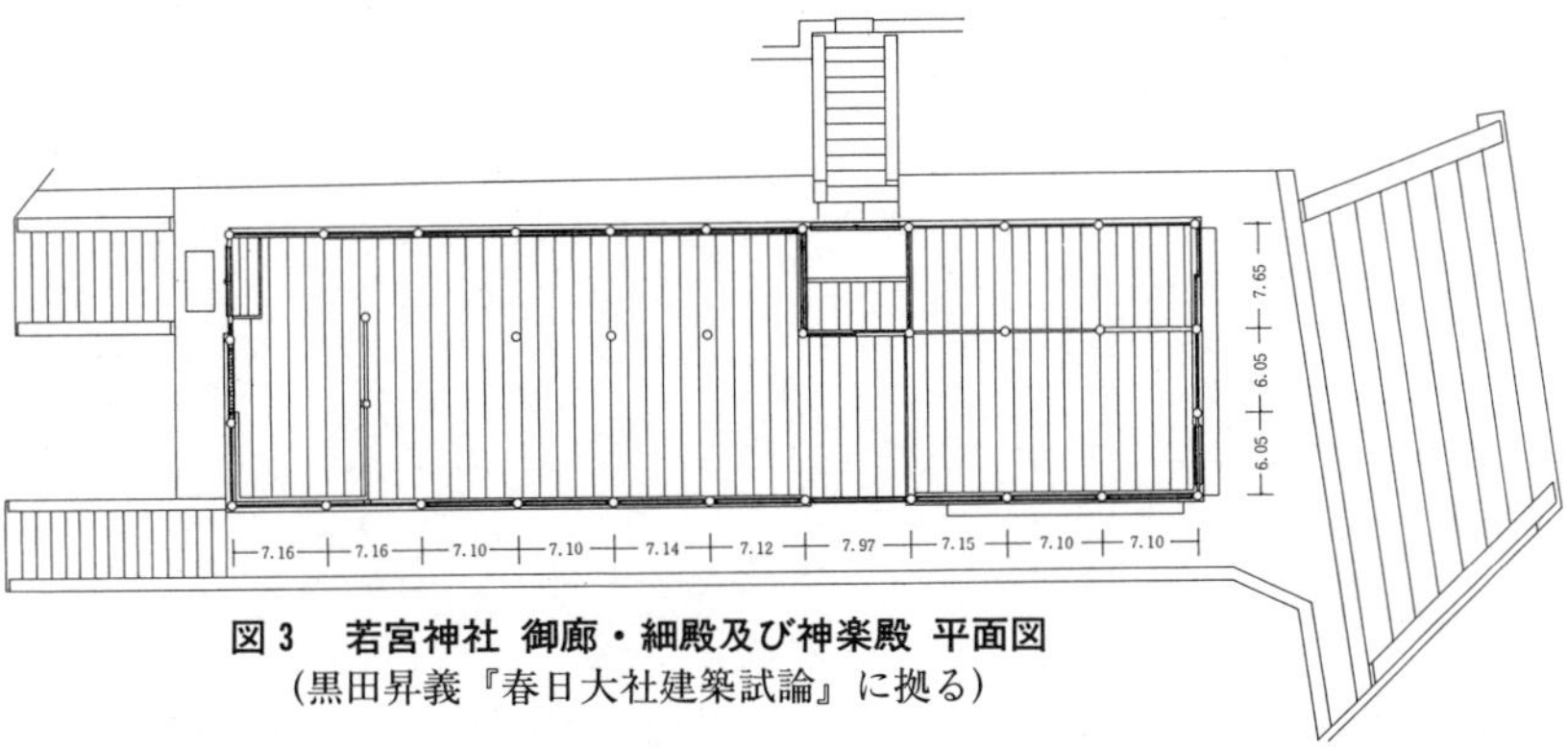

図3　若宮神社 御廊・細殿及び神楽殿 平面図
(黒田昇義『春日大社建築試論』に拠る)

参拝者の拝礼の間として使用される。興味深いのは、多くの神社においては拝殿に相当するこの空間が、芸能の舞台として使用される点である。

我が国神社建築における本殿と、これに併設される拝殿の関係や、その成立について総合的に論じる用意はここにないが、その過程の一つを示すものとして若宮拝殿との比較の上で取り上げたいのは、『年中行事絵巻』に描かれた、京都紫野今宮神社の様子である。

三棟の本殿の正面と正面左に板敷、屋根付きの廊が建てられ、後方の柵とともに本殿を囲む体をなしている。今宮祭の場面で、本殿正面の庭上で巫女の神楽が奏されるが、拍子方は――廊を楽屋として使用するのではなく――庭上の筵の上で奏楽に奉仕している。拝殿に相当する廊は、その他の巫女の控えの間、及び、参拝の人々の見物の座――すなわち桟敷――として使用されている。廊での見物の人々や、後方の垣の外で円陣を囲む人々は酒食に興じている。

ここでその建て様にも目を配ると、本殿にくらべて屋根等の材の不揃いが目につく。正面脇の廊は、後方より直角に曲がった柵（瑞垣）と連続しており、こうした点に注目すると、瑞垣の一部が祭祀の必要より廊様の建造物に改築されていったものと推測されるのである。

祭祀の必要とは、具体的には桟敷（観覧席）及び楽屋としての用途ということであるが、我が国の、舞台から客席を含む構築物へと展開してゆく、

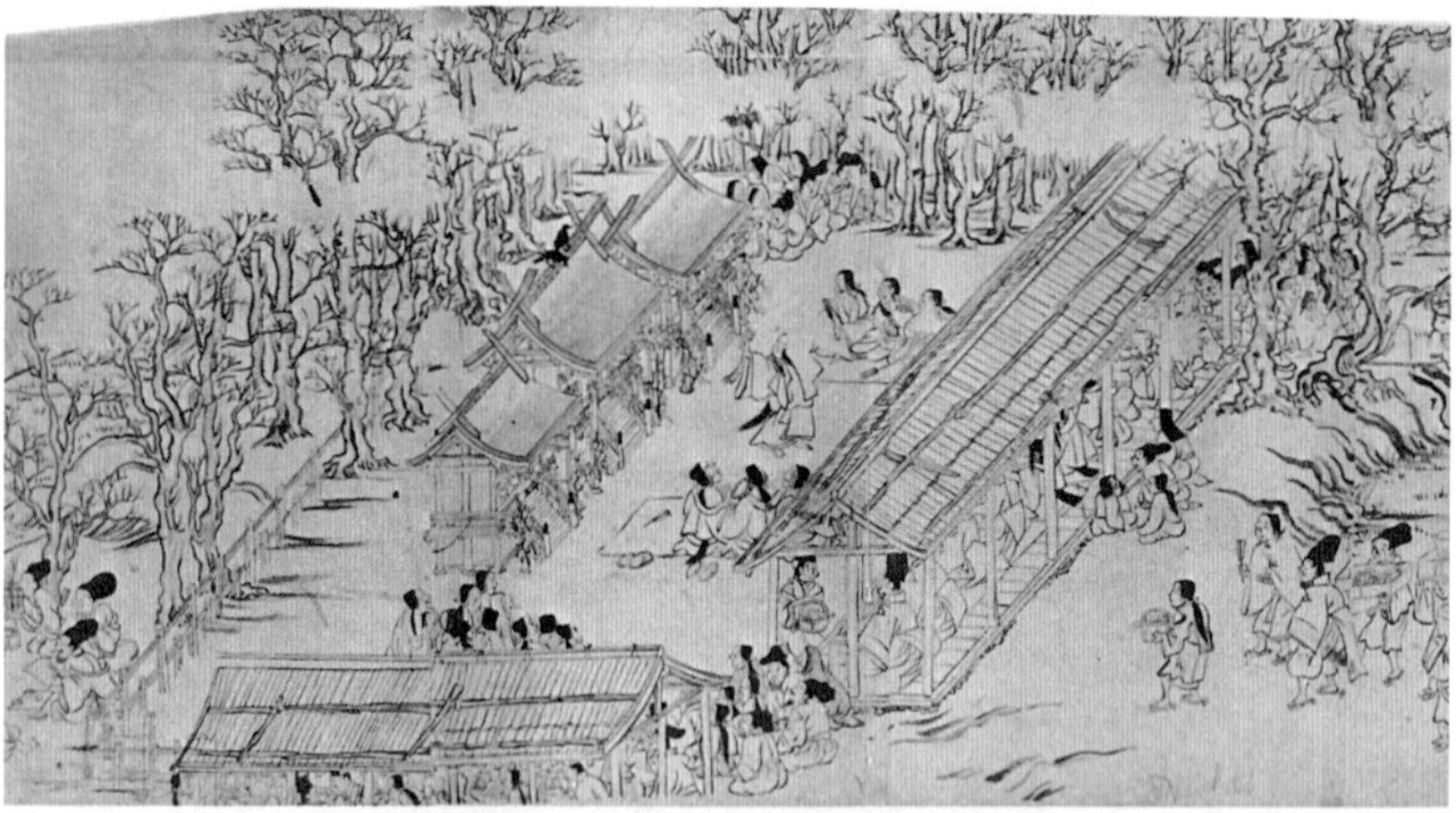

図4　『年中行事絵巻』京都紫野今宮神社巫女の神楽(田中家蔵)
(日本絵巻大成8、中央公論社、1977より)

劇場の形成史の上から注目されるのである。

再び、若宮社殿の神楽殿・御廊について考えれば、御廊が神楽や神事の際の参拝者の座となる点では、『年中行事絵巻』に描かれる今宮神社の例と共通するものといえる。しかしながら、芸能の奏上については、今宮神社の場合のごとく、神前や貴人の館の前の庭上より神や貴人に対して奉ずるかたちがより古いあり方なのであって——春日若宮御祭においては、仮御殿の前庭に相当する芝舞台で巫女神楽が奏される——、拝殿の一部が神楽殿として舞台の機能をあわせ有する点は、特異なのではないかと思われる。

寺院における仏への供養の舞楽は堂前に舞台を設けて行われたが、奈良時代以来の南都諸寺院におけるこうした実践が、拝殿という建築物を、舞台として使用する発想の背景として考えられないだろうか。

ちなみに奈良においては、東大寺における二月堂下の食堂と修二会の間の参籠所となる宿所の間を割るようにしてトンネル状の細殿が設けられ、この細殿を潜って階上の二月堂へと通じるが、廊様の若宮拝殿のかたちはこうした構造と極めて近似するものである。

治承二年といえば、先に見たように興福寺の意向のもとに、大宮の斎垣が廊様式に改修された時であった。神楽殿を舞台として神楽を奏する拝殿巫女は興福寺に属し任命される組織であったが、[5] 康治二年の立て替えは、巫女の詰め所としての整備のためともいう。[6] さらに三十年以上を経た、治承の〔神楽殿・細殿・御廊〕といった改修は、興福寺の意向が強く反映された、仏教建築としての性格の濃厚な構造であると認められるのである。

ところで、若宮拝殿の御廊においても参籠が行われたが、そうした折などには、託宣も行われた。若宮社殿の草創期の巫女の託宣については、『台記』久安六年(一一五〇)二月二十二日条が早い記録で、頼長が春日若宮に参拝して神楽を上げている最中に、巫女「正一」(惣一のことであろう)に若宮神が憑依し、託宣している。ちなみに、この前後、頼長は巫女の託宣を得るために「正一」を招いており、二十二日には四宮が、二十五日には若宮が降臨している。

若宮拝殿巫女の憑依、託宣の激烈な様子についてはアルメイダの記録等によってよく知られるところであるが、[7] 託宣を行ったのは巫女ばかりではなかった。その様子を『春日験記』によって見れば、憑依して託宣を行う者について次のような分類が可能である。

a 神楽殿で神楽を奏上する折などに巫女が託宣が行う場合……巻四「三條内府事」、同「後徳大寺左府事」、巻十三「晴雅律師事」、

b 神殿より現れた貴人(春日明神の垂迹)等が託宣が行う場合……巻十「林懐僧都事」

c 祈禱を行う参拝人自身が神憑って自身の祈願に対して答える場合……巻十六「解脱上人事」

なお、これらの祈願・祈禱が、必ずしも拝殿たる御廊において行われたわけではないことにも注意したい。巻四「後徳大寺左府事」では、春日祭使となった息子公守に私に随行した藤原実定は、侍等、大勢の供人に混じって若宮御廊外より参拝しているし、また巻十六「解脱上人事」では、解脱上人貞慶が廊脇の階下にて額づき、

神憑っている。神殿から離れた地の拝礼は、けっして疎略なものではなく、むしろ神威を畏れ敬うものであり、社殿外からの祈願に対しても神意は示されたのである。

四　廻廊・御廊の民俗的変容

『奈良曝』に、「興福寺の僧、かわる〳〵に籠り居て経を読み、天下の御祈禱をいたす」と記されるように、近世期には、春日社や境内の安居屋における参籠、祈禱は平生にも見られる光景であった。しかしながら、明治の神仏分離により、安居屋は廃絶し、また八講屋は直会殿と改められるなど、春日における興福寺僧侶の仏事は許されないものとなる。

興福寺は一時、解体同然となった後、法隆寺の主導により薬師寺とともに復興の道筋がつけられて、諸仏事も再興される。

国家儀礼でもあった興福寺最大の仏事、維摩会は現在なお中絶したままであるが、明治期以降、最大の年中行事となったのは平安時代以来続けられてきた慈恩会であった。「慈悲万行《まんぎょう》菩薩」と名乗った春日明神（『春日験記』巻一「承平《じょうへい》の託宣の事」）は法相宗の護法神でもあったが、宗会慈恩会においては、春日明神に対する諸儀礼を現在でも見ることができる。

近代において慈恩会が復興するのは、明治二十九年のことであるが、このときあわせて学僧の試問である竪義も再興された。近代における竪義は、当初、法相宗本山の住職の必須要件として位置づけられたが、「加行《けぎょう》」と呼ばれる三七日に及ぶ修行を経て慈恩会当日に行われた。

加行は四～六畳ほどの小部屋において慈恩画像のほか春日赤童子を奉掛し、また春日の神火を神前に灯して行われる。すなわち春日明神の加護を請い、満行を祈りつつ、行に専心するのである。

この春日の神火は、加行第一日目に春日社に参じて授けられるものであるが、竪義を受ける学僧は、春日社に参ずると中門下の円座に座し『唯識三十頌』『般若心経』を読誦し、神前より降ろされた神火を神職より授かるのである。(8)

まさに『春日験記』等に描かれるのと同様の、中門下での僧侶による神前読経は、第二次大戦後に復興した興福寺元旦社参式（日供始め）でも行われるが、竪義加行の社参の際に、神前より下ろされて中門辺にともる燈明は、門下における春日神の顕現を彷彿とさせるものでもある。

ところで大和国内に限っても、社殿を囲む廻廊様式を有する神社はいくつかあり、春日社についてみてきたのと極めて近い例や、その二次的な展開と認められる使用の事例を見ることができる。

そうした近世及び民俗のいくつかの事例について検討し、祭儀空間としての廻廊・御廊の特質について考察したい。

1　東大寺八幡宮廻廊

東大寺への八幡神の鎮座は、奈良時代、天平勝宝元年（七四九）、豊前国宇佐から南都への影向を契機とする。(9)

社殿は当初、大仏殿東南の鏡池の東にあったが、治承四年の兵火により焼失した後、再建される。さらに、嘉禎三年（一二三七）十一月、本殿の現在地における造営が行われ、同年に遷宮が行われる。その後、仁治二年（一二四一）より正応元年（一二八八）の間に、本殿を囲む北・南・西・東の各廊が建築され社殿の威容が整う。

本殿は西面し、前庭を挾むようにして正面の門が建ち、この門の両脇、南北長くに北・南の御廊が建つ。

その最大の年中行事は、八幡神の御神幸を中心とする転害会で、行事の中心は転害門における神事であったが、注目されるのは、あわせて法楽のための仏事（七僧法会）の場として北御廊が使われたことである。ほかに、多くの社寺と同様に大般若会が行われたが――東大寺八幡宮における大般若会の始修は寛喜四年（一二三二）――、やはり御廊が僧侶による仏事の場として宛てられた。その経供養の様子を図解した『八幡宮経供養差図』（東大寺蔵）によれば、門を挾むようにして、講師・読師の高座が北・南の御廊に置かれており、儀礼の様子を窺わせる。

神前仏事における廊の使用としては、東大寺と隣接する春日大宮における唯識講の例を挙げることができるが、また、仏事の行われる北・南御廊と本殿との位置関係は、春日大宮と東西御廊の関係ばかりでなく、春日若宮における神楽殿・御廊の場合とも照応するものといえる。

東大寺八幡宮における仏事の場としての廊の使用は、春日社を先蹤としてこの影響のもとに行われたものと考えられるが、あるいは、春日からの直接の影響というよりは、鎌倉期には神社における仏事の空間として廻廊・御廊の使用が一般化していたとも考えられる。宇佐八幡宮・石清水八幡宮のほか、同時代における多くの事例を検討しなくてはならないが、今後の研究に期したい。

なお大般若会においては本殿前に舞台が設けられ舞楽が奏されている点も注目される（『東大寺続要録』諸会篇「八幡宮大般若会事」）。寺院における供養舞楽を伴う法会に倣ったものといえるが、しかしながら、寺院においては堂内の本尊前に高座が据えられ、堂外の前庭に舞台が設けられるのに対して、この八幡宮の例では、前庭の舞台を挾んだ向こう側の御廊内に高座が据えられている。先に廊の外、神前の斎垣の内にて読経する僧侶が神の咎めを受ける春日の例を見たが、神社に立てられた廊には、仏（僧侶）を神より隔離する装置としての認識があった可能性も考えられる。

2　薬師寺八幡御廊における集会・起請文と座小屋

薬師寺の鎮守となった休ヶ丘八幡は、東大寺に八幡が鎮座する際に一時休息されたのがこの地であり、これに由来とする名称だという。

その構造は、社殿を廊が囲む様式であったが、近世における使用で興味深いのは、寺僧の集会の会場として使用されたことである（『薬師寺上下公文所要録』天文四年（一五三五）四月十五日条、永禄九年十月十五日条等、以下、中・近世期の事例は本史料に基づく）[10]。八幡神への決議の誓約が行われたものと推測されるのであるが、実際に起請文を提出して誓約を行っている例も見られる。

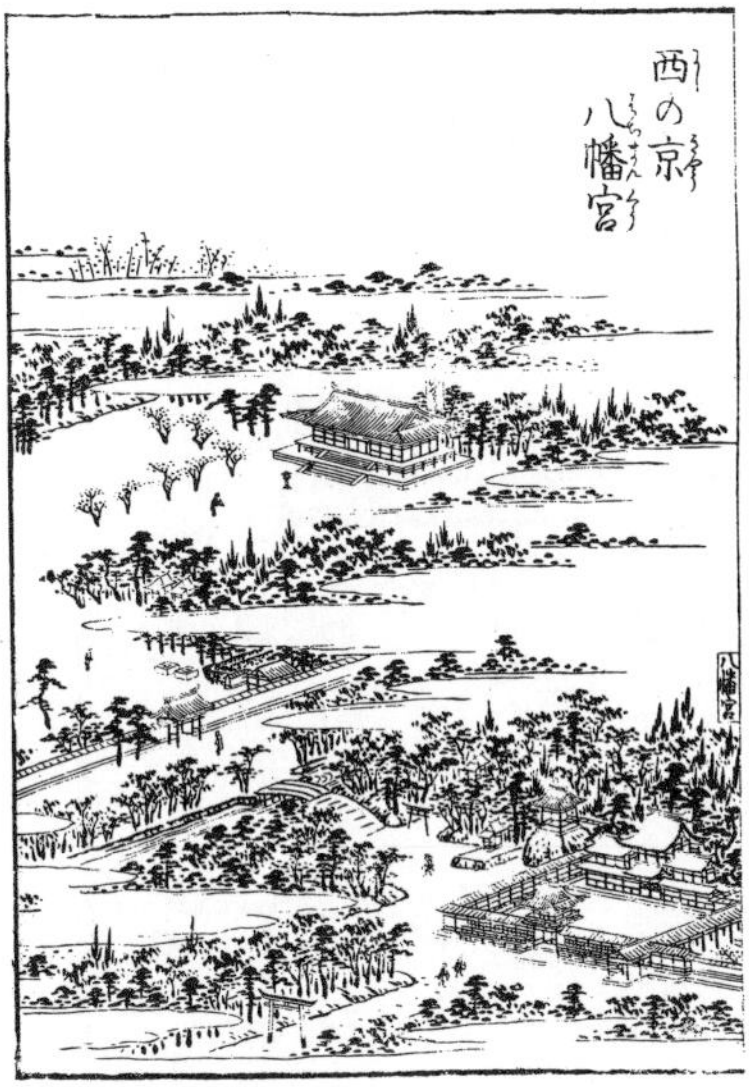

図5　寛政3年『大和名所図絵』巻3、薬師寺休ヶ岡八幡宮(右下)

修二月之儀ニ付、両荘厳之頭人、宮方之儀、一向致陵尓条、神楽不可参之由、申間、何モ神楽ヲハ可参、宮方如存分可有沙汰之旨、自寺被申遣間、御神楽参了、然間、為近年之掟法ト、宮方江有致陵尓事者、可被啓文之為掟法之由、自宮方申間、内儀之暖冬、色々雖有之、終ニ四月之比歟、八幡宮御廊ヘ三沙汰人罷出テ、両頭人致啓文畢、

（天文八年〈一五三九〉二月条）

「花会式」の名称で知られる修二会に関する記事であるが、荘厳の頭役が、その職責について追求されている。修二会における荘厳頭とは主に、仏前に供えられる壇供（餅）や造花の準備（そのための費用

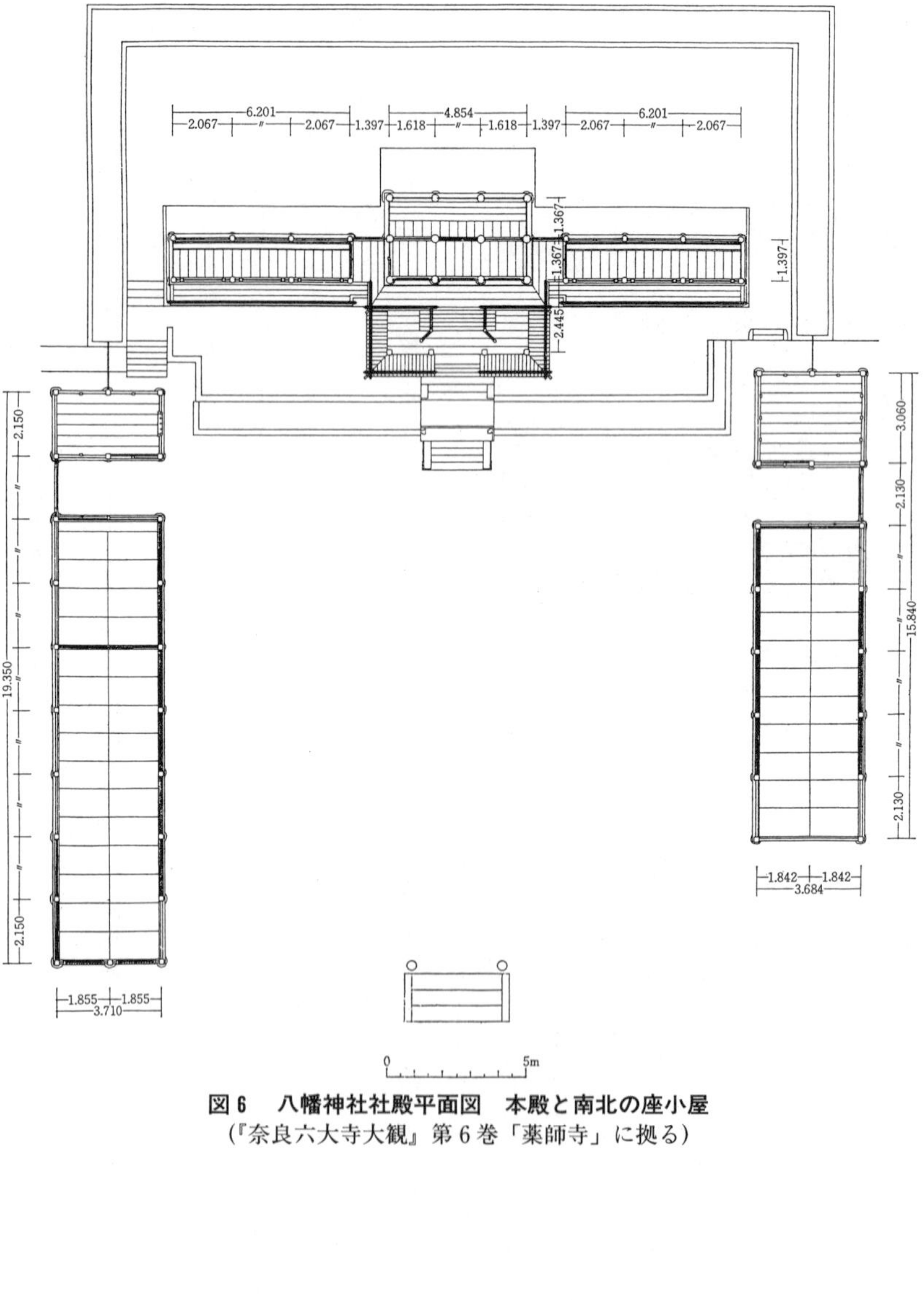

図 6　八幡神社社殿平面図　本殿と南北の座小屋
（『奈良六大寺大観』第 6 巻「薬師寺」に拠る）

負担を含む）の役である。修二会期間中に宮における神楽が関連行事として行われる点も興味深いが、その差配が荘厳頭役であったのである。ところがこの年、二人の頭役の、神楽行事についての職務怠慢により神楽の奏上が果せず、その責任が追求されたのである。結果、両頭人は起請文によって誓約することとなったが、その場となったのが八幡でも御廊であったのである。

八幡においては、酒宴をともなう集会が行われることもあったが（天文十年〈一五四一〉八月十五日条）、また寺僧ばかりでなく寺域郷民による共同祈願も行われるようになっていた。

慶長七年（一六〇二）には、

七月二十九日ニ為古立願与踊、四ケ郷令沙汰畢、此踊ハ先年以外旱魃之刻ニ、雖至立願与（中略）、御湯ニ八幡被成御出、（以下略）

とあり、寺域の四ケ郷が八幡にて旱魃の際に雨の祈願を行い、その願開きとして踊りを奉納している。湯立てが行われ、その湯に八幡神が示現したしるしが現れたことを記している点なども興味深い。これらの祈願の場となったのは、廊と神殿に囲まれた、神前の庭であろうが、御廊が郷民の集会の場として使用されることもあった。

ふたたび修二会についてであるが、江戸期には寺辺の村五条・六条・七条・九条の四ケ郷が「夜荘厳頭役」として壇供の餅を献上することとされていたが、室町期においてはこの夜荘厳頭役、及びその他の郷民が神主とともに八幡宮の北の御廊（あるいは南の御廊）において酒肴の宴を催したという。(11)

現在、八幡宮境内には南北に「座小屋」の名で呼ばれる建物が向かい合って建つが、実は御廊の残存と見られるものである。(12)座小屋は社殿建築としてばかりでなく、歴史・民俗上の、特に往時の宮座の姿をうかがい知るうえでの貴重な建築といえるのである。

国家安穏、五穀豊饒等の祈願を行う公の行事——仏事への奉仕——と、郷民自身の共同祈願とが連続していると認められる点も興味深いが、その場所が鎮守の社でも御廊が使用された点が注目される。四ケ村の郷民は八幡を惣氏神と仰いだともいうが、八幡は薬師寺の鎮守神であると同時に複数の郷によって構成される地域共同体の鎮守としての性格をも有していたのであり、その社は地域の共同祈願の場としての役割をも果たしていたわけである。

3　奈良豆比古神社

奈良坂に鎮座する式内社奈良豆比古神社の本殿は東を正面として、中央の奈良豆比古神（春日第四神 姫大神）を挟んで、右（北）に施基《しき》親王（八幡神）、左（南）に春日王（若宮神）を祀る三つの社殿よりなる。『大和名所図会』（寛政三年（一七九一））の図には、正面の三方に本殿を囲むように建つ社屋を見ることができるが、もとは廻廊であったと推測される建築物である。現在、社殿正面に常設されている方形の舞台は描かれず、この当時未だなかったものか定かではない。鳥居より始まる参道は、現在と同様に社殿正面の社屋の中央をトンネル状に突き抜けて本殿に通じている。

奈良豆比古神社では、少なくとも近世期には成立していた年齢階梯組織の宮座によって、弓始め（正月）、花摘み祭（七月）、翁・例祭（十月）等々、年間を通じて多くの年中行事が行われていた。奈良坂一帯は、京都及び、伊賀・伊勢へと分岐する交通の要衝であることより商工業が栄えたが、数多くの年中行事は、その経済力を背景として運営が可能となったものである。

各月の行事ではあわせて直会が行われるが、重要なのは廊に相当する、現在「宝亀殿」と呼ばれる社屋が会場として使われる点である。

直会においては各行事ごとに定められた酒食が供されるが、これを準備するのが六十歳の「見習い」、六十一歳の「式司《しきじ》」、六十二歳の「奉行」から構成される三役である。この三役が食材の準備、煮炊きから供膳までを行うわけであるが、(13) 看過できないのは調備のための竈や食器が宝亀殿の東端と、社務所を含む社殿正面の社屋の南隅との間、すなわち廻廊における東南の角に相当する位置に常備されている点である。

薬師寺休ヶ丘八幡宮の廊（座小屋）が、近世期には郷民の集会・饗宴の空間として使用されたことは先に見た通りであるが、奈良豆比古神社においてはほぼ毎月といった頻度でこうした営みが継続的に行われたことによって、竈をはじめとする調備のための設備が整えられていったのであろう。それが、もと廻廊であったと推測される建造空間中に造られている点、注目されるわけである。

十月に翁講によって演じられる翁舞いは、かつて「咒師走り」の名で呼ばれ、猿楽の翁と修二会における咒師との関連を示唆する翁芸として著名であるが、その舞台もまた特徴的である。特にここで注目したいのは、楽屋として、舞台を挟んだ神殿正面（東）の社屋が宛てられる点である。翁舞い奏演の際には、この社屋と舞台との間に仮設の橋掛かりが設けられるが、翁・三番叟の役者・囃子方ともにここで装束等準備を整え、この橋掛かりを渡って神前の舞台に出仕し、芸能を奉納することになる。

現在の能舞台は、シテ・ワキの控所たる鏡の間と地謡・後見の控える楽屋とが別に存するが、両者が未分化であった時代の能舞台（桟敷）を思わせる点でも興味深い。特に初期の猿楽の舞台図として著名な寛正五年（一四六四）の舞台図（『糺河原勧進猿楽桟敷の図』）では、橋掛かりのほぼ正面に「神の座敷」（その脇には将軍の座も）が設けられ、神に対する奉納の意識がはっきりと残っていたことが確認できる。奈良豆比古神社には「応永二十年（一四一三）二月二十一日」銘のある癋面も伝えられ、室町期にはすでに猿楽が盛んであったことを推測させるが、翁舞いにおける、〔楽屋―橋掛かり―舞台―神殿〕といった構成は、猿楽初期の舞台構造を現在に伝えるものとしても理解できるかもしれない。

なお、中世、興福寺や東大寺においては、堂前庭の舞台で演じられる舞楽や延年を、堂を囲む廻廊において見物する寺僧の様子などを確認することができるが、(14)こうした廻廊の使用の二次的な展開としても理解できるかもしれない。別稿にて、参籠の空間や周縁的な環境が楽屋を発生させる重要な契機となったことを論じたこともあるが、(15)翁舞いにおける社屋（廊）の楽屋としての使用は、正に両者の要件をあわせ持つ例としても注目されるわけである。

なお、奈良豆比古神社においては、社殿正面（東）の社屋の一部が社務所として使用されている点や、宝亀殿と向かい合うようにして建つ北の社屋が、社守の常住所として使用されている点も看過できない。廊は、もともと昼夜間の連日に渡る参籠が可能な建築空間であったが、その展開として共同体における祭祀奉仕者の集会・饗宴の施設として使用され、さらにはこのような居住可能な社屋へと変容していったわけで、先に見た、薬師寺休ヶ丘八幡宮の座小屋とともに興味深い例といえるのである。

おわりに

以下に、本論稿の考察について、要点を整理し、結論としたい。

a春日社の本殿を囲む瑞垣・鳥居が、廻廊・御廊・門に改造されるのは平安中～後期であるが、この改変は興福寺の意志を反映したものであった。

b本殿と向かい合う御廊は、興福寺僧の春日明神への奉納仏事（一切経会等）の空間となり、また僧侶個人の祈願を行う参籠の空間ともなった。御廊は、位置的にも儀礼の内容からも、仏堂における外陣・礼堂に相当する機能を果たす空間となった。

c御廊や、東西二つの御廊に挟まれた門は、春日明神が顕現し、託宣する空間でもあった。

d薬師寺鎮守休ヶ丘八幡宮の御廊は、薬師寺僧ばかりでなく寺域郷民の集会の場所として、神への誓約や饗宴の場ともなった。後世「座小屋」と称する独立した建築物となるが、廻廊の民俗的変容として興味深い例といえる。奈良豆比古神社の廻廊なども同様の例であろう。

注

(1) 黒田昇義《のりよし》『春日大社建築史論』(福山敏男編、綜芸社、昭和五十三年)、特に後編第三章「中門御廊」、福山敏男「平安朝初期の春日神社社殿の配置」(『神社協会雑誌』第三十五年六号、昭和十一年六月)、同「平安朝初期の春日神社社殿の配置」(『神社協会雑誌』第三十七年二号、昭和十三年二月)。

(2) 前掲注1黒田著、後編第八章「南門廻廊」四。

(3) 近年の神前読経に関する論考として、出淵智信「神前読経の成立背景」(『神道宗教』一八一号、平成十三年一月)、参照。

(4) 前掲注1黒田著、前篇第三章「若宮社」、後編第二〇章「細殿・御廊・神楽所」、参照。

(5) 岩田勝「春日社における神楽祭祀とその組織」(『民俗芸能研究』十三号、平成三年五月)。

(6) 松村和歌子「春日社社殿神楽の実像」(『奈良学研究』三号)。同「春日の社殿神楽と巫女」(春日大社宝物殿編『御出現一〇〇〇年 春日若宮者の秘宝』、春日大社、平成十五年)。

(7) 拙稿「春日大宮・若宮をめぐる祭礼文化—春日社神人の社寺奉仕と芸能を中心として—」(國學院大學神道資料館編『神社祭礼図の研究』所収、平成十一年)、近年の論考、松村前掲注6「春日社社殿神楽の実像」は春日巫女研究の現在の水準を示すものである。

(8) 拙稿「南都慈恩会加行における神仏習合の儀礼」(國學院大學『院友学術振興会会報』三十二号、平成八年十二月)。

(9) 以下、手向山八幡宮社殿の形成、及び、中~近世の祭儀における社殿の使用については、門を中心として考察する藤沢彰の論考「東大寺八幡宮の社殿と祭儀」(『建築史学』九号、昭和六十二年九月)に詳しい。本稿の重要な先行研究でもあるが、以下、東大寺八幡宮についての個々の史実については本藤沢論文に教えられた点が大きい。なお、藤沢論稿は、民俗学・信仰史等における門についての関心と大きく重なるものであるが、当分野における研究史が踏まえられていない点、残念である。
(10) 『薬師寺上下公文所要録』、天文三年(一五三四)~正保四年(一六四七)間の評定記録。『史学雑誌』七十九編五号、昭和四十五年五月、田中稔・永野温子の翻刻による。
(11) 拙稿「休ヶ丘八幡宮の吉祥悔過と八幡宮」(『薬師寺』一一四号、平成九年十一月)。
(12) 『奈良六大寺大観』第六巻「薬師寺」(岩波書店、昭和四十五年)、解説「八幡神社社殿」。なお、南御廊が再建されたのは慶長八年(一六〇三)、北御廊が仮再建されたのは嘉永七年(一八五四)であることが確認されており、従ってそれぞれが座小屋へ変化するのは、これより以降ということになる。
(13) 村田昌三『奈良阪町史』第八章「宮座と講」、平成八年。
(14) 『天狗草紙』興福寺巻「維摩会延年」等。拙著『延年の芸能史的研究』(岩田書院、平成九年)第四章一節「示威・闘諍・介入、異形の芸能」等、参照。
(15) 拙稿「楽屋源流考—東大寺二月堂〝堂僧部屋〟をめぐって」(『儀礼文化』二十三号、平成八年十一月)。

相撲節会と楽舞

―儀式書に見られる相撲と楽舞の関連―

廣瀬千晃

はじめに

古代宮廷における相撲は神事や武力鍛錬あるいは芸能といった諸要素をあわせもったものであり、その様相は様々な記録に残されてきた[(1)]。さらに各地の神事・芸能や、近世の観進相撲から現在の大相撲にいたるまで影響を与えたものとして注目されてきた[(2)]。

相撲節会は、古代日本において八世紀初頭より宮廷の年中行事として確認されるようになり、平安末期の承安四年（一一七四）を最後に廃絶したが、この相撲節会でも式楽として多数の雅楽が奏されている。相撲節会は二日にわたって（『江家次第』の記される頃には初日を「召合」、翌日を「抜出」と称するようになっている）行なわれる年中行事で、全国から選び集められた相撲人が左右に分かれ天覧のもとに勝負を競う。そこでの楽舞は相撲の勝負の結果と密接に関連して奏されており、楽舞の演奏は相撲節会の重要な要素であると考えられる。

従来、相撲節会の楽舞に関しては、抜出相撲の後に奏される散楽・猿楽が能楽の源流や成立過程を考えるという視点で研究されてきた[(3)]。次いで、相撲節会を含む宮廷儀式全体での音楽、さらには相撲節会での乱声・厭舞を中心とする楽舞の役割の変化という視点で研究されてきた。(4) また、相撲節会自体も儀式書の次第の整理からその変遷に着目した研究が進められてきた。(5)

本稿はこれらの優れた研究に負うところが多いが、前述したように相撲節会において楽舞の演奏は重要な要素であると考えられるので、今一度、平安時代全体にわたる相撲節会での楽舞のあり方を、相撲と楽舞の関わりに注目して捉え直し、そこにはどのような構造が見られるのか検討していきたいと考える。特に本稿では、『内裏式』『儀式』『西宮記』『北山抄』『江家次第』などの儀式書によって、そこに定式化されている相撲節会の次第における楽舞のあり方に注目し、相撲と楽舞の関連についてそれぞれの儀式書を整理することとしたい。なお、本稿で使用する儀式書は『改訂増補故実叢書』を用いる。

一　相撲と奏舞

1　『内裏式』

『内裏式』（中）には、相撲について「七月七日相撲式」「八日相撲式」という項目で扱われている。相撲の取り組みは、近衛・兵衛合わせて左右十七人ずつ、白丁が左右二人ずつ、童が左右一人ずつで左右各二十番の取り組みが設けられている。このうち最初と最後の取り組みは特に重視されており、その相撲人には特別な名称がつけられている。最初の取り組みは童によるもので「占手」と呼ばれ、最後の取り組みは「最手」と呼ばれるものである。さらに占手の童については四尺以下の小童でなければならないと厳しく規定されており、相撲節会の前日にも内裏でその小童の身長をはかるが、童が四尺を越えている場合は、節会当日に相撲をとらせてもらえないばかりか負けと判定されてしまう。

次に、相撲に伴う楽舞について見ていく。「七月七日相撲式」によると、相撲の取組が行なわれる直前に左右の相撲司による猒舞が奏される。最初の占手の取り組みの後には、その勝方の乱声だけ(舞は奏されない)が奏される。二番から十九番までの取り組みについては楽舞は奏されず、最後の最手の取り組みの後には、その勝方の乱声と舞が奏される。この最手による勝方の乱声と舞が終わると、その後には日が暮れるまで左右双方から互いに舞が奏される。日が暮れて舞も終わると群臣らは退出し、天皇も還御となる。

「八日相撲式」によると、この日もまた前日と同じように二十番の相撲の取り組みがあるが、相撲人らの取り合わせが前日とは異なっている。近衛若しくは兵衛が左右各十人、それに白丁が左右各十人というように、白丁らによる取り組みが二人から十人へと大きく増えるのに対して、近衛や兵衛による取り組みは十七人から十人へと減っている。またこの日は相撲を始める前の相撲司による猒舞は奏されるものの、前日の占手や最手のように相撲の勝負後の勝方の乱声や舞は見られない。

2 『儀式』

『儀式』(巻八)には相撲について「相撲節儀」という項目で扱われている。相撲の取り組みも、次第の中での奏楽も、『内裏式』の「七月七日相撲式」と変わらないが、「八日相撲式」に当たる翌日分の記述が欠けていることが『内裏式』との大きな違いである。相撲は二十番設けられ、占手の後には勝方の乱声があり、最手の後には勝方の乱声と舞がある。その後は日が暮れるまで左右の奏楽があるという次第である。

3 『西宮記』

『西宮記』の相撲に関する項目は巻四の「十六七日、相撲召仰」に見える。相撲は宮廷の年中行事の相撲節会のほかに童相撲や瀧口相撲などもあるが、それらの相撲の基となっているのは相撲節会の召合相撲と後日の抜出相撲である。相撲節会の行事の大きな流れは、十六・七日の「召仰」、そして「内取」、当日の「召合」、抜出や追相撲の行なわれる翌日の「御覧日」で構成されている。『西宮記』にはこのほか「大節」や「節代」の次第が記されているが、召合や抜出（御覧日）と同様に二日で構成されている。

相撲での奏舞は召合・抜出の両日に見られ、そのどちらの日も楽舞は相撲の後に奏されている。召合の日は十七番の相撲の後、勝方の乱声があり舞がある。最手までの取り組みをした場合は最手の勝方が乱声および舞を奏すが、最手までの取り組みが行なわれていない場合は、それまでの取り組みの勝敗の総計によって乱声および舞が奏される。この時左方勝利ならば「抜頭」を奏し、右方勝利ならば「納蘇利」を奏す。

抜出の日（御覧日）は、召合相撲の相撲人たちのうち左負人と右勝人との取り組みや、左右それぞれで勝人同士の取り組みを行なう相撲、さらに追相撲と呼ばれ白丁や陣直の取り組みを行なう相撲がある。これらの相撲が終わると、乱声を奏し舞を逓奏する。左右の奏舞が続くなか張筵を撤し、王卿らが簀子敷に候し熟苽を給わり、次将らの献盃が行なわれているが、これらの舞につづいて種々の雑芸も奏される。『西宮記』には「種々雑芸」として具体的に左方は「見城楽」「散楽」、右方は「狛犬」「吉干」の名が見られる。

4　『北山抄』

『北山抄』には巻第二「相撲召合事」、巻第六「相撲召仰事」、巻第八「相撲召合」、巻第九「相撲召合」の四箇所に相撲の記述がある。

巻第二の「相撲召合事」の注に「大月用廿八九日、小月二十七八日」とあるように、この頃になると相撲の行なわれる日程が、大月は二十八・九日、小月は二十七・八日を用いるようになってくる。七月十日を期限として相撲人を集め、召合に先立つこと十餘日前に召仰が行なわれる。二日前には仁寿殿にて内取を行ない、当日を迎える。相撲は十七番設けられているが、必ずしも十七番まで行なわれなくても日が暮れた時点で止められる（以上、巻第二・九）。

召合の日の楽舞は相撲が終わったあとに見られるが、相撲での奏舞については、巻第二には「勝方乱声奏舞、〔最手勝者、不因員之多少、其方先奏、次依員勝、其方又奏舞、陵王、但往年依右最手勝、先奏納蘇利、次依員勝、左改抜頭奏陵王、云々、若有餘景、又奏他舞、日暮楽止、〕」とあり、巻第九には「勝方奏乱声舞等、〔最手勝者、先奏、不因員之多少、但旧例、依右最手勝、奏納蘇利、後左依員勝、改抜頭奏龍王、云々、〕」とある。召合相撲の日の奏舞は、勝方による乱声と奏舞が基本である。もし最終番の最手の取り組みまで行なわれた場合はそれまでの左右双方の勝敗とは関係なく、まず最手の勝敗に従って勝方の乱声と奏舞を行ない、次に全体の相撲の勝敗の合計に従って勝方の乱声と奏舞を行なう。

召合相撲が終わると、後日再び相撲人を召して競わせる抜手相撲二番（無楽の年は四五番）や、白丁に競わせる追相撲が行なわれるが、この日も全ての相撲が終わったあとに奏舞がある。巻第二には「左右乱声、奏音楽舞等」、巻第九には「左右乱声〔先左奏、次右奏、次共奏、謂之三度乱声、〕逓奏楽、」とある。この抜出の日の奏舞は召合の日のように相撲の勝敗を意識してそれに応じた勝方の奏舞とは違い、左右の乱声および（左右による）楽舞の逓奏が行なわれており、より余興的であると言える。抜出の日の奏舞の具体的な舞曲名については天暦三年（九四九）に「輪台」が舞人三十人で奏されたことが巻第二に記されている。

5 『江家次第』

『江家次第』の相撲に関する項目は巻第八「相撲召仰」に見える。召仰、内取、召合、抜出という大きな流れは『西宮記』『北山抄』に見られたものと変わらない。この『江家次第』が編纂されるようになった所以について『江家次第秘抄』の著者尾崎積興（延享四年〈一七四七〉～文政十年〈一八二七〉）は、その序文で、『江家次第』以前にも『儀式』・『新儀式』・『清涼記』・『西宮記』・『北山抄』などの諸儀式書があることをまず指摘した上で、「白川、堀河ノ御宇、天下政昔ニカワリ、皆古例トナリテ、此時ノ風ニ不合、依テ此次第ヲ作ラルトナリ、」と述べ、それ以前の諸儀式書ではすでに時勢に合わなくなったことや、白河・堀河両天皇の時代に大きく政治も変化し、それに見合った新しい儀式書が必要となって『江家次第』がつくられたものであるとしている。つまり、『江家次第』は、それ以前の諸儀式とは違った新しい院政時代の時勢に合わせて作り直したものである。どの儀式書にもそれぞれの目的や背景があると考えられるが、『江家次第』を読む時に、先例と当時の時勢に合わせたものとを明瞭に区別して読んでいく必要がある。

相撲での奏舞は、やはり召合と抜出のそれぞれの相撲の取り組みの後に見られる。召合の日には、相撲は十七番用意されているが、「近代最手不決、腋亦希決」とあるように、近代では最手の取り組みは行なわれず、腋による取り組みは稀に行なわれる程度であり、相撲が終わると勝負の総計で勝方による乱声と舞がある。左方勝利ならば抜頭、右方勝利ならば納蘇利、引き分けならば左右双方の舞を奏すことが知られる。『江家次第』にはこれらの説明に続いて「往年最手決時、左員勝、右最手勝時、右先奏納蘇利、左奏陵王、亦有餘景者、奏他舞云々、」と記されているが、この記述は「往年」とあるように最手の取り組みが行なわれていた当時の次第を記述したものであり、『江家次第』の書かれた当時の状況を述べたものではない。

抜出の日には、召合相撲に出場した相撲人の中から、さらに抜き出して勝負させる抜出相撲、次いで白丁による追相撲が行なわれる。相撲が終わると左右乱声に合わせて振桙三節がある。まず左方の乱声で左方の舞人一人が出て桙を振る（一節）。次に右方の乱声で右方の舞人一人が出て桙を振る（二節）。最後は左右一緒に乱声を奏し、左右共に先の舞人が出て二人で桙を振る（三節）。振桙が終わると左右の舞が次々と奏される。大曲は左右それぞれ一曲ずつで、その他の楽舞はその時々による。『江家次第』には大曲として左方は「蘇合」、右方は「新鳥蘇」を挙げている。左右の舞に関してさらに詳しい説明がされており、左方の舞については「必ず散手・還城楽・散更を舞い、大曲に至りては多く蘇合を奏す、」とあり、右方の舞については「必ず帰徳・狛犬・吉干を舞い、大曲に至っては多く新鳥蘇を奏す、」とある。舞人は左右でも区別が見られ、左方の舞人は桔梗花を、右方の舞人は女郎花をそれぞれの挿頭としている。また散更は裏書に「散更猿楽也」とあり、従来の猿楽であると説明され、吉干もまた裏書に「吉干桔梍大舞也、舞畢已含松火而退入云々」とあり、大舞であり、舞終えるとその場を明るく照らしていた松火を含んでとあるから、口にくわえるなどして退出する芸であったようである。狛犬や散更は一種の雑伎、雑芸群の類別の総称であったらしく、狛犬や散更の中には「一足・高足・輪鼓・独楽・呪師・侏儒舞等」を含むものであったことを記している。

二　関連と特徴

1　相撲と奏舞の関連

相撲の儀式は、まず初日に近衛・兵衛らによる相撲を行ない、翌日に近衛および白丁らによる相撲を行なうという形をとっている。これは平安時代を通して見られるものである。儀式書によると『内裏式』『儀式』の項は両日ともに単に「相撲」としか記されないが、これが後になると初日の相撲を「召合」（『西宮記』『北山抄』『江家次第』）と呼び、翌日の相撲のうち前日と同じ近衛の人々によるものを「抜出」（『北山抄』『江家次第』。『西宮記』は単に「相撲」と記す）、白丁らによるものを「追相撲」（『西宮記』『北山抄』『江家次第』）と呼んでいる。この二日のことを指して、初日の「召合」に対して「抜出」あるいは「御覧日」（『西宮記』『北山抄』）とも呼び習わしている。奏舞は相撲に関わって奏されている。相撲の儀式は、『内裏式』『儀式』に比べて『西宮記』『北山抄』『江家次第』になると、より次第が整理され詳細になってくるが、儀式自体も整備されるとともに、相撲に見られる奏舞自体のあり方も大きく変化している。

しかし一貫して変化していない側面もある。相撲と奏舞の関係では、相撲の後に奏舞があるという点である（厭舞はある意味特殊な舞で、その内容については後に触れることにする）。具体的に召合の日を見てみよう。

『内裏式』には、最手の後に勝方による乱声と舞があり、この後、日暮になるまで左右互いに奏舞がある。

『儀式』には、最手の後に勝方による乱声と舞がある。この後、日暮になるまで左右互いに奏楽がある。

『西宮記』には、召合相撲のあとに勝方による乱声があり舞がある。左方には抜頭、右方には納蘇利の用意がある。

『北山抄』には、召合相撲のあとに勝方による乱声と奏舞がある。舞曲名は限定していないが、往年の例（巻第二「相撲召合事」）あるいは旧例（巻第九「相撲召合」）として、員数では左勝で、最手が右勝となった例を引用している。これを見ると左方の舞曲は抜頭を陵王に改めたことが知られ、右方の舞曲は納蘇利が用意されていたことが知られる。(6)

『江家次第』には、召合相撲のあと、相撲全体の総計での勝方による乱声と舞がある。左勝ならば抜頭、右勝ならば納蘇利、引き分けならば共に奏すとある。

以上が召合の日の相撲と奏舞の関係である。

次に抜出の日の場合も同様に見てみよう。

『内裏式』には、相撲について、前日七日の儀と同じとある。つまり、七日の近衛を中心とする相撲（後の

『西宮記』以降の儀式書・諸記録で「召合」と呼ぶもの）と八日の近衛・兵衛および白丁を中心とする相撲（後の『西宮記』以降の儀式書・諸記録で近衛・兵衛の相撲を「抜出」、白丁・陣直の相撲を「追相撲」と呼ぶもの）とは同様の儀が行なわれたとある。相撲と奏舞で見れば左司・右司の相撲司による厭舞があり、相撲が行なわれる。相撲は前日と同様に二十番の取り組みが設けられているが、相撲人の内訳を見ると近衛・兵衛の人々が左右十人、白丁らが左右各十人である。前日の七日には相撲人の内訳に近衛・兵衛が左右各十七人、白丁が左右各二人のほかに童が左右各一人定められている。この童が最初の取り組みの占手であったと考えられるが、八日の相撲は近衛・兵衛の人々が減り（左右各十七人から十人へ）、白丁は増える（左右各二人から十人へ）ものの、占手に当たる童は定められていない。八日は占手の相撲はなかったと考えられる。ただし、『内裏式』には「相撲之儀与七日同、」とあるので最手の勝方の乱声・舞も、日暮までの左右互いの奏舞も行なわれた可能性があろう。

『儀式』には、相撲節会の二日目、抜出の日の記述はされていない。しかし、召合の日の次第を見ると、左司・右司の厭舞があり、占手の後に勝方乱声、最手の後に勝方乱声と舞、さらにこのあと日暮まで左右互いに奏楽があるという内容は、半世紀前に成立した『内裏式』と一致している。『儀式』には初日の記述しかないが、この時期だけ一日にまとめて行なわれていたと見るよりも、前の『内裏式』、後の『西宮記』『北山抄』『江家次第』など、前も後も召合と抜出のように二日に亘って相撲が行なわれているので、『儀式』成立の当時もまた二日に亘って行なわれていたと見る方が自然だろう。

『西宮記』には、「相撲」（召合で対戦させた相撲人のうち、左方で負けた者と、右方で勝った者、あるいは左方・右方それぞれの勝者を対戦させている。召合の取り組みの中から選び抜き出して戦わせている。「抜出」はこの取り組ませ方から呼ばれた名であろう）と「追相撲」（白丁や陣直による相撲）のあとに奏舞がある。乱声ついで舞が逓奏される。種々の雑芸も奏される。『西宮記』には「種々雑芸」として左方「見城楽」「散楽」、右方「狛犬」「吉干」の名が見られる。

『北山抄』には「抜出」と「追相撲」のあとに左右乱声があり、音楽舞等を奏すとある。この左右乱声については、巻第九に左の乱声、右の乱声、左右共に乱声のように「三度乱声」が奏されたことを記している。乱声が左-右-左右の順に三度続いて奏される様子からは暗に振桙が奏されていることを示している。

『江家次第』には、「抜出」と「追相撲」のあとに左右乱声があり、それに伴って振桙を奏し、それに続いて左右各舞がある。この時の舞について、大曲と呼ばれる舞曲は各一曲ずつ、左方では多く「蘇合」、右方では多く「新鳥蘇」が奏されることが見える。その他の舞はその時の状況に合わせて奏される。さらに、左方の「散手」「還城楽」「散更」、右方の「帰徳」「狛犬」「吉干」は必ず奏す舞曲であることが記されている。

以上のように見てくると、平安時代における相撲節会では、初日の相撲（召合）でも翌日の相撲（抜出・追相撲）でも、前期・後期を通して相撲のあとに奏舞があるという、相撲と楽舞の連関構造は一貫して変わっていないと言うことができる。

2　一日目（召合の日）の奏舞

相撲節会の初日、つまり後に召合と呼ばれる相撲が行なわれる日の奏舞はどのように行なわれているのであろうか。

相撲の取り組みが始まる前に左右相撲司による「猒舞」が奏されているのを確認できるのは『内裏式』『儀式』だけである。平安中期以降には行なわれなくなったようである。舞楽が始まる前に「振桙」を舞い、場（舞台）を清めるが、この「振桙」は『歌儛品目』に「モトハ猒舞ト称セシト見ヘテ」とあり、「猒舞」は振桙の原形であると考えられる。平安時代前期は「猒舞」は奏舞の前ではなく相撲の前に配されている。振桙は舞というより清めの作法に近いものであると言える。

では次に、本題と言うべき初日(召合)相撲の後の奏舞に注意したい。全ての儀式書には相撲のあと勝方乱声と舞が奏されている。この初日の相撲に伴う奏舞は、勝方と限定されるように勝負結果を重視した奏舞がなされると言うことができる。相撲を行なってその勝った方が乱声と舞を奏すると理解できるが、では勝方とは何を指しているのか。一番ずつの取り組み全てに当てはまるか、特定の取り組みなのか、左右それぞれの相撲の全体の勝負の総計をとった上での勝方なのか。勝方が指し示す内容について注意したい。『内裏式』『儀式』では最手の取り組みに対する勝方である。『西宮記』では、最手まで決した時は最手の勝方であり、最手まで決していない時は数、つまり勝敗の総計による勝方である。『北山抄』では、最手まで決した時はまず左右全体の勝敗に関係なく最手の勝方、さらにこれに加えて左右全体の勝敗による勝方とある。『江家次第』では、員による、つまり左右全体の勝敗による勝方となっている。『江家次第』によれば、平安後期にはすでに最手は決さないのが慣例となっており、脇が稀に決すという状態になっているからである。

勝方の意味を明らかにしたが、最手のみの勝方によって奏舞されるものから、次第に最手までの取り組みが行なわれなくなった結果、初めは『西宮記』のように最手まで行なわれずに取り遺しができてしまったような場合の臨時的な措置として員数による奏舞がなされていたが、これが恒例となり、員数による奏舞が正式のものとして規定され、反対に最手の勝方の乱声や舞は実際には行なわれなくなった。平安時代を通して、最手を重視するものから完全に勝者の員数、すなわち勝負そのものを重視するものへと変わっているといえよう。

しかし、何の勝方による奏舞かという「何の」の部分が変わっても、相撲の結果によってそのあとの奏舞が選定されるという点は変わらない。

さらに、『内裏式』『儀式』には、最手の取り組みのあとの奏舞ののち、日暮になるまで左右互いに奏舞がなされるとある。『北山抄』や『江家次第』にも同様に勝方の奏舞のあとに日暮までまだ時間があれば他舞も奏すといった記述が見られるが、先に見たように最手の勝負も行なわれない傾向が濃厚となっている時期に、ましてやその後に日暮まで時間的な余裕があればという条件で他舞が奏されることがあるのだろうか。この『北山抄』や『江家次第』の記述は、当時の実状を伝えるものではないだろう。

3　二日目（抜出の日）の奏舞

相撲節会の二日目、つまり後に抜出や追相撲と呼ばれる相撲が行なわれる日の奏舞はどのように行なわれているのであろうか。

『内裏式』には、前日の七日の儀（召合の日の儀）と同じとある。

『儀式』は『内裏式』の内容をそのまま受け継いでいるが、二日目の抜出や追相撲が行なわれる日に関する記述はない。二日目の奏舞が明確に見られるようになるのは『西宮記』以降である。

『西宮記』には、二日目の相撲のあと乱声があり、左右の舞が逓奏される。さらに種々の雑芸も見られる。

『北山抄』には、二日目の相撲のあと左右の乱声、すなわち左方・右方・左右双方の順に三度乱声が奏され、音楽や舞などが続いて奏される。

『江家次第』には、二日目の相撲のあと左右乱声に合わせて振桙が「左右各一節、ついで共に又一節」とあるから、振桙三節があり、ついで左右の舞がある。

『内裏式』以下の儀式書を通じて二日目の奏舞を見ていて気づくのは、相撲の後に奏されるという点では前日の相撲（召合）と同じであるが、勝方云々といった言葉は見られず、左右双方の乱声・舞などが多く奏されることである。

つまり、召合の日のように勝負を重視してそれに応じた奏舞をするというよりも、召合相撲で興味を持った相撲人たちを抜き出して対戦させ楽しむ抜出相撲の性格に見られるように、勝負というよりは相撲や楽舞を楽しむ、いわば余興的な日であり、余興的な相撲と余興的な奏舞がなされていたということができよう。

おわりに

以上、「相撲節会と楽舞」と題して諸儀式書を使って相撲と楽舞の関係に注目し、相撲と奏舞の関連について明らかにしてきたが、論じてきたことをまとめると、次の四点になる。

①相撲節会は二日にわたって行なわれ、どちらの日も相撲の後に奏舞がある。一日目は近衛・兵衛を主とした相撲人での相撲(召合)、二日目は前日の相撲人のうち選び出された相撲人の相撲(抜出)と白丁らによる相撲人の相撲(追相撲)を行なう。これらの相撲は平安時代全般に共通して見られる。

②一日目(召合の日)の奏舞は平安前期から確認でき、中期・後期もともに相撲の勝敗に応じた勝方のみの奏舞である。勝方の奏舞といっても相撲の何に応じるかは時期によって違いが見られ、平安初期は最手までの取組みが行なわれていたが、中期・後期に入り最手までの取り組みが行なわれなくなる場合が増加するにつれて、相撲の勝敗の総計に応じるようになっていく、という時期による変化が見られる。とはいえ、どの奏舞も勝敗に応じるという相撲の結果に支配される奏舞である。むろん勝方の奏舞であるので基本的には一曲しか奏されない。

③これに対し、二日目(抜出の日)の奏舞は、明確に認められるのは『西宮記』以降であり、平安初期は明らかにしがたいが、中期・後期は相撲の後という同じ条件でも、こちらは相撲の勝負とは全く関係がなく左右多数の奏舞が行なわれるのである。つまり、相撲節会では、一日目(召合の日)の奏舞は勝負を重視したものであり、二日目(抜出の日)の奏舞は、初期は明瞭ではないが、勝負を重視しないものであるといった特徴が認められる。

④さらに踏み込んで言えば、一日目（召合の日）の相撲は勝敗を重視し、それに伴う奏舞であることからも儀式的であると言うことができ、二日目（抜出に日）の奏舞は一日目（召合の日）の相撲の中から興味を持った相撲人たちを抜き出して対戦させている点や、勝負とは関係なく左右多種の楽舞が奏されることからも、この日の奏舞は余興的であるということができる。

平安時代に宮廷の式楽として様々な場で奏され隆盛を誇った雅楽について、一例として相撲節会を取り上げ、具体的な内容を検討し、そこでの相撲と奏楽の関連を把握するべく、考究してきた。一見しただけでは分かりにくいものの、行事の性格に合わせた奏舞の構成がとられていることや、単に式楽と言っても、平安時代を通して儀式内容の変容とともにそこでの楽舞のあり方が変化しているものと、変化していないものとがあることが明らかになった。

注

(1) 六国史や儀式書・日記・物語などに、古代宮廷での相撲に関する記述が残されている。

(2) 古代日本における相撲（相撲節会）に関しては以下の諸研究がある。

・横山健堂『日本相撲史』（富山房、一九四三年）。

・倉林正次「七月七日節」（『饗宴の研究（文学編）』、桜楓社、一九六九年）。

・山中裕「相撲」（『平安朝の年中行事』第二章 平安朝の年中行事の特質と意義、三 秋の行事、塙書房、一九七二年）。

・大日方克己「相撲節」（『古代国家と年中行事』吉川弘文館、一九九三年）。

・長谷川明『相撲の誕生』（新潮社、一九九三年）。

・新田一郎『相撲の歴史』（山川出版社、一九九四年）。

・山田知子『相撲の民俗史』（東京書籍、一九九六年）。

年)。
・吉田早苗「平安前期の相撲節」(『国立歴史民俗博物館研究報告』第七四集・国立歴史民俗博物館、一九九七年)。
・平林章仁『七夕と相撲の古代史』(白水社、一九九八年)。

(3) 能勢朝次、林屋辰三郎の研究がある。能勢朝次『能楽源流考』(岩波書店、一九三八年)は、中世能楽の源流として相撲節会の楽舞の中には散楽・猿楽があることに言及し、これを近衛府の楽人による「いはば舞楽系統に属する散楽といふべきであらう」と評している。林屋辰三郎『中世芸能史の研究』(岩波書店、一九六〇年)は、能・狂言の成立過程を研究するために古代芸能の発生にまで及んだ大著であるが、その中で相撲節会の楽舞について「舞楽としての猿楽」が演じられたことや、舞楽の中には散楽的な楽舞が含まれていることを指摘している。

(4) 荻美津夫の研究がある。荻美津夫は歴史学の立場から雅楽に注目して、日本古代社会における音楽の役割や音楽制度の変遷について『日本古代音楽史論』(吉川弘文館、一九七八年)にまとめた。このうち第一部 古代社会における音楽の役割、第二章 儀式と音楽、の中で宮廷儀式に奏される音楽を儀式書の記述から概観し、ついで、儀式次第と楽舞に関する研究が今後重要な視点になるとの見地から「相撲儀式と楽舞―乱声・厭舞を中心に―」(『古代文化』三一―二、一九七九年)を発表し、相撲節会での乱声・厭舞に注目して呪術から娯楽へといった役割の変化があることを指摘している。

(5) 荻美津夫「相撲儀式と楽舞―乱声・厭舞を中心に―」(『古代文化』三一―二、一九七九年)、大日方克己「相撲節」(『古代国家と年中行事』吉川弘文館、一九九三年)、吉田早苗「平安前期の相撲節」(『国立歴史民俗博物館研究報告』第七四集、国立歴史民俗博物館、一九九七年)などがあるが、これらの研究ではいずれも平安時代の儀式書を使い、その儀式次第を整理したうえで『内裏式』『儀式』とそれ以降の『西宮記』『北山抄』『江家次第』の間、九世紀後半に大きな変化が見られることを指摘している。

(6) 『西宮記』(大永鈔本)恒例第二「相撲」の勘物に「寛平七―節代、左数甚多、而最後手右勝、爰右先奏納曽利、左次欲進抜頭、式部卿本康親王令止云、先例、因最後手勝、右奏勝楽、後奏羅龍王云々、於是改新楽乱声、奏龍王也、」とあり、総計は左が勝ち、最手は右が勝ったため、まず右の勝楽の納曽利を奏し、ついで左が抜頭を奏しようとしたが本康親王の指示にしたがい、先例により龍王を奏したという。『北山抄』の次第に見られる奏舞形態は、この『西宮記』恒例第二「相撲」の勘物の内容を引いたものであると考えられる。

中世諏訪祭祀における王と王子

島田　潔

はじめに

神社祭祀の意味を考察しようとする時、単一の祭祀を取り上げて論じることが多い。年間に複数回の祭祀が行なわれている場合でも、それらの諸祭祀が相互に関連し合っているのではないかと考えることは、これまであまりなかった。だが、祭祀を通して神社を中心とした共同体の有する世界観を把握しようとすれば、単一の祭祀のみで捉え切れるものではないはずである。単純な事実として、単一の祭祀に表象される意味や世界観は、たとえそれがその神社を巡る世界観にとって主要な要素であったとしても、あくまで単一の祭祀の意味や世界観でしかないからである。それ故、神社を巡る世界観の総体を捉えようとするならば、結果的に関連が見出せるか否かは別として、まずは諸祭祀の相互連関を想定してみることが、必要である。複数の祭祀の関連性を想定して考察することで、単一の祭祀のみでは把握できない側面も、見えて来るかも知れないからである。それは、神社誌または神社史にとっては、不可欠な視点の筈である。このような基本的な認識を前提にして、本稿は、中世の諏訪上宮（現、諏訪大社上社）の祭祀を事例として、相互に関連し合った祭祀を通して、諏訪上宮を巡るトータルな世界観の一端を浮き彫りにしようとするものである。

ところで、私は、これまで年間八十近い祭祀からなる中世の諏訪祭祀の世界を総合的に把握するための視点として、その中心に位置し諏訪大明神の御神体と崇められた大祝を神聖王と捉え、その祭祀を王権祭祀と想定して分析して来た。(1) 本稿も、同様の視点から、「神使」と称された六人の男児の関与する祭祀を取り上げる。そして、大祝を中心に構成されていた王権祭祀としての諏訪祭祀の中で、それら祭祀が、いかなる意味を有し、位置を占めていたかを読み解くことを企図している。

大祝は、諏訪大明神の御神体とされ、在位している限りは諏訪郡外に出てはならないとする禁忌に代表されるように、その身体に諏訪郡という領域を体現した存在であった。大祝のこのような性格は、まさに神聖王のそれであった。神聖王という存在に人々の目を向けさせる重要な契機となった『金枝篇』において、フレーザーが指摘したように、神聖王は、国土や宇宙と同調する身体を持つ者として象徴的に表象される存在であることが、広く知られている。しばしば王権論の中で関心を持たれてきた「王殺し」も、このような神聖王の性格に起因している。フレーザーによれば、国土に生じる災厄や社会の混乱は王の生命力の衰えによって生じるとの観念から、そのような事態を避けるために、加齢などによる衰えを見せると、王は殺害され、代わって生命力に溢れた新王の即位が要請されるのだという。(2) 勿論、「王殺し」そのものの実在は怪しい。だが、このような「王殺し」の伝承は、王という存在が、社会的な負の属性を一身に背負って殺害されるスケープゴートとしての性格を担わされる存在であることを、端的に伝えている。そもそも、王という存在は、本来的に外来者として表象され、社会にとっては〝内なるよそ者〟とも言うべき存在であり、構造的に両義性を刻印された存在として、常に社会的な周縁＝負の属性に親縁的な存在なのであった。(3) その意味では、王とは常に、内なる秩序を再生させるために、排除される可能性を引き受けた存在なのである。

だが、王権が内包するスケープゴートとしての性格は、必ずしも常に王自身が担うものとは限らなかった。このことも、フレーザーは『金枝篇』で言及しており、王と王子の関係にその一つの典型を見ている。(4)フレーザーによれば、王とその秩序を守り再生するために、本来は王自身が担うべき災厄を、王の分身たる王子が代わりに引き受ける、というのである。とはいえ、これも王殺し同様、実在の王子がスケープゴートにされるということは、実際には考え難い。だが、王の分身が王の代わりに災厄や混沌など負の属性を儀礼的に引き受けることは、例えば、カーニバルの偽王(モック・キング)やヨーロッパ中世の宮廷道化など、多くの事例が指摘されている。(5)つまり、王権には、何らかの形(王または王子、あるいはその他の存在)で、神話伝承的であれ儀礼的であれ、象徴的に負の属性を担う存在があったのである。今更のことではあるが、この点を、まず確認しておきたい。

ところで、本稿で取り上げる「神使」だが、後述のように、大祝の分身として年間諸祭祀に関与しており、諏訪大明神の「王子」とされていた。これまでは、信濃国内で勢力を誇っていた神氏という氏族の実態解明に資するものとしては、考察の対象となってきたのだが、神使という存在それ自体の祭祀における意味や役割に関しては、殆ど関心が持たれてはこなかった。ただ、神使が大祝の分身とも言うべき性格を担っていた、という指摘がある程度である。だが、この指摘は、重要である。上記の王権の象徴的構造の観点からすれば、大祝という神聖王の分身とされていた神使の、王権における負の属性の担い手としての性格の有無を検証する視点が、導き出されるからである。この視点から、神使と、その祭祀における位置付けや意味を見直す必要があるだろう。そして、後述のように、神使には、負の属性の担い手としての性格が、確かに認められるのである。

しかし、王権の一般的な象徴的構造の問題としてはそれで足りるのだが、負の属性を担う存在として立ち現れるのは、どのような場面であるか、どのような背景と結び付いてそのような存在として表象されるのか、という問題が残る。構造は、決して静態的恒常的に存在するというものではなく、具体的な表象の場で動態的に表出する、というマーシャル・サーリンズの指摘もある。[6] つまり、一般的な構造は、具体的な表象のレベルでしか捉えられないはずなのである。そもそも、負の属性を担うということ自体、特定の場で儀礼的に表象されるのであるから、何時いかなる時にも、その存在そのものに負の属性が内在しているというわけではない。負の属性の担い手が、担い手として立ち現れてその役割を果たすのは、どのような場面であるか、その動態的な実態は、一般的な構造を指摘するだけでは、見えてこないだろう。特定の存在に負の属性を仮託するための、特定の条件があるに違いないのである。構造論に示唆を受けつつも、それに止まっていては、神使も一般的構造を証明する素材に過ぎなくなってしまう。それでは、神使という歴史的実体を王権の構造に結び合わせることも、できない。

そこで本稿では、上記の王権の象徴的構造論的理解を分析の枠組みとして参照しつつ、神使を中世の年間諸祭祀の過程に位置付け、それぞれの祭祀の中でいかなる存在として表象されていたかを、具体的に明らかにすることに主眼を置く。それを通して、中世の諏訪祭祀の世界を、王権祭祀という形で、総合的かつ動態的に明らかにし得るものと考えられるからである。

一　神使の位置

1　神使御頭

神使は、[7] 大祝を統合のシンボルとして信濃国内に勢力を張っていた神氏族にのみ課されていた「神使御頭」という神事頭役に伴なう存在で、毎年元日の御占神事によって頭人に選ばれた氏人の子息の中から、婚姻未犯の男児が勤める所役であった。所役の内容は、基本的には「三月以後、大祝ノ左右ニ随ヒテ明年正月一日ニ至マテ神事ヲ執行フ」（『諏訪大明神画詞』）ことであった。

神使には、内県、大県、外県の三区分があり、それぞれに「介」と「宮付」の二名ずつ、計六名が勤めていた。そして、その所役負担は、内県神使は諏訪郡内の神氏、大県神使は諏訪郡外の神氏がそれぞれ勤めており、外県神使は社家である五官祝が勤めていた[8]。但し、外県の頭役は、御占によって誰にも当たらなかった場合には、大祝の家政機関である大政所が勤める決まりになっていた[9]。

この所役分担に関しては、神社にとって一番内側にいる社家や大政所が外県を担当することが、特徴として指摘できる。また、外県神使に関しては、例えば『年内神事次第旧記』(『復刻諏訪史料叢書』1、以後『旧記』)に記される、神使出仕始めの二月晦日荒玉社神事での申立に、「かけはくもかしこ、つねのあとによつてつかへまつる(仕え奉る)御しやうめん(御正面)にて外縣介の山の御手幣のかす(数)、ちかへよまへとかしこみも〱のかつか申、」とあるように、神使が関与する儀礼において、外県神使に神使を代表させ、あるいは筆頭として扱うことが行なわれていた。このように、神使御頭においては、外県が他の県の神使に増して重要視されていたことは明らかで、そこには〝外〟という属性が顕著に認められる。だが、そもそも神氏という氏族自体にも、〝外〟という属性が刻印されていた。神氏という氏族は、諏訪大明神から御衣を着せられ、「我ニ於テ躰ナシ、祝ヲ以テ躰トス、」(『画詞』)の神勅によって大祝となったと伝えられる、初代大祝を始祖と観念する氏族である。そして、「神」という氏族名も、初代大祝が諏訪大明神の意を受けて大祝になったという神話伝承に因む氏族名であった[10]。神氏という氏族は、外来神である諏訪大明神の神性を受け継いだ氏族として、常に諏訪にとっての〝外〟という属性を内包する氏族なのである。神使は、その〝外〟なる氏族から選ばれて神の側に仕えるのであり、その存在には、本来的に〝外〟が刻印されていたのであった。

2　認識の中の神使

このような構造的な位置にあった神使は、一方で、諏訪大明神（大祝）の「王子」或いは御子神とされていた。宝治三年（一二四九）の「諏訪信重解状」に、「以神氏人之子息、為六人王子之御躰、是号神使云々、」として見え、『神長守矢満実書留』（『復刻諏訪史料叢書』1）の寛正五年（一四六四）の条には「誠ニ当社御神之王子にて、外県両人は上野一宮御腹、内県、大県四人（内県は前宮、大県二人）は下宮御腹ニやとらせ給御誕生うたかひなし、御左口神と申も十三所と申も当社之王子御一體、」と、神使が諏訪大明神と上野一宮等の神々との間にできた王子であるとの観念が表明されている。

そして、この『守矢満実書留』の記載には、神使の位置付けが明白に述べられている。既に指摘した〝外〟なる者としての位置付けと、内なる者としての位置付けとの両方の位置付けが、与えられているのである。即ち、神使の母親が、諏訪上社の領域外（前宮は例外だが）の神々とされていることには、〝外〟なる者としての位置付けが表われており、御左口神や十三所と一体であるとする認識には、〝内〟なる者としての位置付けを見て取ることができる。

御左口神とは、諏訪大明神の垂迹を阻止しようと抵抗したと伝えられる、土着の守矢大臣と同じ苗字を持つ守矢氏（神長）が祭祀を掌っている神で、諏訪郡内の農耕生活領域に関わる神である。[11] また、十三所も在地の神々である。[12] 神使は、これら在地的な土着の神々と一体の存在であるというのである。この認識は、年未詳（天正十年〈一五八二〉以降）「神長官諏訪郡境覚書」（『復刻諏訪史料叢書』3）や慶長元年（一五九六）「三月御頭之次第」（『諏訪市史』中巻、所収）に見える、「大明神之表御子」という神使に対する認識にも窺われる。「表御子」とは、具体的な身体を持たず、目に見えない御左口神や十三所の神々に対して、身体を持って実在する御子神という意

味が込められた表現と考えられるからである。(13)

このように、中世における神使の認識上の位置付けは、〝内〟なる〝外〟ともいうべきものであったことが判る。そして、この位置付けは、神話伝承的に外来神と表象されていた諏訪大明神＝大祝の性格と重なり合うものであった。そもそも、「王子」という表現は、御左口神と十三所が共に、象徴的に大祝（諏訪大明神）の身体に体現される神々であったように、(14)大祝（諏訪大明神）の性格を分け持つ存在としての含意のある表現であった。そして、いま見たように、「王子」としての神使には、紛れも無く大祝の分身としての位置付けが、諏訪祭祀の世界の中で認識されていたのである。

二　神使の祭祀

1　神使の一年

そして、このような神話伝承に表れた神使の認識は、祭祀的表象においても認められる。と言うより、そもそも神使は、年間諸祭祀に大祝と共に奉仕するために選定された存在なのだから、祭祀的表象においてこそ、神使の位置が規定されていたと考えるべきである。それでは、神使の〝内〟なる〝外〟という認識上の位置付けは、どのような祭祀的表象を背景にして成り立っていたのだろうか。まずは、神使の一年間を概観してみたい。

神使の一年は、元日の御占神事から始まり、翌年元日の蛙狩神事で終わる。とは言え、その間の全ての祭祀で何か特定の役割を担っていたというのではない。その点では、『諏訪大明神画詞』（以下『画詞』）に「大祝ノ左右ニ随ヒテ明年正月一日ニ至マテ神事ヲ執行フ」とある通り、基本的には大祝と共に神事に参列することがその役割であったということになる。だが、神使が、単に大祝に付き従うだけでなく、特定の儀礼的役割を担う祭祀が

あった。それらを列挙すると、以下の通りである。(15)

〔神使関連の祭祀〕

月日	神事名	内容
1／1	御占神事	御室「萩組」の座で、大祝の前に、三県の「介」「宮付」と書いた御左口神を立て、大祝と神長が向き合う。 神長が、「祈禱を一として外縣介に此事聞食哉否」（『旧記』）などと唱え、外県には二度、内県・大県には三度ずつ薄の実子を打ち散らして、頭役勤仕者を卜定する。
2／	精進始め	三月初午日の三十日前に、それぞれに仮屋を構え、神長が御左口神を立てて祀る。同時に、神使および十四人神主に御左口神を付ける。 神使の食物、飯、酒、魚、鳥の上分を手向けて、毎日の行水、散供、祓を厳重に行なう。精進屋について「王子胎内之表躰」（「祭祀再興次第」）とする観念があった。
2／晦日	荒玉社神事	神使の出仕始め。荒玉社での神事の後、大宮の舞台、御正面、宝殿の順に、神使に若柳四十本を一束にした御手幣を持たせ、神長が申立。 「かけはくもかしこ、つねのあとによつてつかへまつる御しやうめんにて外縣介の山の御手幣のかす、ちかへよまへと、かしこみも〱のかつか申」（『旧記』）。
3／初午	外県御立座神事	神原の神原廊で、外県神使が、諏訪大明神（大祝）の分身としての資格を得て、

伊那郡の村々の廻湛神事に出発する。次第は次の通り。
・神長が、毛髪を付けた榊を参会者から取り集めて御杖を作り、御宝を頸に掛ける。
・神使が、神原廊に出仕。
・御衣着（みそぎ)。
・大祝が、神使の頸に玉鬘を掛ける。
・神長が神使に御杖を授け、神使は大祝の前に御杖を立てる。
・神使が、道の佐度（西門）に御手幣を奉って申立。
「かけはくもかしこ、つねの跡によつて、つかへまつる春の御まつりに、外縣山の御手幣の数ちまへよまへと、かしこみも〳〵ぬかつか申」(『旧記』)。
・御杖に御手幣を飾り、神使が御杖に御酒を奉る。
・神長が、申立。
「かけはくもかしこ、つねの跡によつて、つかへまつる春の御まつりに、神殿館内に参籠れるも、ちかいつかさ人とも等、年放ねきおしまつきとおとひそまり承はれと、かしこみも〳〵ぬかつか申」(『旧記』)。
・大祝による大祝詞。
・神長が、御宝と御杖を持って大御門戸に出る。
・神長が御宝を当職（神主）の頸に掛け、禰宜が御杖を神主に渡す。
・乗馬した神使と御杖に対して、御酒を四度ずつ供進。神使は、器を右で受け、飲み終えると左に捨てる。
・大祝が神使に対して奉幣。
・神使の馬前で「門戸湛」の申立。
「門戸湛のきみ先のやいらはよいらはおりかしやと申てんはくこそ、館内におはり来可さいなん・口舌をは、またこぬ先にはらいしりそかせ給へと、かしこみも〱、ぬかつか申、」(『旧記』)。
・御手放。
・神使と御杖・御宝を持つ神主等が、神殿の外周を逆回り(右回り)で一周して、大宮へ向かう。

3/酉　大御立座神事
・大宮参拝後、伊那郡の村々の廻湛に出発。
内県・大県の神使が、外県御立座神事同様の神事を受け、諏訪郡内の村々への廻湛神事に、二手に分かれて出発。神長が、内県神使と同行する。神殿外周の周回は、内県神使は二回、大県は三回。

3/午・酉～丑・寅　廻湛神事
神使一行が村々の神主家で、「湛」と称された神事を行なう。
昼湛と、宿泊して行なわれる湛神事とがある。「御馬湛」として御手幣が捧げられた後、「神使殿達御前之事」が行なわれていた(『旧記』)。

3/丑　前宮神事
外県・内県神使が乱声しながら前宮に帰着(『画詞』には「オシツマリ」とある)。
この日、御笹御左口神が御室「萩組」から出され、前宮に入れられる。

3/寅　神原神事
大県神使が、乱声しながら大宮に帰着し、神原に向かう。神原で神事があり、

3/辰　野焼神事
二十番舞が演じられる。神使の演じる演目が、多数ある。
3/巳　副殿神事
この日、御室を撤する。
神使が、三手に分かれて真志野の野焼社に至る。帰路に、歌を歌い、田をこねる所作あり。
7/26〜晦日　御射山御狩神事
神殿の酒倉に参り、御酒の後に歌を歌う。この日、大祝が神殿内御霊殿を開け、諏訪大明神が垂迹時に携えて来たとされる「神宝」を開陳する。
11/22　精進初め
山宮での御手幣の神事で、神使に御手幣を持たせ、神長が申立。
11/28　難終御立座神事
この時、薄の実子を刀で貫き刺して申立が行なわれる。『年中神事次第』(『復刻諏訪史料叢書』1)には、「山林神」を祀る形と記される。(16)
12/24　大巳祭
神使が、廻湛神事に備えて精進に入る。
三月の御立座神事と同様だが、「門戸湛」と神殿外周の周回は行なわれない。
御室の「萩組」の座で、神使に御手幣を持たせて、神長が申立。
「かけはくもかしこ、つねの跡に仍つかへまつる冬の御祭に、をゝうみ祭の外縣の山の御手幣の数四八、板御馬四八、あくら四八、かゝみ四八、かねのひと四八、かしこみも〱のかつか申、」(『旧記』)。
12/25　大夜明神事
この日、「萩組」の座に御笹御左口神が入れられる。
御室に三県それぞれから、「そそう神」が入れられる。二十番舞あり。
1/1　蛙狩神事
大宮で、御手洗川で捕った蛙を神使が一匹ずつ射殺し、神長と共に乱声して、蛙を楼門に捧持する。

2 大祝と神長の子供としての神使

上記のような神使の一年間は、神使としては〝一生〟ともいうべきものであった。神使の誕生の場は、神使の出仕初めの行なわれた荒玉社の神事であった。

荒玉社は、その名称からしても、荒々しいまでの生命力のシンボルであることが明らかであり、新しい生命の誕生を示唆している。たとえば、大祝職位式において、新大祝が居館（神殿）で諏訪大明神の御神体となったことを宣言するのは、荒玉社での神事に引き続いてであった。様々な儀礼を経て大祝となるための資格を身につけた人物が、最終的に荒玉社の神事を経ることで新大祝として誕生する、という構成になっていたのである。(17) ここには、胎生した生命を出産・誕生させる場としての荒玉社の位置が、明瞭に認められる。そして、神使の場合も、「王子胎内之表躰」（「祭祀再興次第」）とされた精進屋から出て、「出仕始め」という形で、荒玉社において誕生したのであった。

では、神使は、どのような存在として誕生したのだろうか。それは、一月一日の御占神事を見ることで、明らかとなる。御占神事は、冬籠もりの仮屋（御室）に作られた「萩組」と呼ばれる場所で、大祝と神長とが対面して行なわれた。大祝の前には、御左口神（木の板）に各県の「介」「宮付」を記し、「祈禱を一として外県介に此事聞食哉否」（『旧記』）などと唱えながら、薄の実子（穂）を用いて（方法は不明）神使を卜定していた。

この神事には、二つの主要なシンボルが登場する。

まず第一は、御左口神である。そもそも、御占神事の祭場とされた御室の「萩組」には、前年の十二月二十四日の大巳祭において、「御笹御左口神（笹を依り代とする御左口神）」（『旧記』）と称される御左口神が入れられていた。その御笹御左口神が祀られた「萩組」で、御左口神を大祝の前に立てて、御占が行なわれていた。この事実から、この神事が御左口神との深い関係の下で行なわれていたことは、誰の目にも明らかである。御左口神とは、『画詞』に「御作神」とも表記される諏訪郡内の農耕生活領域に関わる土着的な神であり、[18]五官祝の筆頭、神長守屋氏がその祭祀を掌っていた。そして、神長自身も、諏訪郡外への持ち出しが禁じられていた宝物「御宝鈴」を所持し、諏訪大明神の垂迹時に抵抗したと伝えられる土着神の守屋大臣と苗字を同じくするなど、土着神的な性格の強い存在であった。[19]つまり、御左口神といい、その司祭者にして御占の執行者である神長といい、いずれも土着的な神の世界を担う存在と見ることができる。

その御左口神と並んで重要なシンボルとして認められるのは、薄の実子(穂)である。これについては、年間諸祭祀の中に薄の実子が用いられる神事があるので、参照してみたい。それは、年間四度行なわれていた御狩神事の中でも最大の、御射山御狩神事である。既に見たように、『年中神事次第』によれば、御射山の山宮(御射山明神)に対する奉幣に際して、薄の実子を刀で貫き刺して申立が行なわれており、それは「山林神を祭躰にて候」と記されている。薄の実子は、「山林神」を祀るのに不可欠なシンボルだったのである。それにしても、薄の実子を刀で貫き刺すという形式をとることは、どのように理解すべきなのだろうか。このことに関しては、近世以来現在に至るまで、御占神事の際に、「内県介」などと書かれた剣先形の御左口神の上部を小刀で刺し貫いて、御占が行なわれていることを想起すると興味深い。果たして、この形式が中世にまで溯るか否かは明確にならないが、薄の実子を刀で貫き刺すという形と、共通する形式といえる。御占神事の場合には、御左口神という祭祀対象が刀で貫き刺されるという形をとっており、それは祭祀対象を祀る形として観念されていた可能性が考えられる。だとすれば、同様の観念を、御射山御狩神事の奉幣の神事にも想定することは可能であろう。つまり、薄の実子を刀で貫き刺すという形は、御占神事における御左口神同様、薄の実子こそが、山宮に祀られる「山林神」のシンボルであったことを示しているのである。そして、山宮は諏訪大明神の母神であるとする観念や

（「嘉禎神事事書」『復刻諏訪史料叢書』4）、山宮の神事を含む御狩神事での大祝の出立ちが、諏訪大明神垂迹時の装束であるとする観念があったことからすれば（『画詞』）、山宮＝「山林神」のシンボルであった薄の実子は、紛れも無く、諏訪大明神の始原に関わるシンボルと位置付けられる。すなわち、御左口神と神長が、諏訪大明神に抵抗した土着神の世界を担っていたのに対して、薄の実子（穂）は、諏訪大明神の始原に関わるシンボルであったと見ることができる。

このような観点からみると、御占神事は、土着神である神長と御左口神、本来は外来神である諏訪大明神＝大祝と薄の実子、という二組の対称的な世界が融合して成り立っていたといえる。そして、その融合から、神使という子供が作られたのである。既に指摘した、〝内〟なる〝外〟ともいうべき神使の認識上の位置付けは、御占神事において、このように儀礼的に基礎づけられていたのである。

3　追放・殺害される神使

では、年間諸祭祀の中で、神使はいかなる役割を果たしていたのだろうか。ここでは、神使が中心的役割を担う祭祀を取り上げ、神使とは諏訪祭祀においていかなる意味を持つ存在であったかを考察したい。そして、興味深いことに、神使のそれら祭祀における役割を見ると、象徴的に追放あるいは殺害される姿が、浮かび上がってくるのである。以下に、この点について述べてみたい。

〔御立座神事・廻湛神事〕

年間祭祀のうち、神使を中心に構成されている祭祀には、三月と十一月の御立座神事と、それに引き続く廻湛神事、それに、一月一日の蛙狩神事がある。

まず御立座神事と廻湛神事だが、三月の祭りが、中世の諏訪祭祀において特に重視されてきた。この神事に関しては、既に宮地直一氏も、大祝(諏訪大明神)の分身としての資格を神使が得て、農耕開始前の諏訪郡内の村々を巡る神事であることを明らかにしている。[20]私も、大祝による神使の頸への玉鬘掛け、および神使と大祝の間での御杖の授受によって、神使が大祝の神性を身に受けるという宮地氏の理解は、概ね妥当なものと考える。だが、この神事を注意深く見ると、単に大祝の分身としての資格を得るというだけでない側面が見えてくる。それは、御立座神事の最後、神使がこれから廻湛神事に出発しようとする時に行なわれる神事での申立に、表れている。この申立は、廻湛神事に出発しようとする神使が乗った馬の前で行なわれていた。この場面の『旧記』の記載は次のようになっている。

御宝は神長殿持申、御杖をは禰宜殿持申テ大御門戸へ出、御宝をはたうしき(当職)に手八打せて懸けさせよ、御杖は神主うけとり申、後神使殿に御柏は参らせて、後御幣三度よは丶るへし、八次郎雅楽役、神原より祝殿下給て御幣をまいらせて後、引立馬前にて申立、是は介方にて申なり、

『年中神事次第』の記載には、次のようにある。

御宝は神長殿持申、御杖は禰宜殿役也、北西に介・宮付御馬引並、御宝殿之事、酉日は神主役也、御宝をたうしき(当職)に懸させて、手を八拍せ候也、次に御杖を神主に渡、引立馬に神使殿乗せまいらす、自宮付方参、両方御柏八之内、介に四、宮付に四進之、清酒桶神長殿へ進之、両の御柏を片柏宛まいらせて御杖差申す、介・宮付に片柏宛進せて後、御幣八四郎に三音呼わらす、是は雅楽之役也、神原より祝殿下給て御幣まいらす、驣而引立馬前、介方にて申立に云、

文言に異同があるが、どちらも「引立馬前」で申立があったことを記している。この記述は、一見すると、馬上の神使に対するものであるようにも見える。だが、私は、神使の乗った馬に対する申立であったと考える。

その根拠は、第一に、『旧記』の他の箇所では、神使に対する儀礼行為に関しては、「神使殿に御杖持せまいらせて」とか「神使殿に木綿たすき懸まいらせて」「神使殿に御柏はまいらせて」という具合に、必ず神使という対象が特定されているのに対して、単に「引立馬前にて」と記すのみであるのは、神使が対象ではなかった可能性を示唆している。第二に、馬上の神使に対する儀礼行為の場合にも、他の箇所では当然馬の前で行なわれていても、単に「神原より祝殿下給て御幣をまいらす」のように、馬の前で行なうことを記さない。それに対して、ことさらに「引立馬前」と記すのは、これが単に場所を指示する記述ではなく、祭祀対象を示唆する記述だったからではないか、と考えられるのである。その上、馬を対象としたと考えられる神事が、御立座神事に続く廻湛神事に、実際に存在していたのである。

廻湛神事では、『旧記』に、「村代神主家にて御神事之次第、御馬湛に肴二くみ、瓶子四、清酒、矢二すち、御柏参、後神使殿達御前之事、(下略)」とあるように、神使が訪れた村々の神主家において、「神使殿達御前之事」とは別に「御馬湛」と呼ばれる神事が行なわれていたのである。この区別には、神使に対しての神事とは別箇な儀礼として、馬を対象とする神事があったことが示されている。

このようなことから、御立座神事の最後に行なわれた申立は、馬に対するものであったと考えることができる。そして、馬に対するその申立の内容は、『旧記』によれば、次のようなものだった。

門戸湛のきみ先のやいらハ(八葉盤)、よいらハ(四葉盤)、おりかしや(折柏)と申てんはくこそ、館内ニおはり来可さいなん(災難)、口舌をハ、またこぬ先にはらいしりそかせ(祓い退かせ)給へと、かしこみも〳〵、ぬかつか申、

この申立が、今見たように、神使の乗る馬に対するものと考えれば、この申立における祓いやられるべき災難・口舌は、外ならぬ馬上の神使であったということになる。大祝の居館(神殿)に降りかかる災厄として位置

付けられ、馬に遠くに祓いやることが期待されているのは、その馬に乗った神使なのである。そして、この申立の直後に、神使は神殿の外周を周回して去って行くのだが、その周回は、大祝の職位式（即位式）の際の周回とは逆に回ることが定められていた[21]。

職位式の際の周回は、職位式の最後、荒玉社での神事を終えて神殿内に初めて新大祝として入る時に行なわれており、新たな神霊の誕生と鎮座の儀礼行為として見ることができる。その周回と逆に回り、神殿から出て行く神使の周回は、災厄を担って神殿から祓いやられる存在としての神使の姿を、儀礼的に表しているといえる。

さらに、御立座神事に先立つ三十日前から行なわれていた精進についても、「逆縁の道場」（「諏訪上社物忌令」『復刻諏訪史料叢書』1）であるとの認識が存在していた。「逆縁」というのは、普通では成仏することのできない罪深き者を引導する機縁のことである。つまり、ここでも神使は、罪深き者として意味付けられていたのである。

このように、御立座神事・廻湛神事は、単に農耕の開始前に村々を神が訪れて新たな命を与えて行くというだけでなく、一面では、神使を災厄のシンボルとして追放する祭りでもあったのである。

〔蛙狩神事〕

廻湛神事と並んで、神使が中心的役割を担う神事として、元日に大宮（現上社本宮）で行なわれた蛙狩神事がある。この神事は、大宮の前を流れる御手洗川の氷を砕いて捕獲した蛙を、六人の神使が一人一匹ずつ、「小弓小矢」（『画詞』）で射殺す神事である。そして、射殺した蛙を捧げ持ち、神使は神長とともに乱声して御柱の下（一の柱の外側）を通って御門屋（楼門）に至る。御門屋では、『旧記』によれば、「火を打丸炎にして、神人皆持」とあり、丸焼きにした蛙を一同が各自捧げ持って拝したものと考えられる。これが、神使の勤める最後の神事である。この神事が終わると、神使は御室に戻り、御占神事で新たな神使が決まるや否や、御室「萩組」から退いて、すべてが終了する。

この神事については、蛙を狩ることの意味が常に問題になるが、それについて『旧記』には、「蛙神之例なり」と記される。この「蛙神之例」というのは、神長本「上社物忌令」に記されている、諏訪大明神が大荒神の蛙神を退治したという伝承を指している。[22]つまり、蛙狩神事で殺される蛙は、諏訪大明神に退治された大荒神である、というのである。この伝承と併せて蛙狩神事を見れば、神使が大祝に成り代わって大荒神の蛙神の退治を再現する神事であった、と見ることができそうである。だが、事はそう簡単ではない。

この神事で特徴的なのは、六人の神使が一人一匹ずつ蛙を殺すことである。これは、神使が諏訪大明神（大祝）に成り代わって蛙神を殺害した、とみるのが常識的な見方といえよう。だが、廻湛神事を始めとして、常に外県・内県・大県の三県という県単位で把握され、神事に携わっていた神使が、なぜこの神事でだけ、六人という個人単位で把握され、神事を勤めたのだろうか。また、そのような常識的な見方からすれば、蛙狩神事に引き続いて行なわれる御酒一献に、退治の主体として重んじられるべき神使の関与が見られないのは、不可解である。

蛙神の退治を受けて行なわれた御酒一献は、神長の酌で大祝が御酒を飲む儀礼であった。神使が蛙神を退治したと見るとすれば、この御酒一献は祝いの御酒として、神使にこそそれを受ける資格があった筈である。にも関わらず、神使の関与はない。

ところが、大祝への御酒一献のための御酒と肴は、神長を除く五官祝（禰宜太夫、権祝、擬祝、副祝）と正月一日神主、大夜明神主（十二月二十五日の大夜明神事の神主）の六人から、一つずつ出されていた（『旧記』）。合わせて六ずつの御酒と餅が出されていたわけだが、この六という数は神使の人数と同じであり、神使との関係があるものとも考えられる。[23]また、この一献が、蛙狩神事に引き続いて行なわれていたことを考えれば、この六という数は、六人の神使に射殺された六匹の蛙の数としても見ることができる。このように考えれば、大祝への一献には、それを通して大祝の身体に六人の神使・六匹の蛙が収斂する、という含意を見出すこともできるだろう。

この点を、別の側面から考えてみたい。それは、中世諏訪祭祀における「乱声」の位置である。既に見たように、射殺した蛙を捧げ持った神使と神長が御門屋に向かう時、「乱声」することになっていた。中世の諏訪祭祀において、この他に「乱声」がなされるのは、廻湛神事から神使が帰着する時と、大祝職位式において新大祝が荒玉社から神殿に入る時だけであった。そして、これらの「乱声」が行なわれる場面を相互に比較してみると、ある共通点が浮かび上がる。それは、諏訪大明神＝大祝のもとに、乱声の主体が象徴する神霊が統合され、諏訪大明神＝大祝の神性が十全なものになる場面に、「乱声」がなされているということである。

例えば、廻湛神事から帰着した神使が乱声する場面は、大祝の分身としての神使が諏訪大明神＝大祝のもとに帰り着くことで、神使が一時的にせよ担うことで二つに分裂していた神性が、再び大祝に一元化する場面である。また、大祝職位式での乱声も、新大祝が大祝としての資格を獲得するための諸儀礼を終えて、いよいよ新大祝として誕生する時に当たって行なわれていた(24)。

このように、「乱声」は、乱声の主体が担った神性が大祝に再統合され、大祝の神性が新たになる場面でなされていたのである。そして、より詳細にみると、乱声の主体が担った神性は、土着神としての神性であったと言うことができる。

既述の通り、廻湛神事における神使には、御左口神が着けられていた。そして、その神使の帰着を受けて、御室の「萩組」に入れられていた御笹御左口神が、御室から出されて前宮に入れられていた。冬季の御室での祭祀は、大祝に象徴的に御左口神と「そそう神」を統合する祭祀であったが(25)、このうち「そそう神」は三月末日に早々に籠もりから晴れて御室を出るのに対して、御左口神は、神使が帰着しない限り御室から出なかったのである。ここにも、神使が御左口神としての性格を担っていたことが表れているが、それは、神使が帰着しない限り大祝への御左口神の統合が完了しなかったため、御左口神は御室から出ることができなかったと見ることができる。つまり、逆に言えば、神使が帰着することで、大祝の神性の不可欠の一部である御左口神が、大祝に再統合されたと見ることができるのである。乱声は、このような場面で、御左口神としての神使によってなされていたのである。

職位式の場合も、乱声がなされたのは、土着神としての神格を獲得して新大祝として誕生する場面であったことは、別稿に触れた通りである。[26]このように、「乱声」が、土着の神霊を大祝が自らのうちに統合してゆく場面でなされる行為であったことは、明らかである。

このようなことを前提にしてみれば、蛙狩神事において蛙を捧げ持った神使と神長が乱声することと、御酒一献の儀礼的な意味が明らかだろう。神長はそもそも大祝（諏訪大明神）に統合されるべき土着神的性格を持っていたが、神使も、神使に射殺された蛙（大荒神としての蛙神）も、共に儀礼的には大祝に統合されるべき土着の神霊として表象されていたと考えられるのである。そして、神使が一人一匹ずつ蛙を射殺すということの意味は、一人ひとりの神使が、大祝に統合されるべき神霊として蛙（蛙神）と一体の存在であることの、儀礼的表現と考えられるのである。

上社大宮の神域には、大宮で最も重要な祭祀対象として、「御座石」と称された石が祀られていたが、これは、「上社物忌令」等の伝承によれば、蛙神の住処に通じる穴を塞ぎ、諏訪大明神がその上に座したとされていた。すなわち、諏訪上社で至聖の神域には、退治された蛙神が抑えられていたのである。ここには、諏訪大明神の神性の根底には、自らが退治した荒神たる蛙神の力が含み込まれているという観念が、窺えるだろう。そして、このような観念を儀礼的に表現したのが、蛙狩神事と御酒一献であったものと考えることができるのである。

そして、以上のように神使と蛙(蛙神)とが儀礼的に一体と表象されていたとすれば、神使は蛙神の退治者ではなく、儀礼的には退治される者そのものであったことを指摘することができる。すなわち、神使は、蛙を射殺することで、実は自分自身が大荒神の蛙神として殺害され、大祝に捧げられたのである。

以上のように、神使が祭祀の中で中心的に担ったのは、神殿(大祝の居館)に降りかかる災厄として祓いやられる役回りと、諏訪大明神の支配を乱す大荒神として退治される役回りなのであった。

三　神話的背景

それにしても、なぜ、このような役回りを、神使は負わなければならなかったのだろうか。このことを考えるに際して、まず、これらの神事が年間の祭祀構成のどこに位置していたのかを確認しておきたい。

御立座神事・廻湛神事は、前年十二月二十二日からの御室での冬籠りの祭りに終了を告げる神事であった。外県御立座神事は、御室での冬籠りから晴れて十三日間連続する祭祀群の最初(三月初午日)の神事であり、それに引き続く廻湛神事の後、最後の大県神使が帰着する三月寅日には、籠りの仮屋である御室が撤せられた。このように、御立座神事・廻湛神事は、籠りからの晴れを告げる祭祀であった。一方、蛙狩神事は、言うまでもなく新年を迎えた元日に行なわれる神事であった。いずれも、新たな時の始まり、即ち生命力の再生・賦活というモチーフが一般的には想定される時に行なわれる神事であった。

ここに、生命力再生・賦活のモチーフに、悪疫退散をモチーフとする神使の儀礼的犠牲が結び付いていたという観点を得ることができるのである。もちろん、各地の修正会に典型的に見られるように、生命力賦活と悪疫退散の結び付きそれ自体は、別段珍しいことではない。

だが、中世の諏訪祭祀においては、そのような一般的な枠組みでは捉えきれない神話的イメージが、存在していた。重要なのは、儀礼的に犠牲とされた神使が、土着神である御左口神や、その司祭者で土着神的性格の強い神長守屋氏と深く関係していたという事実である。

既に述べたように、大祝（外来神）と神長（土着神）という対抗的な世界の融合によって生まれた神使であったが、その存在には、土着神としての性格が強く刻まれていた。

そもそも、御占神事からして、『旧記』に「祝殿之指合なとの時は神長殿斗申して御占をうち申候」とあるように、大祝が不在の時には神長のみでも成り立つことが規定されていた。また、御占神事によって神使御頭役が決定するとすぐ、正月四日に神長によって、当該の頭人の元に御左口神が御符とともに入れられ、それに対する礼銭等は全て神長の得分とされていた（「諏方御符礼之古書」『復刻諏訪史料叢書』2）。さらに、神使にとって最大の祭祀である廻湛神事に先立つ精進でも、精進屋に御左口神が祀られ、廻湛神事の終了まで神使自身にも御左口神が着けられていた。そして、内県神使には、御左口神の司祭者である神長も同行していた。同様に、蛙狩神事でも、蛙を射殺した神使が乱声して御門戸屋（楼門）に向かう時には、神長が同行していた。このように、神使御頭および神使の存在は、神長と御左口神なしには成り立たないものなのであった。「上社物忌令（神長本）」（『復刻諏訪史料叢書』1所収）に、「神使殿六人、神ノ長は母の形也」と記されているが、この認識は、大祝と神長の間に生まれた子供ではあるが、実際には神長的世界（土着神的世界）により親縁的であった神使の位置付けを、端的に表しているのである。

そして、このことが、土着神は外来神（諏訪大明神）に対抗する存在であるとする中世諏訪の神話的イメージの中で、重要な意味を持つのである。

例えば、諏訪大明神の鎮座にまつわる伝承である。それは、諏訪大明神の守屋山麓（大宮所在地）への鎮座の由来を説く伝承であり、その鎮座地の神域（御正面）に祭られる御座石の由緒を説く伝承である。このうち、大宮への鎮座伝承は、宝治三年(一二四九)の「諏訪信重解状」(『復刻諏訪史料叢書』3)と『画詞』に記されているもので、諏訪大明神が垂迹した時に、土着の守屋大臣(悪賊)が抵抗したのを制圧して守屋山麓に居を定めた、と語られている。一方、大宮の御座石の由緒は、既に触れた大荒神である蛙神退治の伝承で、蛙神の住処の穴を石で塞いで諏訪大明神がその上に座したと伝える。何れも、土着の神が諏訪大明神に抵抗する悪しき力と位置付けられ、それを制圧して諏訪大明神による秩序が生まれたことが、語られている。(27)

御立座神事において神使が大祝の居館に襲いかかる災厄として追放された時も、蛙狩神事で大荒神として象徴的に殺害された時も、いずれも、神使は大祝にとって対抗的な存在であった。その背景には、外来神の諏訪大明神に対抗してその世界を危ぶませる土着神という、中世諏訪における神話的イメージが揺曳していたのである。

ところで、神話的には土着の神を退治した諏訪大明神であるが、祭祀的にはむしろ逆に、土着神の世界に諏訪大明神が取り込まれていた。守屋大臣と同じ苗字を持つ神長守屋氏は、社家(五官祝)の筆頭として事実上諏訪上社の祭祀を掌握しており、その神長が執行していた職位式によって、本来外来神である諏訪大明神は、祭祀的に神長によって葬送され、土着神として再生したのであった。(28)また、大荒神の蛙神を退治してその住処の穴を塞いだとされる御座石は、大宮の中で最も神聖な神域に祀られていた。諏訪大明神を祀るべき最も神聖な場所に、実は大荒神が、石に押さえられているとはいえ、潜んでいたのである。つまり御座石において、諏訪大明神は蛙神の力を自らの原点に取り込んでいたのである。神話的には外来神である諏訪大明神(大祝)は、祭祀的に御左口神や蛙神のような土着神の力を自らに同化・包摂することで、諏訪という土地の大明神、すなわち文字通りの「諏訪大明神」と君臨していたのである。だが、何度も言うようだが、神話的には、土着神は否定されるべき負の属性を担う存在であった。

このことを確認した上で、神使の儀礼的犠牲の意味を考察すると、大祝の分身としての神使は、祭祀的には土着神に同化されながらも、神話的始原的には外来神として土着神を排除すべき大祝によって、土着神としての性格を負わされて追放あるいは象徴的に殺害されたのではないか、ということが考えられる。換言すれば、大祝は、自身に潜む始原的には否定的な性格（土着神としての性格）を分身である神使に負わせることによって、自らを追放・殺害の憂き目にあわせることなく、神話的始原的な姿に立ち返ることができたのではないか、ということである。それは、神話伝承の再現であり、諏訪大明神鎮座の始原に回帰する象徴的行為でもあった。このように理解すれば、元日と籠りから晴れた春の始まりという時に当たって神使の儀礼的な犠牲が行なわれたのも、自然なことと言える。諏訪大明神＝大祝は、生命が改まる時に当たって、分身である神使に自らの内なる負の属性を負わせ、自身の代わりに儀礼的に犠牲にすることで、神話的始原への回帰を象徴的に果たし、その生命力を再生させたのである。

おわりに

以上、王権の象徴的構造における王と王子との関係を踏まえながら、王権祭祀としての中世の諏訪祭祀における神使の役割を考察してきた。そして、これまで王権論で指摘されてきた、王権の内包する負の性格を担って追放・殺害されるスケープゴートとしての王子という象徴的機能を、神使も担っていたことが、明らかとなった。

もちろん、神使が、一年間を通して常にスケープゴートとしての役回りを担っていたのでないことは、事実である。籠りからの晴れの祭祀と、新年を迎えた元日の祭祀の中でのみ、その役割を与えられていたのであった。そこには、既に指摘したように、生命力を賦活し、秩序の再生がなされる時に当たり、神使をスケープゴートとすることによって、外来神である諏訪大明神の鎮座の始原に立ち返り、大祝の秩序や生命力の再生が図られていた。だが逆に、これらの祭祀以外では、神使が単に従属的な役割を担うだけであったことは、スケープゴートという役回りこそが神使の最大の存在意義であったことを、雄弁に物語っている。

本稿の冒頭で触れたように、王権論の中では、王とスケープゴートとの関係は、本来〝外〟なるものである王権が、〝内〟なる秩序を守るために、自身に内在する〝外〟なるカオス性を負わせて象徴的に排除し、王とその秩序誕生の始原に回帰するというのが、一般的理解であるといえる。そして、カーニバルに見られるような、一時、偽王の下で秩序が停止して原初のカオス的世界が現出した後、王が秩序を回復する、というドラマが想定されている。中世の諏訪においても、「王子」としての神使がスケープゴートとしての役回りを演じていた点では、一般的理解の枠組みで把握することができる。だが、中世諏訪の祭祀的枠組みの中では、大祝と神長、外来神である諏訪大明神とそれに抵抗した土着神、という神話的始原的な対抗関係あるいは緊張関係を背景に、それは成り立っており、本来は〝外〟なる者が、自身に包摂された〝内〟なるものを排除するという形で行なわれていた。そこには、大祝が、自身に纏わり付いた〝内〟なる者としての性格を神使に託して追放・殺害することで、本来の〝外〟なる者としての神話的始原に回帰するというドラマがあったのである。王権一般と同一の構造が見出されるものの、中世諏訪には中世諏訪ならではの、その構造の表象の形(物語)があったのである。

本稿は、そんな、中世諏訪祭祀における王と王子の物語なのであった。

注

(1)「御室祭祀と大祝」(『國學院大學大学院紀要・文学研究科』第二十輯、平成二年)。「中世諏訪祭祀における二十番舞」(『神道宗教』149号、平成四年)。「中世諏訪上社大祝と職位式」(『國學院大學日本文化研究所紀要』第七七輯、平成八年)。
(2) フレーザー(永橋卓介訳)『金枝篇(二)』(岩波文庫)には、様々な事例を取り上げながら特に集中的に論じられている。

(3) M・サーリンズ「外来王またはフィジーのドュメジル」。(一九八〇年五月の、オーストラリア・ニュージーランド科学振興会人類学部会の部会長就任に際しての講演。『太平洋史学雑誌』一六に掲載され、一九八五年に『歴史の島々』〈邦訳は山本真鳥訳、一九九三年、法政大学出版局〉に収録)。このような構造論的視点からの理解は、一九六九年二月の『伝統と現代』誌に発表された「王権の象徴性」(後に『人類学的思考』筑摩書房、一九七一年、に収録)など山口昌男氏の一連の業績においても強調されている。また、井本英一氏『王権の神話』(法政大学出版局、一九九〇年)には、世界各地の王権神話に、王の外部性が物語られていることを見ることができる。

(4) フレーザー前掲書、二七〇~二七七頁。

(5) フレーザー前掲書、W・ウィルフォード(高山宏訳)『道化と笏杖』(晶文社、一九八三年)等。また、郡司正勝氏の『童子考』(白水社、一九八四年)は、日本の神話伝承、物語り、芸能の中に、王と王子や道化とのこのような構造的関係を指摘している。なお、このような王権を巡る諸議論に関しては、赤坂憲雄氏『王と天皇』(筑摩書房、一九八八年)に手際よくまとめられている。

(6) サーリンズ、注(3)前掲論文および前掲書。

(7) 神使の読み方については、古本からの書写と目される権祝本『諏訪大明神画詞』に「カンツカイ」と振り仮名が付され、「神長神事次第書状」(年未詳『復刻諏訪史料叢書』第四輯、所収)に「神つかい殿」と記載があることから、中世においては、「かんつかい」或いは「かみつかい」と呼ばれていたものとも考えられるが、「おこう」「おこうどの」などと呼ばれていたという考え方もあり、必ずしも明白ではない。宮地直一『諏訪史』第二巻後編、三八三頁、および伊藤富雄『「年内神事次第旧記」釈義』(永井出版企画、昭和五十四年、一〇五頁)を参照。

(8) 神使御頭の所役負担の実情については、伊藤富雄「満実書留錯簡考」(『伊藤富雄著作集』第一巻、永井出版企画、昭和五十三年、所収)を参照。

(9) 『年内神事次第旧記』によれば、御占神事について次のように記されている。

はきくみ(萩組)にて神使殿御頭定有、祝殿と向申て、すゝき(薄)のみこ(実子)にて御占打申、御左口神をかき申て、祈禱を一として外県介に此事聞食哉否三度申てみこをうちちらすに、三度に二度てう(丁)なれば当給候、祝殿をは六度身に当、実に当、残をは身に当、実に当、所領に当て、九度うち申、九度にはつれさせ給へは、外あて申、祝達皆はつれさせ給へは、武井條大政所に占をはうち不申当るなり〔( )内は引用者注記」

(10) 宝治三年(一二四九)の「諏訪信重解状」(『復刻諏訪史料叢書』3)の「以大祝為御躰事」条に次のようにある。
右大明神御垂迹以後、現人神御國家鎮護為眼前之處、鑒機限御躰隠居之刻御誓願云、無我別躰以祝可為御躰、欲拝我者、須見祝云々、仍以神字與給祝姓之刻(下略)、

(11) 拙稿「御室祭祀と大祝」(『國學院大學大学院紀要・文学研究科』第二十輯、平成二年)。

(12) 十三所の神々は、上社の鎮座する諏訪湖南方地域に点在する神社で、上中下と分けられていた(年未詳「上中下十三所造宮」『復刻諏訪史料叢書』4)。そのうち、上社周辺に鎮座する神社が上十三所と呼ばれ、大祝職位式(即位式)において新大祝の巡拝対象となっていた。

(13) 宮地直一『諏訪史』第二巻後編、四五三~四五四頁、および伊藤富雄『「年内神事次第旧記」釈義』(永井出版企画、昭和五十四年)、一四六~一四七頁を参照。

(14) 注(1)にあげた拙稿を参照。

(15) 引用した史料の他に、宮地直一『諏訪史』第二巻後編の第五章「祭祀考」および、伊藤富雄の注(13)前掲書を参照。

(16) 「年中神事次第」(『復刻諏訪史料叢書』1)には、次のように記されている。
一御手幣時申立
(申立略)一二三の御手幣にも如此申可、神長殿役也、木之御腰物を抜て赤薄の實子を二寸に切て刀の崎に貫て申立候也、是者皆山林神を祭躰にて候

(17) 拙稿「中世諏訪上社大祝と職位式」(『國學院大學日本文化研究所紀要』第七七輯、平成八年)を参照。

(18) 前掲注(11)拙稿、一〇一~一〇四頁。

(19) 前掲注(17)拙稿、一七~一九頁。

(20) 宮地氏前掲書、四三七~四八〇頁、参照。

(21) 『旧記』に「舘廻逆に一度」、『次第』に「舘廻逆に外県一度、内県は二度、大県は三度」とある。これが、大祝職位式の時の周回に対する「逆」であったことは、宮地氏前掲書(四五六~四五七頁)の指摘がある。また、職位式では左回りであったのに対して、逆の右回りであったことを、伊藤富雄氏前掲書(四二七~四二九頁)が明らか

にしている。

(22) 神長本「上社物忌令」の伝承は、次の通り。

・御座石ト申ハ正面之内ニ在リ、件之蝦蟆神之住所之穴通龍宮城エ、退治蝦蟆神ヲ、破穴以石塞、其上ニ坐玉シ間、名ヲ石之御座ト申也。

・正月一日之蝦蟆狩之事、蝦蟆神成大荒神、悩乱天下時、大明神彼ヲ退治御座し時、四海静謐之間、阫波ト云字ヲ波阫なりと読り。

また、金沢文庫所蔵の「阫波私註」（十四世紀前期以前）にも、同じ伝承が記されていることが、金井典美氏「金沢文庫古書『阫波御記文』と『阫波私註』」（『諏訪信仰史』、名著出版、昭和五十七年）に紹介されている。

(23) 伊藤氏前掲書、一一九頁。

(24) 前掲注(17)拙稿を参照。

(25) 前掲注(11)拙稿を参照。

(26) 注(24)に同じ。

(27) 蛙神に関しては、伝承には、土着の神ということは明言されていない。住処が龍宮とされていることからすれば、外から来る神であるかのようである。だが、守屋山麓に住処の入り口があるとされていることは、その場所が土着神の守屋大臣の抵抗を抑えて鎮座したとされる場所であることからすれば、土着神鎮圧のイメージとの関連性が考えられる。また、この蛙神の伝承が神長本の物忌令に記されており、他の伝本には見られないことは、蛙神が、神長が儀礼的、伝承的に担っていた土着神的世界に親縁的であったことを、物語っている。それ故、ここでは、蛙神を土着神として把握する。

(28) 前掲注(17)拙稿を参照。

なお、引用資料のうち、特に注記のないものは、『神道体系神社編・諏訪』所収の史料を利用した。

鹿島神宮物忌職の祭祀

――その由来と亀卜による補任について――

森本ちづる

はじめに

常陸国鹿島神宮には、往古より物忌と呼ばれる女性祀職が存し、本殿内陣御扉の御鑰を預かり、年に一度正月七日夜の御戸開神事において内陣に参入して幣帛を奉ることをその任とした。

物忌とは、忌み慎み清まわりて祭神の御側近く使え奉る態を、そのまま職名としたものと思われる。穢れなき童女をその任に充てる事例は、伊勢の神宮の大物忌の子良や(1)賀茂社の忌子などの(2)女性祀職にも見られ、さらに『延喜式』『儀式』を見れば、春日・大原野の物忌童女や平野・梅宮の炊女など、諸社において幣帛の出納や神饌奉奠等に童女の奉仕を見ることができる。(3)しかしながら、これら物忌の童女に関する文献はあまりに少なく、明治四年までの確実な奉仕の事例が見られるのは、伊勢と鹿島の二例のみである。

また、鹿島神宮の物忌は、他社の物忌が童女の奉仕者であったのに対し、ほぼ終身奉仕であったことが知られている。物忌の選定にあたっては、穢れなき童女二、三名の候補者を百日間潔斎させた後、亀卜によって神意に叶った者を物忌と定め、ひとたび物忌となった後は、神野と呼ばれる里の物忌館で厳格な潔斎の日々にその生涯を送ったと伝えられている。[4]

本稿においては、鹿島神宮物忌職の起源と系譜、出自と亀卜による補任の次第について考察し、神に斎き奉る女性祀職としての物忌の存在を明らかにしたいと考えている。

一　物忌職の起源と系譜

鹿島神宮の物忌の起源と系譜についての史料は、『御ものいミ由来略』[5]・『鹿嶋御ものいみ由来』[6]・『常陸国鹿嶋太神宮御斎之由来略』[7]・『鹿嶋大明神御斎相続次第』[8]・『鹿嶋大神宮御斎宮神系当禰宜系譜』[9]等があげられる。いずれも近世に作成された縁起や系図であるが、これらをふまえ、物忌の起源および系譜について考察したい。

1　起源

『御ものいミ由来略』は物忌の起源について、太古の昔、初代物忌が出雲国より祭神を奉戴し、鹿島の見目浦に遷座させたことに始まると伝えている。

抑鹿島太神宮ハ、御神号武甕槌の命と申奉る、稽古、天照太神の詔を受て、豊蘆原中津国を安国と平げ給ふ、是本朝武神の棟梁、大将軍の始なり、此時取初の御ものいミ、太神宮をいたゝき、出雲国五十狭の小汀へ天降りまし〳〵て、常陸国見目の浦へ御遷座あり、ミるめのうらとハ今のかしまのたかまがはらの事なり、其時太神宮の神語を直に御うけあつて、祭主とならせ給ふ、

また、『常陸国鹿嶋太神宮御斎之由来略』『鹿嶋御ものいみ由来』は、同様の伝えを説いた上で「家のならひにて此御名を他家へ伝へ申さず」と記し、初代物忌の名を秘事としている。

続いて第二の物忌について『御ものいミ由来略』は、神功皇后が三韓征伐の奉賽として仲哀天皇の皇女普雷女

を物忌に定めたと伝える。

一、第二の御ものいミハ、じんぐうかうぐう、三かん御たいぢの折ふし、鹿嶋の御神徳によつて、かミいくさの御船、とかいあんぜんに、三かんへわたり給ふ、其節鹿嶋の太神宮、あとべのいそらと、御なのり出現まし〲て、天皇の御船のかぢを御とりなされ、三かんこと〲く御手に入、ながく日本のやつことなりぬ、三かんと八今のちやうせん国の事也、其時鹿嶋のしんじよを、御たつとびあつて、ちうあい天皇第一のひめミや、あまくらひめを斎宮として、鹿嶋へぎやうけいあり、此時始てかのゝさとに、さいくうを御ぞうゑいにより、すなハち大神宮みるめのうらより、かのゝ社へ御せんざなり、此時にも大神宮と、御ものいみと、みあらかひとつにてまします、もちろん神語の御はらひのふミ、御内じんの御まつり、朝夕のぐごまでも、さいしよの御ものいミ、口つから御つたへあつて、此時より御ものいみと御名をとなへ候事、

「かのゝさと（神野里）」とは、累代の物忌の館と荒祭宮が鎮座する里であり、鹿島神宮の祭神がこの地に鎮座したという伝えは、これら物忌の諸縁起にのみ見られ、物忌が常に祭神と一体であるという信仰に根ざした伝承と捉えられる。

いっぽう、第二の物忌とされるあまのくらひめ（普雷女）は、『鹿嶋大神宮御斎宮神系当禰宜系譜』には物忌の祖とされ、仲哀天皇より卜部姓を賜った雷大連命の女と記している。同系図によると、神武天皇が熊野退治の後武甕槌命を崇め奉り見目浦神野郷に社殿を造営、これが荒祭宮であるとし、さらに神功皇后が三韓征伐の後御みずから祭主として武甕槌命を祀り、その後に大和還幸に際して雷大臣の姫宮普雷女を斎宮に備えて祭祀を継承させ、その弟である弟麿を荒祭宮祭官にしたという。この伝えは、物忌とその後見役である当禰宜の祖が同一の系譜に連なることを示し、『御ものいミ由来略』等と異なる伝承であることが留意される。

これらの伝承は、いずれにしても鹿島神宮の鎮座と物忌の由緒が不可分であること、神野の里の荒祭宮に武甕

槌命を祀り同床共殿にて物忌が奉斎したこと、さらに物忌の補任は神功皇后の祝定であることを物語り、物忌の存在がいかに信仰上重んじられてきたかを窺うに足るものであると思われる。

2 系譜

物忌の文献上の初見は、『延喜式』内蔵寮ならびに大蔵寮の諸祭幣物の項目に、宮司・禰宜・祝とともに禄を賜る記述が見られ、[10]さらに『吾妻鏡』の養和元年（一一八一）二月二十八日条の鹿島社神領をめぐる訴えに対し「御物忌之沙汰」に従う旨が記され、[11]また同じく元暦元年（一一八四）十二月二十九日条に物忌領として千富名が見え、[12]文治三年（一一八七）五月二十日条に物忌が神領を押領されたとして訴えた旨が記されている。[13]また、鹿島神宮の霊木である天葉若木が枯れたことを注進した延文元年（一三五六）の「大宮司中臣則密等連署天葉若木事注進状案」[14]に、物忌初任の時にこの天葉若木を以って亀甲を焼くことが記されている。

物忌の実名が文献に見られるのは、仁治元年（一二四〇）の「摂政太政大臣家藤原兼経政所下文」[15]の十六代物忌袈裟子の記事が初見であり、続いて応永十九年（一四一二）に物忌妙善（十九代鶴王子連）が宮本郷神野下青木一丁を根本寺へ寄進、[16]また天正十年（一五八二）には玉容妙輝（二十一代御采子連）が船津田一反を同じく根本寺に寄進した記録がある。[17]

累代の物忌の系譜について、『鹿嶋大明神御斎相続次第』及び『鹿嶋大神宮御斎宮神系当禰宜系譜』は、江戸時代末まで二十五代に及ぶ物忌の名と在職期間を伝えている。（表1参照）近世以前の物忌の在職期間については、伝承として捉えるよりすべがない。しかし、二十二代仙王子連については慶長四年（一五九九）の亀卜神事史料、[18]二十三代御菊子連については寛文五年（一六六五）の物忌職補任符[19]と宝永二年（一七〇五）の葬祭記、[20]二十四代の御豊子連については宝永三年（一七〇六）の亀卜神事史料[21]と享保十三年（一七二八）のものと思われる自筆書状[22]、二十五代光子連については安永八年（一七七九）の亀卜神事の記録[23]等が残されており、その在職期間の信憑性は高いと判断され、ほぼ終身奉仕であったと考えられる。

表1　鹿島神宮物忌職一覧

		補任	退下	在職年数
1	普雷女	家説曰神功皇后姫宮在職百七十年		
2	宮日子連	仁徳帝五十一年	安康帝二年	八十六年
3	尼豆女連	安康帝三年	継躰帝二十三年	七十三年
4	小波須女連	継躰帝二十四年	推古帝七年	七十年
5	御短子連	推古帝十五年	白雉五年	四十八年
6	三川子連	斎明帝元年	至朱鳥九年	四十一年
7	若日子連	朱鳥十年	養老六年	二十七年
8	宮主子連	養老七年	天平神護二年	四十四年
9	戌子連	延暦二十四年	大同元年	二年
10	家貞子連	大同二年	貞観十六年	六十六年
11	御虎子連	貞観十八年	昌泰二年	二十四年
12	黒虫子連	昌泰二年	正暦二年	九十三年
13	牛子連	正暦二年	長元二年	三十九年
14	藤妙子連	長暦三年	応徳二年	四十七年
15	朝日子連	寛治元年	仁安三年	八十二年

16	袈裟子連	仁安三年	建久九年	三十一年
17	犬子連	建仁三年	弘安五年	八十年
18	熊子連	正応四年	応安七年	八十四年
19	鶴王子連	康暦二年	嘉吉二年	六十三年
20	御竜子連	嘉吉二年	永正九年	七十一年
21	御采子連	永正十五年	慶長二年	八十年
22	御仙王子	慶長四年	明暦三年	五十八年
23	御菊子連	寛文五年	宝永二年	四十一年
24	御豊子連	宝永三年	宝暦五年	五十年
25	光子連	安永八年	嘉永六年	八十二年

二　神野の里の由来

神野は、前章でふれたように、物忌の居住する館と荒祭宮が鎮座する里で、古くは秋谷と呼ばれた。荒祭宮もまた、鹿島神宮の祭神が春日へ遷幸の後、大生宮（現行方郡潮来町）を経て現在の鎮座地へ遷られたという伝承に基づき、中世には跡宮と呼ばれたという。神野には物忌の後見役であった当禰宜の他、物忌社家と呼ばれる人々が居住し、物忌館及び物忌墓所の警護を行い、物忌が鹿島神宮に参向する時は供奉し、祭祀の補助も勤めた。

本章においては、物忌がその生涯を送った神野の里に残るさまざまな伝承と物忌の厳格なまでの潔斎の日々、そしてその物忌を支えた物忌社家および当禰宜について考察したい。

1　荒祭宮（跡宮）

神野の里と荒祭宮について『当社例伝記[24]』には次のような記述が見られる。

本社ヨリ南ニ当リ、荒祭ノ宮トテ有リ、大曲津命ヲ祭ル、俗ニ跡宮ト云、是神野ト云里也、此傍ニ女一人有リ、神主以テ亀トヲ定之、授当社神符為物忌職ト、如何ト云ニヤ、毎年正月七日之夜、至丑ノ刻、本社御戸ヲ開キ正久、大小之神官等内陣ニ奉納幣帛ヲ故、物忌去年奉幣取出、当年之幣納置事、是ヲ出納ノ役ト云、縦秋屋等雖為リト末女、争神慮不可有恐、依是百歳経云、全可守彼職、漸畢レバ又如例可改替之者哉也、

神野の荒祭宮（跡宮）の傍らに亀トにより定められた物忌という女性があり、正月七日の夜本社の御戸を開き幣帛を出納することを職掌とする、たとえ秋屋の末女たりと雖も神慮により百歳を経ても職を全うし、亡くなったら新たな物忌に替える、という伝えである。ここに記されている秋屋とは、神野の旧名であり、秋谷ともいい、神野に住む人々は秋谷部（秋屋部）と呼ばれていた。

秋谷の名が見られる最も古い文献は、仁治元年（一二四〇）「摂政太政大臣家藤原兼経政所下文[25]」に、鹿島神宮神官信景が父祖伝来の領地である豊野・赤見・神野村屋敷を父実景の代より物忌袈裟子に押領されている旨を訴えた中で、「且彼物忌、在代々屋敷一町八段、秋谷内二反岩□□六反跡宮一丁于顕然也」とあって、秋谷および跡宮が物忌の所領に含まれていたことが記されている。

前章でふれたように、跡宮は鹿嶋神宮祭神の最初の鎮座地で、普雷女により同床共殿にて奉斎されたという伝承をもつ。『御ものいミ由来略』はその後の鹿島神宮祭神の遷座と物忌の祭祀について、次のように伝えている。

一、人王三十六代、くわうぎよく天皇の御時まてハ、大神宮かの丶社に御ちんざなりしに、同御宇に春日の社へ御せんかうあり、しかれ共、しんちよくにより、御ものいミハ、其ま丶かの丶さとに御すまいあるなり、

一、へいぜい天皇大同元年に、とういたいじのため、さだいしやうとうりやうきやうを、ちよくしとして、関東げかうあり、其時大神宮御かどのため、春日のやしろより鹿嶋へ御せんかうましますなり、

一、とうりやうきやう、嶋崎の庄おうのさとに、宮作し給ふにより、大神宮おうの社へ御せんざあり、これによつて、おうの社のさいれい、今の本社と同前に代々御ものいミよりつとめきたり候事、

一、大同二年極月廿七日に、おうの宮より今の鹿嶋の社へ御せんざあり、いこくきふくの御ちかひゆへ、日本の丑寅たかまが原に、宮づくりをさだめさせ給ふ、

一、かの、社ハ大神宮始てみるめのうらより、御せんざの地にて、殊に又第二の御ものいミ御さいくうにてわたらせ給ふゆへ、千年にあまり、今の御ものいミまて同じ所に御すまゐにて御座候、たとへ大神の社ハかわるとも、御ものいみの所をかへまじきとのしんちよくありしにより、これをうつさず、（かの、やしろとハ、さいしよのミやの事なり、）

鹿島神宮の春日大社への分祀は史実に明らかなところであるが、これを神野から春日への遷幸と捉え、その後鹿島へ還幸の際、島崎の大生の社(26)に遷座、さらに現在の鎮座地へ遷られたとし、祭神は遷座しても物忌の居所は遷してはならないという神勅を守り、現在も物忌が祭神の最初の鎮座地である神野に住まうと説いている。第二の物忌普雷女によって奉斎された宮を神野の跡宮、もしくは荒祭宮とし、春日より還幸の途次祭神が鎮まられた社を大生宮と位置付けているが、跡宮は物忌の住まう館の傍らに鎮座し、鹿島神宮末社として四月四日・十一月四日の祭祀は当禰宜はじめ社家中の奉仕によっていとなまれ、また大生宮についても、後述するように毎年十一月十四日から十六日まで物忌・当禰宜・物忌社家等の神野の人々が祭典に奉仕した社で、いずれも物忌との由緒が深い社である。これらのことから『御ものいミ由来略』には、神野に物忌が定住する意義と物忌と由緒の深い社を鹿島神宮の鎮座の伝承に盛り込もうとする意識が窺われる。そして同様の伝えは『常陸国鹿嶋太神宮御斎之由来略』・『鹿嶋御ものいみ由来』等に共通して見られ、当禰宜家や物忌社家など物忌所縁の人々独自の伝承と捉

えることが出来る。

2　物忌館

神野は物忌とその所縁の人々の里であり、現在も当禰宜家の子孫である東氏や物忌社家の人々の子孫が居住している。累代の物忌がその生涯を送ったと伝えられる物忌館のあった場所は、現在は東氏の邸宅となり、生垣をめぐらせた広大な敷地の中の鬱蒼とした樹叢は昼なお仄暗い静寂に満ち、傍らに鎮座する荒祭宮とともに神さびた雰囲気をたたえている。

嘉永六年（一八五三）、物忌光子が逝去した後、当禰宜胤寿は物忌職相続を寺社奉行所に願い出て、姪二人を養女にし物忌の候補者に立て亀卜神事の準備を進めていた[27]。しかし維新後の、明治二年九月、神祇官による制度改正により「祭奠者康安之古式ニ復シ職務ハ文永之補任ニ依テ改正ス」として祭典及び職制の改革が行われ、ここに物忌の職制も改められて、これまでの終身奉仕から「物忌童女二人、歳七才ヨリ十三才六月迄ヲ限、交替補任候事[28]」と年齢の制限が設けられた。また、これまで物忌は当禰宜家の娘もしくは養女から候補者を二、三人立て、亀卜神事により一名補任する例であったが、これも改められ、息栖祝藤原栄鵬の娘登玖子と坂戸祝卜部時直娘佐玖子の二名が神祇官より補任された。そしてこれらの物忌は「職務中生家ニテ斎室ニ可養置事[29]」と定められ、神野の物忌館へ入ることはなかった。同十二月、大宮司中臣則孝は、「旧物忌屋敷内立木売払、神官共　皇学所之国典相求度候、且物忌廃宅者、是迄物忌付致居候権禰宜東胤吉ニ相遣し度候間、何卒此段御聞済被成下候様奉願上候[30]」という願書を宮谷県に提出、これが受理されて物忌館址地は当禰宜家に払い下げられた。

明治三十九年刊『鹿島名所図会[31]』には当時の物忌館址の様子が次のように記されている。

鹿島町大字神野、古の秋屋の里跡の宮の前にあり、こゝに上古より、鹿島太神宮の物忌が住みし館ありしを、今は一望離々たる禾黍の畑となりて見る影もなし、只跡の宮の入り口に当りて、一つの小家あり、屋根は藁もて葺きしが、なかば朽ち、周囲の壁は処々落ちたるに、蜘蛛の網を張り、よろづに荒涼なるが中に、一つの輿あり、これぞ、物忌が乗りし輿の今に残れるなりと、見るものをして、すゞろに、当時を忍ばしむ、

明治以前この物忌館は、童女のうちに亀卜神事により定められた累代の物忌が、厳格な禁忌のもと生涯を過ごした館であった。文中に記される輿は、物忌が鹿島神宮の祭礼に参向する時に用いられたもので、物忌は祭礼への出輿の他はいっさい物忌館を出ることはなかったと伝えられる。

物忌館の造作に関する記録は、嘉永六年の当禰宜胤寿の留書[32]に、

一、先物忌古殿を悉く改之、古土をけつり、古礎迄とり除、寸木とても古材木を不用、新殿を作る、造畢以後黒木之御所ゟ新殿遷座、

とあって、新たな物忌が選ばれると古殿はことごとく取り壊して、古土や古礎をも取り除き、新しい材を用いて新殿を造った、とある。清浄を最も尊ぶ物忌の館として、物忌の交替にしたがい新たな館を造替するのは当然のことと思われる。しかしながら、物忌の在職期間は、例えば安永八年に補任され嘉永六年に逝去した光子の場合は八十二年にもおよんでいることを考え合わせると、在職中にもしばしば館の修繕は必要であったと思われ、その維持管理には多くの費用を要したと考えられる。さらに近世においては、次節でふれるように、物忌補任のための亀卜神事が下行料の工面が儘ならずやむなく延引したように、物忌館の造替・修覆も経済的に困難な状況にあったことが窺われる史料が残されている。

一、御ものいミ御殿之儀者、往古元亀之頃まて、常陸国御神領之砌者、為国役御造営致処、其後乱国にて、無拠諸国伝心江寄附相頼、文禄年中造替致、御当代ニ相成候ても、寛文・宝暦両度御修覆ニ相成候得共、伝心之旁江寄附相頼、右助成に預り御修覆いたし候、然ル処、年暦相立追々大破に相成、依之祖父代ゟ木品等集心

懸候得共、大金相懸り雖及自力、先例此度無拠伝心之旁江寄附頼上候、何分造営之儀成就相成候様、助成之程頼入候者也、

嘉永元年戊申年十月

鹿島御ものいみ家元　当禰宜東主膳(33)

また翌年の嘉永二年には、寄附による修覆が困難なため、鹿島神宮の造営料（修理料）の中から金百両を三年間借用したい旨を寺社奉行所に願い出たことが知られる。

（前略）只今ニ相成候而者悉大破ニ罷成、難差置奉存候得共、大金相掛リ候事故、早速取掛リ候様難相成、必至与当惑仕候ニ付、御本宮御造営料溜リ金之内百両三ヶ年之間拝借仕、造替仕度、今般大宮司始外社中一同江茂示談仕候処、故障之筋聊無御座、則以連印奉願上候、何卒右金百両拝借被仰付被下置候様、偏ニ奉願上候、尤御修理料金之儀ニ御座候間、三ヶ年相立候ハヽ無滞皆上納仕候間格別之御憐愍を以願之通被仰付被下置候ハヽ、難有仕合ニ奉存候、

以上

嘉永二酉年三月

鹿島神宮　当禰宜東主膳(34)

累代の物忌はこの物忌館でひたすら清浄な潔斎の日々を過ごしたと言われる。物忌館内での物忌の生活について、『御ものいミ由来略』には、次のように記されている。

一、御ものいみにそなハる後ハ、父母兄弟のゑんをたち、きぶくこれをうけず、一生月のさハりを見る事なし、御ものいみにさたまりしより後ハ、さいれいの外、殿内をはなるゝ事をきんず、めしつかひの童女、かりそめにもでんないへ入事をゆるさず、朝夕のくごハ老女貳人毎日別火、しようじように身をきよめ、あま

くだりの神火をもつてくごをとゝのへ、御もを奉る、もちろん此老女貳人の外、かつてたいめんなす事を
きんず、

これに拠ると、物忌補任後は肉親との縁を断ち、親喪等の忌服もいっさい受けないという。また、一生月の障りをみないとして、女性祀職にとって避けられない血穢も物忌にはないと考えられていた。現存する記録で見る限り、親喪・血穢による解任の事例は見られず、物忌は終身その任を全うしたと考えられる。そして、その生活は常に厳しい禁忌と潔斎の中にあって、鹿島神宮の祭礼に出輿する他はいっさい館を出ることはなく、日々の食事は物忌の世話をする老女が毎日身を清めて神代から伝わる清浄な火を以って調製し、この老女の他に館内では誰にも対面することがなかったと伝えている。

さらに『御ものいミ由来略』の記述に拠ると、

一、あまくだりの神火をつたへ、本社、さいしよの宮、八神殿等の、かうれいのごくう、りんじ、毎朝のごくうをとゝのへ候事、

一、あまくだりの御甕、御ものいみにつたえ候、此みかめにて、神酒をつくり、本社并八神殿へさゝげ奉り、鹿嶋のこかめと歌によみしハ、ちはやふるかしまを見れハ玉たれのこかめはかりぞまた残りけり、此かめの事なり、

と、見えて、本社、さいしよの宮すなわち跡宮と物忌館内に祀られていた八神殿等の御供を神火で調製し、また神代より伝わる甕にて神酒を醸し本宮と八神殿に奉ったという。八神殿八竜神は物忌館内に祀られていた。『鹿嶋大神宮御斎宮神系当禰宜系譜』に拠ると、「自神功皇后八神殿八竜神殿御船代之深秘、并賜神籬之神印図筥、於普雷女授神代口受也、」として神功皇后より深秘の伝授があったと伝えている。この八神殿八竜神については、享保十一年（一七二六）大宮司以下社家中より寺社奉行所役人への訴えの中で「物忌宅八神殿八竜神勧請之事、古来ゟ右之通ニ候哉、」[35]と見え、やがて享保十二年当禰宜が召し放ちとなった後、大宮司則定の指示により物忌

館からその神体である神像が持ち出されるという事件がおこっている。この事情については、おそらく寺社奉行所の役人と思われる外山という人物に宛てた享保十三年の物忌の書状[36]に次のように、記されている。

私家に神代より伝来の天下安全御祈禱本尊八神殿八竜神を新法のもののよし申したてうかかい候ゆえ、その者へ仰せつけられ、去年七月二十二日衛門(大宮司)・出羽(総大行事)その他社人とも、私かたへ参り受け取りたき由申し候、私事は兼ねて申訳候ことく、親兄弟外は他人え対面ならさる社法ゆえ、下社家ともに申し付け八神殿八竜神をせひなくわたし候、受け取り候後かつて新法のものならす神代よりの神像ゆえ、致し方これなく勿体無くも壱つ長持に入れ、本社宝蔵に移りこみ置き申し候、（後略）

物忌は八神殿八竜神を元の如く返して欲しいと嘆願、さらに大宮司則定がこの一月に逝去したのは神罰の祟りであると訴えている。しかしこの願いが聞き入れられ、八神殿八竜神の神像が物忌館に戻ったのは、胤寿が当禰宜職を相続した天保三年（一八三二）以降のことで、当禰宜家所蔵の八神殿八竜神の棟札写[37]によると、

享保十二未年御本社宝蔵江相納、今及一百九年ニ、天保五甲午年四月廿九日一社熟談而大宮司・行事禰宜・大長年番惣代トシテ御社用役人、下生行事・支配役人立合之帰宮須、

天保五甲午年九月二十九日当禰宜・藤四郎禰宜・侍従・法橋・木崎太夫遷宮祭祀須、

と記され、天保五年にようやく神像が返還されたことが窺われる。しかしその後、光子逝去後の八神殿八竜神の祭祀については明らかでない。新たに明治二年に補任された二人の物忌は神野の物忌館に入ることなく、生家の斎室に養われ、同年九月「物忌宅ニ鏡幣ヲ飾リ神殿ニ擬シ候事、以来可為停止事[38]」と大宮司より申し渡しがされていることから、かつて物忌館で行われていた祭祀を禁じていることが窺われるのみである。また、物忌がかつて本宮および八神殿へ捧げる神酒を醸したといわれる甕は、『旧当禰宜家所蔵目録[39]』に、

一、甕　鹿島神宮ヘ献備ノ神酒ヲ作リシ品、破損ヲ厭ヒ、跡宮御床下ヘ入置ク、

とあり、物忌職廃絶の後も当禰宜家に伝えられたことが窺われる。
この他に物忌館の様子を窺うことの出来る史料として、前述の大宮司則定の享保十一年日記[40]に、「物忌宅千木を上、鳥居を立、神楽を奏候事」を非難する記述がみられ、これによって物忌館内で神楽が奏されていたことが窺われる。また、安永八年伊達重村（徹山）著『鹿島道の記[41]』には、鹿島に来訪した伊達重村が物忌館を訪れ、物忌附きの女房より物忌の詠んだ和歌を贈られたことが記されている。

彼主膳が宿に至りて、浴み清め衣服などとりとゝのへてまかでぬ、まづ跡の宮にまいる、夫よりして御斎にまいる、女四五人ならびゐたる中に、おとなびたる女立出て御酒すゝめ、また御斎よりをくらるゝ和歌二くさもてく、主膳かたはらに居て返しせよと聞ゆれども、神慮のおそれみもあれば、とみにいらへん事のはゞかりふかく、帰国の後にこそ申べきよししてまかでぬ、御斎の歌二くさ有ける、

わなみ守護のころ、みちのくの大守鹿嶋の社へ立より給ふかしこさに、神慮の程をおしはからい、祝の余りに言の葉をつゝりたてまつる

鹿嶋祭主御斎光子

うれしやと神もおもはむ今日はまた　まれなる人のあふくまごとを

又寄国祝をよみ侍る、

かしこしな猶ゆくする ゑもなびくらし　おさまる国の御代の民くさ

とありければ、日を経て、返しとて申遣しける、

ここに見える主膳とは当禰宜胤親のことで、胤親は重村の案内役をつとめている。また、これより先の享保十三年頃、重村の祖父吉村が鹿島を訪れた際も当禰宜胤保が案内をしたことが、伊達吉村著『鹿島海道記[42]』に記されている。また、物忌館で重村を接待したのは、物忌光子その人ではなく、物忌附きの童女や女房であったと考え

られる。厳格な潔斎の日々にその生涯を過ごした物忌の生活の様子を窺うすべはないが、当禰宜家には物忌光子と伊達重村の和歌贈答の場面に記された歌の他に、伊達吉村や物忌豊子の歌等数首が所蔵されている。

3　祭礼への出輿

物忌の鹿島神宮祭礼への出輿は、年五回に限られていた。『当社例年中行事[43]』に拠ると、「恒例祭事之時、物忌可致出仕日限之事」として、

正月七日ノ節会、卯月五日晩、七月十一日夜、霜月五日晩、年中ニ四ヶ度之外、恒例之祭事トシテ無立合事、勿論臨時之御祈禱祭事ノ時分、一円不立合ハ事、

とあり、正月七日の白馬節会、四月と十一月の五日夜の奥宮祭礼、七月十一日の夜の祭のみとある。この他に、当禰宜家に伝わる『年中祭礼記[44]』に元旦の本宮での神拝の記述が見られる。同書によると、正月朔日の条に、

午ノ刻御ものいミ本社江出輿、庭上へ輿ヲすへ、当禰宜着座、備肴祝言者橋本禰宜也、御ものいミ・当禰宜捧幣、終而一揖退下、

とあり、庭上に輿を据えて捧幣を行ったと記されている。次に同じく正月七日の祭礼への出輿であるが、この祭礼は白馬祭・白馬節会と呼ばれ、神前に白馬を曳くとともに、年に一度本殿内陣の御扉を開く重要な神事であった。そして、この時ただ一人内陣に参入して、幣帛の出納を行うのが物忌の職掌である。『鹿島志[45]』には、

正月七日の夜、正殿御戸を開き奉りて、祭礼あり、御戸開の神事といへり、物忌輿にのり銭切をふり散米して参り、神殿にいりて、太刀・弓矢何くれの幣帛を奉れり、去年納めしをば取出す也、こを物忌出納の役といふ、大宮司をはじめ諸神官神拝す、ミぎ畢りぬれば、青馬節会とて、神馬七疋曳たてゝ、御仮殿の四面を走廻らせり、俗諺に、朔日より今宵まで大神御眠おはすよしにて、御鎮と称し鳴物を停止す、さてこの夜御目寤也といひならへり、上古ハこの祭に勅使参向ありしに、延長年中より

故ありて止られたりとぞ、青馬ハ禁中の節会也、禁中の儀式におなじき祭事この外おほかり、（後略）

と記されている。鹿島神宮には、宮中の年中行事と結びついた神事が、五節供の他にも、司召祭、踏歌祭等多く見られ、いずれも藤原氏の氏神として朝廷の崇敬の篤かった平安時代以降、年中祭祀の中に取り入れられたものと推察される。しかし、鹿島神宮における白馬節会については、俗諺に「朔日より今宵まで大神御眠おはすよしにて、御鎮と称し鳴物を停止す、さてこの夜御目寤也といひならへり、」と記されているように、祭礼に先立つ七日間は、神領内の鳴り物をいっさい禁じ、七日夜の祭礼の御戸開きにおいてはじめて神様がお目覚めになると信仰されており、物忌が出輿して大宮司以下惣神官の奉仕のもと一年にただ一度の内陣御戸開が行われること等、他の節供祭とは異なる特質が見られることから、元来鹿島神宮における最も重要な御戸開神事が根底にあって、後に神馬の奉献等の要素が宮中の白馬節会に結びついて、複合した祭祀となったと捉えるべきではないかと思われる。

次に四月五日・十一月五日夜の奥宮祭の奉仕については、『年中祭礼記』に、

五日夜、奥宮祭式、定式之面々出勤、御ものいミ・当禰宜出勤、輿ヲ庭上へすへ、当禰宜着座、御供、祝言、捧幣、

とあり、その後物忌・当禰宜は楼門外の庁の座（直会の座）にて、一揖し退下している。

奥宮は鹿島神宮の祭神武甕槌神の荒魂を祀る宮で、『鹿島志』に「大神の荒魂を斎祭れる宮也、禰宜・祝ハ更なり、参詣る諸人も神前に物音を禁じ、祭り時ハ柏手をも忍に拍て、忌謹めり、」とある。四月・十一月にそれぞれ祭礼が行われ、大宮司以下総神官が出仕することは他の末社祭と同様である。しかし、他の末社祭に奉仕することのない物忌が、荒魂を奉斎する由緒を以って同宮にのみ出仕することは特筆すべきである。

さらに七月十一日の祭礼であるが、この祭礼は『当社例伝記』に「七月上旬中旬之神事ハ我朝第一之祭礼、三

韓降伏、天下泰平之大神事也、」と記された壮大な神事で、御船を仕立て、香取神宮末社津宮迄神幸したと伝えられ、建長年中から常陸大掾支族の七郡の地頭が大祭使役を務めた大祭であった。しかし、大祭使役は天正十八年（一五九〇）常陸大掾支族の鹿島氏らが佐竹氏に滅ぼされるに及び廃し、その後祭礼も中絶、江戸時代には御舟木を三つ並べ楼門外で神事を行うのみとなった。『年中祭礼記』等に見られる祭礼の概略は、以下の通りである。まず、祭礼に先立ち七月七日に、宝蔵より神宝を奉戴し本殿大床に飾る式がある。次に十日の夜、「出陣の祭」として楼門外に大刀二振を飾り、大宮司が大剣を、大禰宜が小剣を抜き、諸神官が銘々の帯刀を抜き退座する。この時神賑行事として堤燈数百個を青竹に提げたものを町人が献じ、楼門前にて残らず焼き鬨の声を挙げると云う。十一日夜は「凱陣の祭」として丸木を軍船に象り楼門外に飾り、物忌・社僧が出仕し、物忌社家の神野行事が凱歌を奏したと云う。また、祭礼が終わった翌日の十二日には神宝を宝蔵へ納める式が行われている。

『年中祭礼記』に拠る十一日夜の物忌の奉仕の様子は、

十一日凱陣祭、十日夜通定式面々着座、両人（行事禰宜・枝家禰宜）祝詞、御ものいミ出輿、当禰宜神拝、夫ゟ御ものいミ御手洗へ参、夫ゟ楼門外蝶場ニ扣、其節御ものいミ当禰宜蝶場ゟ出楼門向社僧者其後ニ立、楼門ゟ行事とき与挙ル、御ものいミ下社家行事ハウ与答、其跡各続てハウ与申、一揖退下、

と記され、蝶場より物忌が出ると、楼門側より「行事鯨波（トキ）」と声があがり、これに物忌の側に控えていた神野行事（物忌社家）が応じて鬨の声をあげ、一同これに応じて鬨の声をあげて退座したという。この大祭は、神功皇后三韓征伐の由緒をもつ神事と云われ、十日夜の神事を「三韓退治の大神事」、十一日夜の神事を「三韓降伏之祭事」、十二日の宝蔵に神宝を納める式を「三韓退治成就之祭事」とも称すると云われる。しかし前述の通り、江戸時代の行事は神幸が行われず楼門外の神事のみで、それ以前の時代の祭礼に遡る式次第の記録そのものがないため、上古の祭礼における本来の物忌の奉仕の姿を窺うことは出来ない。ただ推測が許されるなら、神

幸という御神体もしくは御分霊の遷御にあたり、祭神の御側近く仕え奉る任である物忌が奉仕したのではないかと考えられる。

以上が鹿島神宮の年中祭礼における物忌出輿の祭礼の概要である。いっぽう、当禰宜の祭典出仕も物忌の出輿と同様で、物忌の後見職という位置付けから、他の諸神官とはおのずと立場が異なり、物忌出仕の際に物忌の補佐をするのが任であった。これ以外に総神官とともに当禰宜の祭典奉仕が見られるのは、中臣家の祖先を祭る末社坂戸宮の祭典のみである。また四月四日と十一月四日の跡宮祭礼については、当禰宜と社家中のみで行われ、大宮司以下総神官すべてが出仕する他の末社祭とは異なっていた。

ところで、『年中祭礼記』の十一月条には、これら鹿島神宮の祭礼の他に物忌の奉仕する祭礼があったことが記されている。

常陸国行方郡嶋崎之庄大生社者、鹿嶋太神宮大同年中春日ゟ今鹿嶋江御遷座之節、御影ヲ遷シ候社ニ而、祭事料与して四十石御除地を成置、今以当月十四日ゟ十六日迄毎年御ものいミ・当禰宜のミニ而、二夜三日祭礼執行仕候、

毎年十一月十四日より六日までの三日間、物忌・当禰宜により大生宮の祭祀が行われていたという記述である。通常物忌館を出ることのない物忌が、船で対岸に渡り、二夜三日大生宮の祭礼に奉仕したことは、鹿島神宮祭神の元宮と伝承される大生宮と物忌の深い由緒を物語るものと思われる。また、この祭礼は「八石八斗の祭」もしくは「鍋掛けずの祭」と言われ、物忌社家をはじめとする神野の里の人々ほとんどが八石八斗の米をかつぎ船に乗って物忌・当禰宜に随い大生へ渡ったと伝えられている。(46) 大生宮と物忌の由緒については、前述の『御ものいみ由来略』に、祭神の神野より春日への遷幸の後、大生宮を経て現在の鎮座地へ遷られたことにより、大生の祭礼に物忌が奉仕すると伝えられている。しかし、これとは別の伝承として『鹿嶋大神宮御斎宮神系当禰宜系譜』

には、大同元年十一月十四日、東夷退治の戦場鎮護のため春日大明神の幣帛を物忌戌子と当禰宜常元が祀り、以後毎年十一月十四日より二夜三日物忌と当禰宜により大生宮祭祀が行われることとなったとしている。さらに当禰宜と大生祝の関わりについては、同系譜に拠ると、弘仁七年（八一六）に当禰宜に任職した時貞の弟長利が大生祝に任じられ、元慶元年（八七七）に当禰宜任職の長淳の娘が大生祝長雄の妻となる等の血縁関係が見られる。また、近世における大生祝と物忌および当禰宜との繋がりは密接であり、当禰宜家には享保二十年（一七三五）の物忌豊子による大生祝補任符(47)が所蔵されており、また嘉永五年（一八五二）の当禰宜胤寿の留書(48)には、「大生太神宮社家之儀者、往古ゟ御当家様江罷出、御神符御願頂戴之上、装束着用社職も相勤先例仕来り之処」とあり、物忌より大生祝が補任されていたことが窺われる。

明治以降、職制の改革により物忌及び当禰宜職が廃絶した後の大生宮は、鹿島神宮より離れ郷社となって大生の人々のみにより祭礼がいとなまれることとなった。しかし、鹿島神宮元宮であるという伝承とともに物忌が滞在したと伝えられる物忌殿が現存し、物忌参向の名残りと伝えられる県指定無形文化財の巫女舞(49)が物忌代の童女により現在も奉納されている。祭礼における物忌代の童女は地に足をつけぬよう背負われて参向し、神聖な童女として位置付けられている。祭日は数年前まではかつての物忌参向の日にあたる十一月十五日であったが、現在では至近の日曜に改められたという。神野に居住する物忌所縁の人々はその昔大生から移り住んだ者の子孫であるという伝えもあり、神野にありながら大生の七つ井戸のひとつに数えられる神野井は、鹿島神宮の祭神が大生より神野へ遷座された時に供奉した大生の人々が祭神の御用に用いるために掘った井と伝えられ、神野においては山車と種籾を浸す清浄な井戸として年に一度井戸祓をしたという。また神野の物忌所縁の井戸に思井があるが、大生宮の御手洗も思井と称した等さまざまな興味深い伝承が残されている。(50)鹿島神宮の元宮としての伝承に基づき、物忌、当禰宜、物忌社家をはじめとする神野の人々によってかつて祭祀がいとなまれていた大生宮は、物忌と特別な由緒をもつ宮であり、今もなおその伝承は祭祀の中に生き続けていると思われる。

4　物忌墓所と葬祭

童女の時に亀卜神事により補任され、ほぼその生涯すべてを神仕えの日々に過ごした物忌は、やがて老齢になり逝去に及んでようやくその任を解かれたという。物忌は逝去後、物忌墓所に埋葬されたが、現存する物忌墓所は神野の金剛寺墓地の一角にある。

金剛寺墓地は、神陵山金剛寺墓地と称し、当禰宜東家の菩提寺である。墓地内は、北面一角に物忌墓所を構え、北半分が東家とその一族の墓地、南半分が当禰宜家重臣および物忌社家の墓地であるという。現在三基の物忌墓が残されているが、墓碑銘はすでに摩滅し読み取ることが出来ない。『鹿島名所図絵』に拠ると、「物忌の墓」として、

鹿島町大字宮中神野にあり、墓の広さ四坪ばかり、入り口に一つ鳥居と、二つの石燈あり、中に入れば、つき当りに三つの石宮あり、高一尺五寸許、而して宮の中には、各々文字を刻す、初めなるは鹿島神宮斎女光子、次なるは同じく斎女多賀王子、その次なるは同じく斎女豊子とあり、又東方に一つの五輪塔と、南方に小さき石宮あり、何れも古きものにして、文字なければ、誰の塔たるやを知らず、近傍に東家の墓あり、

と記されていて、物忌墓三基は光子、多賀王子、豊子の墓であるとしている。光子は安永八年から嘉永六年在職の物忌館に起居した最後の物忌である。豊子は、宝永三年から宝暦五年迄在職、そして多賀王子は、『鹿嶋大明神御斎相続次第』及び『鹿嶋大神宮御斎宮神系当禰宜系譜』にその名が見られず、豊子の前に在職した菊子（寛文五年から宝永二年在職）のことかと推測されるが明らかではない。

当禰宜家には、宝永二年十一月物忌菊子逝去にあたり、当禰宜胤貞が記した「鹿嶋祭主斎宮御葬祭之記」(51)

が残されており、物忌の葬祭の様子を窺うことができる。菊子は大祝家を出自とするが、物忌補任後は当禰宜が万事その沙汰を行う決まりであり、したがって逝去後も他の物忌同様に金剛寺の物忌墓所に埋葬されている。その葬祭の次第は以下のごとくである。

○宝永二年霜月三日暁、前斎宮御菊子連霊社神功既に畢って、寂然に長く神退り坐します、神体の上に長さ一尺二寸榊八葉の御神幣を捧げ、御在世のごとく御供御燈焼御伽羅を献じ、御番人を昼夜三人置く、

○四日晩酉時、御祭礼大形正月七日夜の如く御祭行う、御神体本より御行水無く、御輿形に厚板にて箱を調え、真床追衾を以って覆い奉り、神体を件の箱に安鎮し、御輿に入れ奉り、左縄にて結ぶ、

○御箱に向かい、当禰宜胤貞一揖二拝、六根清浄祓、神宣太祝詞、三種加持、神道興隆後の御家繁盛の旨祈念奉り、無上霊宝神道加持と三返唱ふ、

○御衣笠の八方蕨手に鈴を付け、幡八つ附け、真中の大幡一丈二尺に天津祝詞の太祝詞の事を宣れと書く、

○御陵(物忌墓地)迄の御飾は、大門鳥居より御陵迄左縄を引き、荒砂を敷く、神野の曲松の両脇に十八垂の幣二本・阿小屋幣二本、曲松より惣門迄挑燈六・全身幣六本、惣門西脇に十八垂幣二本・阿小屋幣二本、惣門より御陵迄荒薦を三通に敷き、その上に地布を二通に敷き、挑燈三十六・全身幣三十六本、左右左縄を引く、御陵鳥居の両脇に十八垂幣二本・阿小屋幣二本、

○墓所の宝坑深さ八尺八寸、荒砂にて清め、箱を安置する、四方八寸八尺、板の厚さ四寸八分、蓋あり、宝坑の四方に六本全身幣を立て、榊葉を付け三十六の御明火、宝坑正面南向四方に高幣八本、幕串なり、四方幕幔にてこれを囲い、左右に四本幡を立て、幡の上は幣帛なり、幡は二尺八寸、三種祓の文を書く、宝坑の前に高さ三尺八寸・横一尺八寸の高机を構える、

○物忌館より御陵までの御葬祭の行列の事

一、御前高挑燈二　退紅二人
一、次ニ銭切散米　布衣一人
一、御榊持　退紅二人　御榊は真榊、本を荒薦にて包み、四手幣を附ける、
一、御鉾持　行事職
一、御幣持　又左衛門職
一、御明火　弥八郎職 角右衛門職
一、御香炉　台有り　女中両人
一、御銚子加江　女中二人
一、御菓子　女中二人
一、御供　女中一人
一、御土器　女中一人
一、御肴　生魚　女中一人
一、加津儀　女中四人
一、嬪従　女中二人小女紅白衣
一、御鏡持　女中一人
一、御神主　権禰宜職
一、御衣笠竜頭鈴　大生祝職
一、御神輿役　退紅八人
御輿上る

一、殿原中残らず
一、御輿台　　　　　　退紅二人
一、御輿御呂久持　一人
一、御供祭主当禰宜束帯馬上　一家残らず御供
　右の外忌服無き者御供
御押御供　社家中　行事禰宜　藤四郎禰宜　座主　神楽太夫
○宝坑へ神体を納め奉り、高机に神主（しんじ）を立て、御供御肴御酒を備え奉る、当禰宜捧幣、権禰宜祝詞、神楽を奏し、小禰宜・小社家・神楽太夫拝有り、祭畢って御本宮へ当禰宜を始め残らず拝参捧、幣有り、
○御番人昼夜七日の間殿原相勤め、当禰宜宅にて饗応、
○七日後の朝、御陵に御供を奠り、当禰宜捧幣、祝詞役行事禰宜、その他社家中列座、小神楽御祭畢って、当禰宜宅にて、社家中・殿原その他御供の男女饗応有り、

以上が概要であるが、葬祭は当禰宜を祭主とし、権禰宜（当禰宜家に属す権禰宜と思われる）及び殿原（物忌社家）、大生祝といった物忌所縁の人々により執り行われている。本宮に属する社家中からは、行事禰宜、藤四郎禰宜、座主、神楽太夫の御供が見られ、葬祭の七日後には祭礼の後、当禰宜家宅にて参列の社家中、物忌社家等への饗応があった。

ところで物忌墓所については、金剛地墓地以前の伝承地があり、それらは神野集落内の殿坪といわれる場所で、上古および中世の物忌の埋め墓と云われている。また、現在では廃墓地になった照明院墓地内に、定額寺から観世音とともに移転してきたお手洗石があり、その刻銘によると物忌墓地のお手洗石と思われるということである。(52)

神野には、この他に物忌遺愛の金の琴を埋めたと言われるお花畑や思井から物忌館へ水を汲んだ水汲み道、物

忌館をはばかって迂回して肥料を運んだ糞道、また大生祭礼に向かう大船津には標掛けという地名が残り、物忌所縁の里の面影を今に伝えている。

5　物忌の所領と物忌社家

跡宮および物忌館周辺が古くより物忌の所領であったことは、先にふれた仁治元年（一二四〇）「摂政太政大臣家藤原兼経政所下文[53]」に「且彼物忌、在代々屋敷一町八段、秋谷内二反岩□□六反跡宮一丁于顕然也」と、見られることで明らかである。また、『吾妻鏡』にも物忌の所領に関する記事が散見し、物忌が他の神官同様に所領を有することが窺われるとともに、所領をめぐる抗争も少なくなかったことが理解される。例えば、養和二年二月二十八日条の「志太三郎先生義広濫悪掠領常陸国鹿嶋社領之由、一向可為御物忌沙汰之由被仰下、散位久経奉行之云々[54]」は、鹿島社神領をめぐる訴えに対し「御物忌之沙汰」に従う旨を記したもので、元暦元年十二月二十九日条の「常陸国鹿嶋社司宮介良景所領事、且准地全富名、且任御物忌千富名例、可停止万雑事之由被仰云々[55]」には、全富名について物忌の千富名の例に任せ万雑事を停止させるべき事を示している。「御物忌之沙汰」及び「任御物忌千富名例」が具体的にどのような内容を指すか定かではなく、託宣等の巫女的な采配による措置とも捉えられるが、「御物忌」という表記に窺われるように、鎌倉幕府における鹿島の物忌の取り扱いは、鄭重であり、文治三年五月二十日条には、「藤原行政為使節下向常陸国、是鹿嶋社領名主貞家押領御寄進地之旨、御物忌依訴申之、為広元奉行、日来有其沙汰、為沙汰付之、所被差遣也[56]」とあって、神領を押領されたという物忌の訴えにより藤原行政を使節として常陸に下向させる等、物忌への配慮が窺われる。

また、応永十九年（一四一二）には、物忌妙善が宮本郷神野下青木一丁を、天正十年（一五八二）には玉容妙輝が船津田一反をそれぞれ根本寺に寄進した記録が見られる[57]。根本寺は、推古天皇の御宇、都の鬼門よけとして建立された名刹で、南北朝時代には常陸大掾支族鹿島氏の氏寺である。妙善は物忌鶴王子、妙輝は物忌御釆子の法名であり、物忌が終身奉仕であることを考えると在職中に出家の身であったと考えられ、神聖を尊ぶ物忌職であっても仏事との交渉を窺うことができる。

その後、文禄四年（一五九五）、佐竹義宣が鹿島郡内の二万五千九百五石を鹿島神宮に寄進するが、同年秀吉は鹿島神宮の神領は五百石に削減、その際の各社家及び供僧の供分高は、「神主（大宮司）九十石、おものいみ百二十石、松岡（大祝）二十石」等[58]であった。その後、慶長九年（一六〇四）、徳川幕府より鹿島神宮神領は二千石と定められ、そのうち物忌代当禰宜には三百石が配当された。この時、大宮司は百石（後に加増され二百石となる）、大禰宜・大祝はそれぞれ四十石、また総大行事は鹿島社領より百石（その他に幕府からの封二百石）を有した。[59]いずれにしても物忌の所領三百石は大宮司を凌ぐ配当であった。そして当禰宜がその実際の管理にあたったと思われるが、この三百石は物忌の職禄であることは疑いなく、元和五年（一六一九）の当禰宜召放の際は物忌社家の訴えにより物忌領として没収を免れ、また享保十二年（一七二七）、再び当禰宜家退転に際しても寺社奉行所が「物忌代当禰宜領三百石之事三百石之儘物忌ニ附置可申候」[60]と裁可していることからも明らかである。また、次節でもふれるが物忌領三百石には物忌補任の際の亀卜下行料は含まれていない。宝永三年の『御斎宮相続留書』[61]に記される物忌領三百石の内訳は以下の通りである。

一、高拾石　御齋代々御陵料
　右ハ地方ニ而引分ケ前々ゟ付置候
一、米弐十六石余　本社跡宮末社年中御供御さい料
一、米弐俵半　本社供僧　東林坊
　是ハ、跡宮本地堂別当職領、

一、上畑壱反　祝詞役　行事禰宜
一、上畑壱反　橋本禰宜
一、上畑壱反　上禰宜
一、上畑壱反　新祝
右三人者、番之行事と申候而、年中御本社番頭相勤之役ニ而遣之候、新祝ハ外ニ千切厳米之役料遣之候、
一、上畑壱反　本うごの役と申候而御供くさり之役　大神
一、上畑壱反　年中御幣出之候役　家司神
一、上畑壱反　年中土器出候役　中神
一、上畑壱反　年中神楽養之役　小笛
外ニ、毎月晦日御物忌・当禰宜両所ニ而、神楽養之役銭六百文・米壱斗弐升、
一、畑壱反　大舟津　藤枝五郎右エ門
右ハ、毎年十一月十四日御斎宮大生宮へ渡江之節、大舩出之候役、

御斎大工

一、田壱反　木瀧五兵衛
一、畑壱反　大鋸治左衛門
一、畑壱反　毎月火打改候役　鍛治五良左エ門

御斎譜代下社家

一、高三石　行事
一、高壱石五斗　家司
右両人者、御本社御用も相達候、
一、高壱石五斗　繁昌藤右エ門職

御斎御幣取次

一、米廿五俵　　小野形部
一、米拾九俵半　阿須間主水
一、米五俵　　大川惣左エ門
一、米十五俵　　宮川文四郎
一、米拾俵　　大川　左エ門
一、米五俵　　検断二良右エ門

御物忌年中行事入用、右之通ニ而御座候、当禰宜領三百石ニ而御斎宮・当禰宜両家相賄候得者、亀卜焼下行料相賄可申様無之候、依之奉願候、

これらにより、物忌墓所の維持・管理、年中行事の御料、諸役を勤める社家への配当、そして物忌社家と呼ばれる物忌被官の人々への配当があったことが窺われる。物忌社家は、累代の物忌に仕えた神野の人々のことで、「神野の十人殿原」と呼ばれ、当麻・行事・主水・隼人・佐京・家司・殿母・内記・玄蕃・内匠の屋号を持つ諸家である。(62) 神野の旧名を秋谷といい、物忌社家の人々は古くは秋谷部と呼ばれたという。『新編常陸国誌(63)』には、秋谷部として、

鹿島物忌職ノ被官ノ百姓ニテ、鹿島郷神野村ニ住セル一種ノ民ナリ、神野旧名秋谷ト云、彼地ニ物忌旧来知行ノ所アリ、コノ故ニ彼被管トナリシト見エタリ、其品クダリテ神官ノ列ニハアラザレドモ、物忌ノ指揮ニヨリテ、所役ニ従フ時ハ素袍ヲ着ス、常ニ相呼テ殿原ト云、

と記し、物忌被官の一種の神賤民であったと述べている。物忌社家は神官に列することのない百姓身分の人々ではあったが、物忌の日常の御用、鹿島神宮祭礼に出輿の際の供奉、先にふれた葬祭の折も残らず供奉し、また大生祭礼においては神野の住民がことごとく付き従ったという。また当禰宜が元和四年（一六一八）から万治二年

（一六五九）まで欠職した際には、この物忌社家の人々が正月七日の御戸開神事における当禰宜の所役を代わって勤めており、(64) 常に物忌の側にあって重要な役割を担い、物忌を支えた人々と言うことが出来る。さらに、『新編常陸国誌』には、次のような記述も見られる。

鹿島巻云、御物忌事、常陸国ニ秋屋里ト云フ所ニ、此御物忌ニナル氏アリ、此氏ヲ或ハ大仲臣ト云、亦仲臣トモ申ス、国人ハ秋ヤノ氏ト申也、御物忌ナクナリ給ヘバ、此氏人十五以前ヲ、百人乃至五十人ソロヘテ、明神ノ御前ニ御物忌焼ト云コトヲスルナリ、御物忌焼ニアタリタレバ、ヤガテ玉ノコシニノセ、御前ニカキ入ルル也、（中略）コノ秋谷部ニ限テ物忌ニ立ツルコトハ決シテナキコトトナレリ、今ハ殿原トノミ云テ、秋谷部ノ名ハ忘レタルゴトクトナレリ、

物忌の出自に秋谷部が関わるというこの伝えについて真偽は定かではないが、物忌と物忌社家の由緒について考えたとき、荒唐無稽な説とも思われない感がある。『当社例伝記』にも「縦秋屋等雖為リト末女、争神慮不可有恐(65)」の一節が見られ、物忌の出自を秋谷部と解釈することが不可能ではないからである。推測するなら物忌になる血筋は、本来は物忌社家を含む神野の里に所縁をもつ人々に限定されていたのではないであろうか。鹿島の昔話として語られる「佐田の弁天さま」の話は、鹿島の物忌に選ばれた神栖の溝口禰宜の娘が鹿島神宮参向の途中月のものをみて、哀れにも佐田池に投身するという悲話(66)であるが、溝口禰宜の娘が神意に叶わなかった、つまり物忌になるべき血筋ではなかったことを物語るものとも捉えることも出来る。

物忌社家については、この他にも興味深い伝承が残されている。それは、「鹿島の事触れ」と呼ばれる、鹿島信仰の伝播者としての役割を物忌社家が担っていたのではないかという説である。「鹿島の事触れ」について『新編常陸国誌』は、

鹿島ノ神民ノ内、他邦ニ出テ明神ノ祓札ヲ人家ニ配付シテ業トスルモノアリ、予メ白張ノ衣ヲ着シ、烏帽子

ヲ頂キ、路頭ニ立テ年中ノ豊作災異疾病ノ事ヲ云フ、大声シテ隣里ヲヒビカス、以テ自神託ナリトス、俗家コレヲ聞者、或ハ出テ其難ヲ祓ハン事ヲ請ヘバ、則神ヲ祈リ、符札ヲ與ヘ、謝物ヲ得テ去ル、コレヲ鹿島ノ事触ト云、

と記している。いっぽう、『続神野部落誌』収載「鹿島の事触についての一私考[67]」に拠ると、筆者が昭和初期の幼い頃聞いた古老(佐京のばばさん)の話に、次のようなくだりが見られる。

ずーっと昔は、おものいみ様のお仕事がひまーなどきは、十人殿原が、お先達になって、幾人か宛ね組こさえで交替交替ね、鹿島様のお札しよって関八州ば踊り踊り乍ら、「今年は鹿島様の藤の花がよーぐ咲えだーがら、豊年なあ」どかなんなーから不作なあどか、「秋のさむさが早く来っから早生作れーて鹿島様がそうだった」なんつってお札場売って歩ったーなーっけえが、そんな話ははー百年も二百年もめえの話なー

神野の十人殿原が先達になり、関八州を踊りながら神札を配ったという、これが所謂「鹿島の事触れ」を指すと考えられるという。『新編常陸国誌』に拠ると、寛文十年(一六七〇)以降、大宮司の寺社奉行所への訴えにより事触れは廃止され、御師の制度が設けられたという。物忌が鹿島神宮の祭神の神託を受け、物忌社家の人々がそれを各地へ事触れしていたという伝承は、物忌社家の鹿島信仰の伝播者としての側面を伝えるもので非常に興味深く思われる。物忌社家の人々もまた、物忌制度廃絶後はその役割を失ったが、現在もその子孫の人々が、かつての十人殿原の呼称を各家の屋号として神野に居住されている。

6 当禰宜と物忌の出自

当禰宜は、『鹿嶋大神宮御斎宮神系当禰宜系譜』に拠ると、初代物忌普雷女の弟である弟麿を祖とし、累代の物忌は当禰宜家を出自としたと伝えている。この伝承は物忌と当禰宜が同一の系譜に連なることを説くものであ

り、当禰宜の職掌が物忌と不可分であることを示している。

当禰宜は、享祿二年（一五二九）「鹿嶋太神宮神官補任之記」[68]に、

父壱人、物忌内陣仁入留時波、外陣仁侯須、御戸波雖物忌役、依為女人、近代御鑰之事波為父禰宜役也、千富権禰宜是也、当禰宜共云也、浄衣・指貫・折烏帽子也

とあり、これを以って職名の文献上の初見とする。（『鹿嶋大神宮御斎宮神系当禰宜系譜』には、当禰宜の職名は古くより見られるが系図の成立を近世と考え、享禄二年の「諸神官補任之記」を初見と位置付けることとしたい。）また、「千富権禰宜」の呼称は、応永二十九年（一四二二）の「大宮司中臣則隆等注進状」に「千富権禰宜中臣重吉」[69]とあり、永享七年（一四三五）の「大禰宜中臣憲親等連署起請文案」に「物忌代千富権禰宜中臣久近」[70]の署名が見られる。しかし『鹿嶋大神宮御斎宮神系当禰宜系譜』には千富権禰宜の呼称は見られず、わずかに「於当禰宜家称曽子乎当禰宜、号叔生於権禰宜、御神領御寄附并御造営之節者、権職勤行之矣、」とあるのみでこれにより曽子が当禰宜職を継承、庶子を権禰宜、造営等の節は権職と称したと窺われ、また千富は吾妻鏡に見られる物忌領千富名をさすと考えられ、したがって千富権禰宜は物忌の所領の管理に関わる職名で当禰宜家の係累もしくは物忌所縁の社家と考えることが出来ると思われる。

再び『鹿嶋大神宮御斎宮神系当禰宜系譜』に拠り、当禰宜家の系譜を辿ると、累代の物忌との係累を綴りつつ、時風の代に鹿島神宮祭神の春日への遷幸、常元の代に鹿島へ還幸の途次大生にて祭祀を行い、大生宮祭礼への物忌奉仕の起源を説き、やがて中世末の清長の代に及んで、妻の甥であり千葉氏庶流の東氏の嫡流である勝繁を養子に迎えて当禰宜職を継承させ、以後東氏を名乗ることとなる。勝繁の子、繁長の代の元和四年（一六一八）、遷宮の際に大宮司と訴訟となり改易処分、この時当禰宜が祭典において勤める所役は物忌社家が代行した。やがて繁長の子胤長が、万治二年（一六五九）に復職、さらその子胤栄の代の天和二年には大宮司・総大行事と並ん

で神領支配役となり、三職の一として将軍家への御年礼も輪番で勤め、やがて社家・社僧の補任に際しての神符添状にも連署、その権力は大きなものであったが、胤栄の子胤貞が享保十二年（一七二七）に召放となった。翌享保十三年その子胤保が寺社奉行所より物忌代を仰せ付けられ物忌領三百石配当を許されるが、当禰宜職は継承できず、ために正月七日の御戸開神事における所役は物忌菊子の血縁にあたる大祝が代行することとなった。その子胤充も物忌代に任職、明和五年（一七六八）ようやく当禰宜職に復職した。

当禰宜家は女官である物忌の後見職として、物忌補任の亀卜神事の準備から、物忌館及び物忌領の管理、そして物忌逝去後は葬祭等、物忌に関わる万事を沙汰する役職であり、祭典への奉仕の様子も他の神職とは異なって中臣氏の祖を祀る坂戸宮の祭礼の他は物忌出輿の祭典にのみ奉仕した。物忌が鹿島神宮において欠くことのできない重職であるとともに、当禰宜が物忌に付随する職であって、物忌を存続させるために、つまり物忌を立てる家として認識されていたことは、万治二年当禰宜胤長（八右衛門）の赦免における寺社奉行所の書状によっても明らかである。

万治元戊戌年当禰宜御赦免ニ付留書

物忌甥八右衛門儀、台徳院様(徳川秀忠)御上意を以、永代御改易被為仰付候者之子孫ニ御座候間、当禰宜職為仕候事罷成間舗之由申上候処ニ御奉行中被仰候ハ、物忌事、近代者当禰宜家ゟ相立候由申候へハ、今又新儀ニ被仰付候事如何ニ被思召候間、万事ハ大宮司致用捨、八右衛門ニ社職為致候様ニと種々被仰候故、不及是非ニ任御断ニ候、為後記之、仍如件、

万治元年戊十一月日

同二巳亥年寺社奉行衆之御書状写

同御奉行衆御状

一筆申遣候、内々爰元ニ而如申渡候、八右衛門事、当禰宜職相勤候様ニ可被致候、御物忌料配分之儀者、大形八右衛門以指出八右衛門ニ申渡候へとも、此段者其方参府之時分委曲可相定候、以上、

万治二亥ノ年　三月九日

板　阿波守　重卿御判
松　出雲守　勝隆御判
井　河内守　正利御判

鹿嶋　大宮司殿

猶以、其方参府之時分、八右衛門同道致可被参候、以上、[71]

累代の物忌の出自については、先にふれたように『鹿嶋大神宮御斎宮神系当禰宜系譜』によると、当禰宜家係累として記されている。物忌の出自について記録で窺うことが出来るのは慶長四年（一五九九）の『当禰宜孝長物忌占焼覚書』[72]に、「物忌になる女人御千、是当禰宜清勝むすめなり、一人ヲハ千代、是ハ当禰宜孝長したはらのむすめなり、御神慮ヲ以、せなのむすめ千王丸ニなるナリ、」とあり、両候補者とも当禰宜の血縁であることが窺われる。その後、寛文五年（一六六五）の亀卜神事については詳細な記録がないため明らかでないが、この時出された物忌職補任符に「占部姓物忌菊子」[73]とあり、また、享保十二年（一七二七）の当禰宜欠職にあたり、物忌の所縁の大祝が祭祀における当禰宜の代役を務めることを寺社奉行所が認めている[74]ことから、この時在職中の物忌すなわち寛文五年に補任された物忌は、当禰宜家ではなく大祝家を出自としたと考えられる。さらにそれを裏付ける史料として、これより先の寛文二年（一六六二）、寺社奉行所より当禰宜へ次のような証文が下されている。

寛文二壬寅年当禰宜江被下候御証文写

大物忌立候次第之事
一、当禰宜家ニ娘両人有之ハ両人之内亀卜次第可立之事
一、当禰宜家ニ娘壱人在之ハ大祝娘壱人相加之亀卜次第可立之事
一、当禰宜家ニ娘無之時者大祝家ゟ可立之事
一、当禰宜大物忌之為名代之間何之家ゟ物忌立候共如先規当禰宜万事可致沙汰事
一、当禰宜家久離断絶候嫡孫無紛之条其方を以令相続畢諸事如先規可相勤事
寛文二年壬寅十月廿日　井　河内　御印
加々甲斐　御印
鹿嶋
当禰宜(75)

これにより、物忌の候補者は第一に当禰宜家の娘二人、もし当禰宜家に一人しか適齢の娘がいなければ大祝の娘一人を加え、さらに当禰宜家に一人も候補者がない場合は、両人とも大祝家より立てること、物忌に定まった後は、たとえ他家の出身であっても当禰宜は物忌の名代として万事沙汰することを定めている。そして久しく断絶していた当禰宜家を再興させるにあたり、物忌の後見職としての職責を果たすよう命じている。

後に、寛文五年補任された菊子物忌の在職中、当禰宜家は再び退転、その時当禰宜が勤めてきた正月七日の御戸開神事での所役は菊子の血縁にあたる大祝が勤め、この後当禰宜が万治二年に復職してようやく御戸開神事に奉仕することとなったことは先にもふれたが、この一件は物忌の後見職である当禰宜の職掌を脅かすものであり、それ故に宝永三年（一七〇六）の『御斎宮相続留書』(76)には、寛文二年の証文について「第二ヶ條、大祝と有之事、先規之事ニ候、此段御用捨被下候様ニ奉願候由申上候、」として、当禰宜家から物忌を出すことを主張して、社

家中への相談なくあらかじめ養女を迎えて物忌候補者にたてたことを大宮司に非難されている。(77)しかしこの時当禰宜の主張が認められて、寺社奉行所より次のような申渡を受けている。

御物忌相続之儀付申渡覚

一、御物忌立候事、寛文年中先奉行裁許之通、弥以可相守之事、

一、御物忌之儀者、代々従当禰宜立来之条、他家之者全不可競望之事、

一、御物忌闕如之間者、如先規当禰宜名代御祈禱以下可勤行之事、

附、御内陣之神鑰并相傳之神宝等、為御物忌名代、当禰宜可預置之事、

宝永三丙戌年二月二十九日(78)

二条目の「御物忌之儀者、代々従当禰宜立来之条、他家之者全不可競望之事、」は、当禰宜家の幕府側への強い働きかけによるものと思われる。次章で後述するが、物忌の亀卜神事下行料の工面についても、このときに限り当禰宜の懇願が叶い、鹿島神宮の修理料からの捻出が寺社奉行所より裁可されている。亀卜下行料の件はこの一度限りの措置であったが物忌候補者については、以後も当禰宜家より豊子、光子が物忌に立ち、当禰宜家を出自とする例が守られた。光子逝去後の物忌相続の際も、当禰宜胤寿は二人の養女を候補者に立て亀卜神事の準備を整えていたが、明治二年九月、神祇官による制度改正により物忌の職制も改められ、息栖祝藤原栄鵬の娘登玖子と坂戸祝卜部時直娘佐玖子の二名が神祇官より補任、この職制の改正にともない、物忌の後見職としての当禰宜はその任を失うこととなった。

三　亀卜神事による補任

物忌の補任は、経水を見ない童女二人乃至三人の候補者を立て、百日の禁屋での潔斎ののち、神前における亀

卜神事により定められた。亀卜神事に関する文献上の初見は、鹿島神宮の霊木である天葉若木が枯れたことを注進した延文元年（一三五六）の「大宮司中臣則密等連署天葉若木事注進案」[79]で、物忌初任の時にこの天葉若木を薪として亀甲を焼くことが記されている。また鎌倉時代末の成立とされる『当社例伝記』にも「神主以テ亀卜ヲ定之、授当社神符為物忌職卜」[80]という記述が見られる。

現存する亀卜神事の記録は、二十二代仙王子連の慶長四年（一五九九）の亀卜神事[81]、二十四代の御豊子連の宝永三年（一七〇六）の亀卜神事[82]、二十五代光子連の安永八年（一七七九）の亀卜神事[83]のものである。本章では、これらの近世の亀卜史料により亀卜神事の諸準備と神事の次第について考察したい。

1 候補者の選定

物忌職の相続は、前任の物忌の逝去を寺社奉行に届け出て、後任の候補者を選定し、神事の日取りを決め、また亀卜下行料の工面等を経て、亀卜神事執行を寺社奉行所に願い出て、ここに亀卜神事を執行し、神意により新たな物忌が選定される。この間の諸々の手続きについては、鹿島神宮大宮司をはじめ総大行事、三座（大禰宜・大祝・和田禰宜）・向座（検非違使・総追・藤四郎禰宜・田所祝・坂戸祝）等、社中の神職一同の話し合いにより決定されるが、亀卜神事の実際の諸準備、費用の工面等は当禰宜職の任であった。

物忌の候補者は前節でふれた通り、慶長四年の亀卜神事の際は当禰宜の娘と姪、宝永三年の亀卜神事では当禰宜の妻の妹二人、安永八年の亀卜神事にあたっては当禰宜の妹と養女というように、主として当禰宜家より娘、姪、妹、もしくは養女というかたちで候補者が立てられた。寛文五年（一六六五）の亀卜神事については史料が現存しないため詳細は窺うことができないが、この時の第二十三代物忌菊子は大祝の娘であり、当禰宜家の係累ではない。しかし、ひとたび物忌となったら、他家から立てられた場合もすべて当禰宜がその後見を勤めたことは、寛文二年（一六六二）の証文[84]により明らかであり、また菊子が、その逝去後に他の物忌同様金剛寺の物忌墓所に葬られていることにより窺うことが出来る。[85]

2　亀卜下行料

亀卜神事斎行にあたっては莫大な費用を必要としたが、物忌の所領三百石にはこの亀卜下行料は含まれていなかった。亀卜神事は物忌相続時に行われるいわば臨時の、また鹿島神宮総神官が奉仕する重要な神事であるため、物忌の職禄には含まれなかったものと思われる。

亀卜下行料については、宝永三年（一七〇六）の『御斎宮相続留書』[86]に、

慶長四年寛文五年両度御物忌成亀卜祭礼下行料

一、三百七拾四両弐朱　　慶長四年亀卜祭礼下行料

右者、佐竹家ゟ寄附ニ而御座候、帳面別紙ニ有之候、

一、金弐百六両壱分弐朱　　寛文五年亀卜祭礼下行料

右之節、佐竹家へ相願候得共、領地も相離之由ニ而不為其沙汰、当禰宜鹿嶋近在所々勧化仕、相賄候帳面別紙ニ有之候、

と見え、慶長四年の亀卜神事は佐竹氏よりの寄付で賄われたこと、寛文五年の亀卜神事の際は、旧領主佐竹氏からの寄付はかなわず、また鹿島神宮修理料からの捻出を寺社奉行に願い出るも許されず、当禰宜が鹿島近在を勧進して賄ったことが知られる。そのため慶長四年の亀卜神事費用三百七拾四両弐朱に対し、寛文五年は弐百六両壱分弐朱の費用で行われ、亀卜神事の諸準備が簡略化せざるを得なかったことが窺われる。その後の宝永三年の亀卜神事にあたっては、当禰宜が再び寺社奉行所に修理料からの支出を懇願、寛文五年の亀卜費用と同額を修理

料から工面することが裁可された。しかし、これはこの時一度限りの措置であって、安永八年の亀卜神事は再び当禰宜が自力で費用を工面することとなった[87]。

寛文、安永の亀卜神事が前任の物忌の逝去後それぞれ明暦三年（一六五七）から寛文五年（一六六五）までの八年間、宝暦五（一七五五）年から安永八年（一七七九）までの二十四年間の延期をやむなくしたのは、物忌の候補者の不在および元和四年（一六一八）から万治二年（一六五九）と享保十二年（一七二七）から明和五年（一七六八）の二度にわたる当禰宜の欠職、あるいは亀卜神事を執行する大宮司の服喪や欠職[88]といった要因の他に、亀卜神事の下行料の工面という経済的な問題があったことが明らかである。

3　禁屋入り（百日潔斎）と浜くだり

亀卜神事が行われることが決まると、まず百日前に、物忌の候補者である童女たちの禁屋入りという行事が行われた。これに先立ち、当禰宜家内で地鎮祭を行い物忌候補者の潔斎のための禁屋が建てられた。嘉永六年の当禰宜胤寿の留書[89]に先例として宝永三年（一七〇六）の事例が示されており、その次第は次のごとくである。

古例之通、当禰宜境内ニ新ニ御斎所、二間ニ五間之禁屋相建、当六月下旬ゟ九月廿日迄百ヶ日之間、両人之養女古衣古着不残相改禁屋入、毎日三度之塩こり・別火・新調之装束ニ而御斎仕、当宮八十末社勧請、百ヶ日之間毎日之神事御座候而、九月廿日御物忌成亀卜焼之大祭礼相勤申候、亀卜焼当日七日前ゟ惣神官不残本社廻廊ニ宿館、七日之内毎日新装束新衣服を相改、禁足仕、国家御安全、亀卜焼成就之大祭礼相勤申候、

これによると、物忌の候補者の童女は古い装束を改め禁屋に入り、毎日三度の潮垢離、別火の上、百日間潔斎をし、亀卜神事七日前にはすべての神官が残らず禁足して装束を改めて神事にのぞんだことが窺われる。さらに、同じく宝永三年の亀卜神事を記載した『鹿島名所図会』[90]の記述を見ると、

物忌新立の式、旧記に見ゆ、曰、去年丁亥九月、物忌立事、四月より新敷禁屋を立、九月二十日に相済候、同十八日より荒浜下り、行列正敷下津浜へ下り申候、神野物忌の前より、新町、中町、桜町、くばりせこ、下津迄、注連縄を張り、道普請仕候、十八日、十九日、二日ながら、下り申候、二十日には、明七つに出て、浜へ下り、四つ時分に御神前へ参り、九つ半時分に、御祭礼埒明き申候、

とあり、百日潔斎の最後の三日間は下津の浜へくだり、当日は明け七つ（午前四時頃）に浜へくだり、四つ（午前十時頃）に本宮へ参向、九つ半時分（午後一時）には亀卜祭礼が終ったと記されている。

また、これより以前の慶長四年（一五九九）の亀卜神事を記した『当禰宜孝長物忌占焼覚書』(91)には、

物忌ニ成ル人、九月朔日二日ゟ精進屋当禰宜内ニ仮屋つくる也、十二月五日ゟ両人ヲ浜おろし、帰りに神前へ参ナリ、七日ニハ夜中浜へおろしすくに宮ニ御占焼支度ナリ、

とあり、百日間の禁屋での潔斎と浜くだりの禊等、同様に行われたことが窺われる。

また、安永八年（一七七九）の亀卜神事の記録で大宮司則房の記した『御占焼執行之記』(92)によると、物忌候補者の童女二名は百日潔斎の初日にあたる九月二十九日に下津の浜へくだり海水で身を清めた後、神前に参詣し御幣を受けている。この百日潔斎のはじめにおこなわれる浜くだりの禊と御幣の奉戴、さらに禁屋での生活の様子について同じく安永八年の当禰宜胤親の留書(93)には次のような記述が見られる。

一、当禰宜境内地所ヲ撰ヒテ地祭リ仕、新ニ禁屋ヲ造リ、諸道具等一式新規ニ仕立、百日潔斎仕候事、

一、御ものいみ可立小女両人、禁家ゟ移候節、新乗物二挺仕立、小女両人悉新衣着用為仕、鹿嶋下津浜下津村与申所ニ而二重幕を張リ東方ゟ幣帛八本立、並御供御酒肴備仕、当禰宜海神を祭リ潮を汲、幕之内ニ而右潮ニ而こりを取、夫ゟ本社神前仁慈門前ゟ乗物二挺据へ乗物之内ニ而小女両人神拝仕、当禰宜哥仙間与申所ニ而神拝仕、其節神楽在之候、大床ニ御座候幣帛を家司神与申社家持出候を、行事与申社家請取之、右乗物上

ゟ三度戴セ候、
夫ゟ禁屋移リ候、兼而ゟ禁家ニ而本社并八神殿八竜神八十末社を勧請仕置候、右神前ニ而神拝仕、夫ゟ百日之内毎朝御供・神酒御さい肴備之尤、百日之内潮水汲寄、潮こり一日ニ三度ツヽ仕、尤其時々神拝仕候事、

これにより、当禰宜家邸内の禁屋から下津浜まで物忌候補者の少女は乗物で移動し、浜において二重に幕をめぐらせ幣帛を八本立て御供を供えて海神を祭り、海水を汲んで潮垢離を行ったこと、本社参詣の際も少女二人は乗物に乗ったまま仁慈門（拝殿前の鳥居）にて神拝、当禰宜は哥仙間（拝殿奥の石の間との間にある幣殿）にて神拝、神楽奉奏ののち大床より御幣を家司神という社人が持ち出し、行事禰宜がこれを受け、乗物の上から御幣を三度振って奉戴させていることが窺われる。さらにその後禁屋へ戻り、兼ねて勧請してあった本社ならびに八神殿八竜神八十末社に神拝、これより毎朝神饌を供え神拝、また一日三度の潮垢離は海水を用いその時々に神拝したことが窺われる。

再び安永八年の『御占焼執行之記』の記録によると、禁屋での潔斎の日々を経て、亀卜神事三日前である一月二十一日および二十二日、当日の二十三日に同じく下津へ浜くだりして禊を行っている。さらに神事に臨む総神官の禁足は祭礼七日前からであるが、この時は略式にして四日間とし、二十日未明より大宮司は供御所、三座（大禰宜・大祝・和田禰宜）・向座（検非違使・総追・藤四郎禰宜・田所祝・坂戸祝）は南廻廊、社家中は拝殿左右の袖の間に参籠、神楽大夫は翌二十一日晩より神楽所に籠っている。この間の総神官への賄い、油・墨・薪・湯殿等は当禰宜がすべて負担しており、慶長四年の例では当禰宜とともに物忌社家も賄い等の雑用に従事している。

祭礼三日前には神前に三度の御供、二日前には四度の御供を供えてさらに小神楽始、舞神楽五座が神楽大夫により勤められる。祭礼当日はふたたび三度御供備進。この御供および小神楽神竹等その他入用のものもすべて当禰宜の負担である。

また、『御ものいミ由来略』の百日潔斎から祭礼前日までの記述も、概ね安永の亀卜史料と同様である。ただし、当禰宜家の邸内に作られる禁屋を黒木御所と記しているが、他の文献によると黒木御所は亀卜の後物忌に選ばれた童女が物忌館に移る前に入る物忌館敷地内につくられる仮御所であるため、ここでは、皮をむかない黒木のまま作られた簡素な小屋の呼称として用いたものと考えられる。

一、初て御ものいミにそなハる時ハ、まづ故実依台命、新にくろ木の御所を作り、百日の内、十歳みまんのどう女両人その所にせきをたゞしく、一日三度のしほごり・べつくわ・しんてうのしようぞくにて、けつさいなさしめ、御亀卜焼当日の七日まへより、惣社家あらたに、ゑぼし・しようぞくをあらため、本社のくわいろうに、七日七夜さんろうなし、一日三度のごくう・ごへい・みき等を捧げ奉り、御卜焼三日まへより、毎日かぐらをそうし、そのやくやくをつとめ行ひ候事、

こうして、百日間の厳格な潔斎を終え、いよいよ神意により物忌を定める亀卜神事が斎行されるのである。

4　亀卜神事

亀卜神事について、再び『御ものいミ由来略』を見ると、

一、御卜焼のさいれいと申ハ、百日の間亀の甲をひでりにほし、代々其役の家ありて、亀の甲をとりていだすなり、御ものいみに立所の童女、両人の名、めい〳〵のかめのかうにかきしるし、本社神前にて、あら炭の火をおこし、其上にてくだんのかめのかうをやく、ふしぎなるかな、しんりよのうじゆの亀の甲ハ、さらにやくる事なく、のうじゆあらざる亀の甲ハ、たちまち薪木のごとくにやけ、かたちをうしなふ、すなハちやけざるかめのかうに、かきしるしたるとうによを新御ものいみにそなへ奉る、しかあつて、亀卜成就の亀の甲をにしきにつゝみて、神前にこめおくなり、

と記されていて、亀卜の神秘により物忌が定められることが記されるが、実際の亀卜神事執行の次第については、大宮司家相伝の秘事でありその詳細は窺いがたい。大永三年（一五二三）大宮司則久の奥書のある『鹿島大神宮物忌代々社職之次第』(94)には、

正久亀卜ヲ勤メ行フ事、卜部家ニ於テモ秘奥之義也、真実之相承希代之義也、故ニ大宮司代々亀卜之相傳大切ニ可致者也、

と見え、亀卜の方法については、亀甲に「十吉合」と記し、大宮司中臣連実名を書いた後その左右にあらかじめ籤引きにより一、二の順を定めた一ノ女子名、二ノ女子名を記し、

亀甲ヲ焼、一二三之内一人之名所正中ヒビキハル、是正敷亀卜之霊験也、即チ為ス物忌職、

として、亀甲を焼きいずれかの女子の名の正中にひびが入ったほうを物忌に定めるとしている。しかし、もし二人の女子両方の名にひびが入った場合はさらに御鬮によって物忌を定めたとも記されている。

雖然ト右一二三ト書付御占ヲ焼キ印シ、二人之名之所ナトニヒ、目付事有利、神慮被疑奈利、真実ニ奉致神慮ヲト定所者正久以御鬮専トス、件之女二人或ハ三人モ有リ、一二三ト例之御鬮ヲ大宮司相認、行事禰宜役シテ幣付ニテ伺神慮、二ツ三ツ之内一ツ幣帛ニ移リ上ル所ヲ取テ、大宮司開キ見、即チ為ス物忌職ト、

しかし、この方法では亀甲は一枚で事足りることになり、後述する安永の亀卜の次第で二枚の亀甲を用いるのと矛盾する。また幣帛を用いた占いのことは他の亀卜神事には見られないという疑問が残る。

この他、慶長四年の『当禰宜孝長物忌占焼覚書』には、

両人之間、御占焼以前ニ一二ヲ以御鬮ヲ申請、初ニ一おり候ヲ先やき申候、此時ハ千女当リ候間、先ニ申候御神慮ヲ以、則御占焼も千王丸ニ当リ候

とあり、御鬮により亀卜の順番を決め、亀卜の結果により物忌が定められたことが窺われる。また、安永八年の

『御占焼執行之記』にはより詳細な記述が見られる。亀卜神事執行にあたり大宮司の補助を勤める神職の枝家禰宜と大神の両名に「御占焼御執行之所見仕候儀、他人に不及申上ニ、親子たりとも堅口外仕間鋪候、」という誓紙を前日にあらかじめ書かせる。亀卜神事当日の寅の刻、神楽所において神楽大夫により舞神楽五座奉納。物忌に立つ童女二人は浜くだりの禊を行う。その間に大宮司は兼ねて神職の大長に用意させた亀甲[95]の中より疵のないものを二つ撰び、三方に錦を敷いた上に置き禁足所に戻る。大長は浜より戻った当禰宜にそれを見せた後、本殿の大床に置く。枝家禰宜は両人女子の名と年齢を聞き紙に書き付け、「一」「二」を書いた紙片を二人にひかせ、その結果をさらに書き付けて大宮司の禁足所に持参する。神前に御供が備進された後、亀卜執行。「執行之節ハ拝殿広縁之間之唐戸を立、広間哥仙間之間之こうし戸を立、是幕を張」とあり、外部から一切窺えないよう厳重に幕をめぐらせた哥仙間に御占焼の壇を据える。その壇とは「大キサ三尺四方八角ニ作ル、腰高サ五寸也、是者御占焼執行之節大宮司上リ候段ナリ、箱の如く作ル、但シソコナシ、」というものである。この壇の上に大神が炭をおこした火鉢を置き、また枝家禰宜が大床より亀甲を持ち下り同じく壇上に置く。火鉢の寸法は「さしわたし壱尺弐寸四方ニ丸く致候、」とある。さらに大神は金輪ふたつを壇上へ置く。この金輪は「大キサ四寸四方八角ニ弐ツ作ル、但足四本附ク、是ハ亀甲のせ候金輪也、」というものである。準備が整うと大宮司は壇に上がり御占焼を執行。炭火の上に天葉若木と呼ばれるウワミズザクラの木を入れ、亀甲を金輪に載せて焼く。前述の『鹿島大神宮物忌代々社職之次第』に拠ると、大宮司に代わり行事禰宜が亀卜を行う、とあり枝家禰宜の名は見られず、後に行事禰宜から枝家禰宜へその役が移ったものとも考えられるが定かではない。その次第は「亀甲ヲ火鉢仁金輪ヲ付テ其上戴テ焼也、焼レテ必ズハヌル音ス、至其刻行事禰宜亀甲ヲ取リヲロシ火鉢之脇ェ密ニ置キ火気ヲ去、」とあり、その後行事禰宜は亀甲を錦につつみ大床に持ち上がり、大宮司着座の前に置き「然所大宮司奉念彼亀甲ヲ開キ見ル也」と大宮司が亀甲を見て御占の結果を判断すると記されている。再び安永の『御占焼執行之記』の記述に戻ると、この御占焼執行の間に当禰宜は庭上にて奉幣、社僧は仮殿前にて法楽を奏す。御占焼が終わり物忌が決定すると、枝家禰宜は亀甲を錦に包み三方に載せて大宮司に持参、大宮司は先刻の枝家禰宜の書付を懐中より取り出し、物忌に決まった女子の名に点をつけ枝家禰宜に渡す。枝家禰宜はそれを三方に乗せ庭上に持ち下り、当禰宜に渡す。当禰宜は物忌に決まった女子に装束させ、輿に乗せて仁慈門のきわまで出仕する。大宮司はこの間亀甲に書き付けをし錦に包み、白木の箱に入れて紙で仮封し大床に置く。枝家禰宜は大床より神符を持ち下り当禰宜に渡し、物忌は神符を頂戴する(96)。一方物忌にあたらなかった少女は駕籠にて神野へ帰る。物忌は、奥の御殿の後ろより要石前の道へ出て、塩宮へ参り、再び下津の浜へ下り禊の後、神宮寺沢へ向かう。

5 神宮寺沢の儀

亀卜神事により物忌が定まると、神宮寺沢と呼ばれる池に設けられた祭場で投櫛投針の儀式が行われる。神宮寺沢は鹿島神宮の南一里程のところにあり、土地の隆起により池となったが昔は浜であったと言われている。

神宮寺沢の儀については、慶長四年『当禰宜孝長物忌占焼覚書』に拠ると、

浜へ奥宮ノワき、かのめ石の辺ヲ通り、物忌と当祢きハいた宮へ初尾五十、ミやの助給候、其侭浜へおろし申、三度之しおこりあつてちくさハにてなけくしの御神事アリ、くし十三、はり十三本、御くうあかり候、神主ハかり屋つくりノ内ニ、大祢き、大祝、以上三人、高座ハかり屋なし、物忌ハまんまくの内にてなけくし、なけはり、其たうくハちがやにつゝみ池へおさめ候、御神事の御へいもこもニつゝみ、池へ納候、当祢きもかり屋の内ニなし、まんまくのきハなり、神主、大祢き、大祝のかりや神野之人足ニてつくりせんたうかんもり申付候、ちくさハよりかへりニ、あすの宮へ物忌斗宮之初尾五十田所給候、

とあり、いたの宮(塩宮(97))へ神供、下津の浜での三度の潮垢離の後、ちくさハ(神宮寺沢)にて投櫛投針の儀が

あり、この時、投げた櫛と針はもとより御幣も薦につつみ池に納めると記されている。その後あすの宮（安津宮）(98)へ神供とある。『鹿嶋名所図会』所収の宝永三年の記録にも、

物忌は、輿に乗せ、又下津の浜へ下り、みそぎして、末なし川にてこしをさへ、神供、神酒、備り神宮沢への道あれば、直に彼沢へゆき、御祭礼相済み、安津宮にて、神拝有り、

とあり、神宮寺沢で祭礼があったことを記している。安永八年の『御占焼執行之記』に見られる神宮寺沢の儀についての記述をまとめると、以下のとおりである。まず、大宮司以下社家中は神宮寺沢に舗設の仮屋につく。櫛と針を紙に包み水引をかけて結んだものを当禰宜が幔幕のうちに居る物忌に差し入れる。物忌付きの女房がこれを受け取り物忌に渡すと、物忌はこれを受け取り両手に持って投げ捨てる。これを再び女房が拾い集めもとのように紙に包み、さらにあらかじめ用意してあった茅薦に包んで三箇所を結ぶ。以上が投櫛投針の儀である。その後神供五膳、御酒御肴六膳を仮設の棚に供え、大宮司・大禰宜・大祝、その他の所役の神官・物忌・当禰宜、各々幣串を奉り退座、本宮へ向かうが、途中物忌のみ安津宮へ参詣する。これを以って神宮寺沢の儀は終わるが、この儀式の中心は投櫛投針の儀にあると思われる。投櫛については、『日本書紀』神代巻に、伊弉諾尊の黄泉国来訪の段において投櫛を忌むことの由来譚が見え、また『吾妻鏡』建長二年（一二五〇）六月二十四日条に「令投櫛之時取者、骨肉皆変他人之由称之、」と見え、投げた櫛を拾うことは骨肉の縁を断ち切ることであるとしている。伊勢の斎王の別れの小櫛の儀もこれと同じ趣旨であろうと思われる。投針については、針は女性の一般的な仕事の象徴としての意味をもち、これを櫛とともに投げ捨てることで、女性としての生活に決別し、神への奉仕の日々へ生きることの誓いとしたものと考えられる。さらに、『鹿島大神宮物忌代々社職之次第』に拠ると、投櫛投針の儀を行う前に、用意された櫛十三と針十三本に密かに大宮司が唯一神道三種加持の祈禱を行い、その後に物忌が三度投げて散じ「是即父母一俗之不遽穢悪之祭事ナリ、」とし、投櫛投針を行うのは、物忌が正月七

日の節会の夜内陣に例幣を奉る役であり、父母の忌など物忌の生涯におこる俗世の穢悪一切を除いて、毎年怠り無く例幣を納めるためであると説いている。また、本宮への途次、物忌のみが安津宮へ参拝するが、安津宮は『鹿島志』に「安津ハ活津の訛れるなるべし」としているが、俗には「逢わずの社」つまり、ここから先は親兄弟には逢わない、という意であると伝えられている。

6　本宮・跡宮・鷲宮神事

神宮寺沢より再び本宮にて祭礼が行われ、その後神野へ移動して、鷲宮・跡宮の祭礼が行われる。慶長四年『当禰宜孝長物忌占焼覚書』には、

> もとの道ヲかへり、御神前ニテ御神事アリ、其時ハにちもんのはしら西ノかたの御□に向テ、こしあひ立、神主、大祢き、大祝、高座いつもノ御神座ナリ、それ過候て、神野あとのやしろニて物忌斗御神事アリ、（中略）、神主ヲ初申、上官下官共ニわしの宮にて御神事アリ、

と見え、『鹿嶋名所図会』所収の宝永三年の記録には、

> 道祖神の前の道あれば、直に要石に出、御神前へ参り、神拝事畢り、神野へ帰り候、惣神官、鷲宮にて御祭礼あり、物忌、当禰宜は跡の宮にて奉幣あり、

と記されている。安永八年の『御占焼執行之記』によると、神宮寺沢より本宮に到着後、神供備進、奉幣。物忌・当禰宜も列座し、南の竜神社前にて神酒を頂戴する。大宮司以下は神野の鷲宮にて祭礼を行い、再び本宮へ戻り神拝後各々解散する。物忌・当禰宜は跡宮にて祭礼を行う。安永八年の事例は大雨により神宮寺沢の儀以後の祭礼は三日間延期され一月二十六日に執行された。その後二月一日、大宮司は枝家禰宜に指示して亀卜神事に用いた亀甲を本宮宝蔵にしまわせている。亀甲二枚をともに錦に包み当禰宜が前日に持参した箱に入れ、紙を張

り封に印形をする。また、二月五日には寺社奉行所に亀卜神事終了の届出をするため、大禰宜・検非違使等が江戸へ向かっている。

7　黒木御所・物忌館入り

当禰宜邸内の禁屋の百日潔斎と亀卜神事が滞りなく終了した後、いよいよ物忌に選ばれた童女は神に生涯仕え奉る物忌としての生活を始める。物忌はまず物忌館境内に作られた黒木御所へ、そして物忌館へ移ったと伝えられるが、慶長四年『当禰宜孝長物忌占焼覚書』に拠ると、跡宮祭礼の後、

観音堂へ物忌うつしおき、くろきつくり不出間、くわんおうたうニなり、

と見え、亀卜神事が終了してから黒木御所を作りはじめ、その間物忌は観音堂に留め置かれたことが記されている。この時の亀卜神事は十二月七日であり、その後、

十二月十八日、黒木屋へ物忌御移也、村の御しゆつけ中ニて其日心経法楽也、

と見えて、亀卜神事の十一日後、黒木御所に移動したことが記されている。『鹿嶋名所図会』所収の宝永三年の亀卜神事の記録には、

さくに御殿に入相済申候、

とあり、九月二十日の亀卜神事の十日後に御殿に入ったとあるが、この御殿が黒木御所を指すか物忌館を指すかは明らかでない。

嘉永六年の当禰宜胤寿の留書には、黒木御所について次のような記述が見られる。

一、右両所之神事畢、御ものいミ黒木の新御所に遷座、新御所ハ竜神之間に於ゐて種々之神事祭礼有之

一、右黒木之御所者、兼日物忌境内に新く作之、

これに拠ると、黒木御所内の八竜神の間にてさまざまな神事が行なわれたと伝えている。同じく嘉永六年の当禰宜胤寿の留書に拠ると、物忌館の造替については、古殿を悉く改め、古土を削り古礎を取り除き新しい用材で物忌館を造り、「造畢以後黒木之御所ゟ新殿遷座」とあり、黒木御所での生活を経て、やがて物忌館へ移ったものと思われる。

物忌の相続は、候補者となった童女の百日間の潔斎と大宮司家秘伝の亀卜神事、そしてそれに付随する様々な神事の厳修を経てようやく新たな物忌が補任されるが、その過程における潔斎及び神事は、物忌が祭神の御側近く仕え奉る任を帯びる故に不可欠なものであったと思われる。そして、物忌となった後は、さらなる清浄な生活を終身送ることとなるのであった。物忌館での物忌の生活は、前章でふれたように身の回りの世話をする老女や少女たちにかしづかれ、当禰宜以外の神職に対面することは許されず、年五回の鹿島神宮の祭礼と十一月十四日から十六日にかけての大生宮の祭礼への奉仕の他は館を離れることなく、厳格な禁忌のもとその生涯を終えたことが窺われる。

おわりに

鹿島神宮における物忌職は、その起源を鹿島神宮の鎮座に遡り、以後近代迄連綿とその系譜を伝えた女性祀職であった。物忌は、神意を占う亀卜神事の厳修により選定され、補任後は厳格な禁忌のもと、神仕えにその生涯を終えた。その清浄きわまりない潔斎の日々は、祭神の御側近く仕え奉る故に期されたものであったと思われる。物忌は鹿島神宮本殿内陣の御鑰を預かる職掌であり、鹿島神宮祭祀において欠くべからざる存在であった。そして、物忌職の相続のためには、當禰宜家の存続および物忌社家の存在が不可欠であった。尚、物忌の職掌である御戸開神事における奉仕と内陣御鑰の由来については、改めて論述すべく一章を設けていたが、紙幅の都合により、別稿に譲ることとした。

注

（1）伊勢の神宮の物忌職は、『皇太神宮儀式長』『止由気宮儀式帳』に拠ると、内宮九員（大物忌・宮守物忌・土祭物忌・酒作物忌・清酒作物忌・瀧祭物忌・御塩焼物忌・土師器物忌・山向物忌）、別宮四員（荒祭・月読・伊雑・瀧原の各宮の物忌）で、外宮は、本宮五員（大物忌・御炊物忌・御塩焼物忌・菅裁物忌・根倉物忌）と別宮一員（多賀宮の物忌）で、そのうち内宮の宮守物忌・山向物忌のみ童男、あとはすべて童女が勤め、それぞれ物忌父が共に奉仕した。やがて職制・人員の変遷を経て、物忌父を物忌と称し、童子女は子良と呼ばれるに至るが、物忌父が増員するのに対し子良は両宮とも大物忌の子良ひとりとなった。大物忌の子良は、御稲を調進するための神田での神事をはじめ、三節祭由貴大御饌供進、外宮御饌殿における日別朝夕大御饌祭奉仕と御饌殿管理、さらに正殿御鑰の管理と御戸開の手附初め、三節祭における太玉串奉奠等を職掌とし、神域の子良館にて日々潔斎に勤め、月水と親喪に際しては解任を避けられないという徹底した清浄さを期された重職であった。（中西正幸「神宮の大物忌（一）（二）」『神道宗教一五五・一五六号』平成六年）

（2）賀茂社の忌子は、上賀茂社に一員、下鴨社に二員置かれ、ともに童女の奉仕者であった。特に上賀茂社の忌子は、神田神事への奉仕と、御戸開神供奉献において本殿東階下に祇候することを職掌としており、稲霊の奉斎と祭神の最も御側近く仕え奉るという二点において伊勢の神宮の物忌職と共通の要素をもつと捉えることが出来る。（拙稿「神社祭祀における童子女―上賀茂社忌子についての一考察―」『明治聖徳記念学会紀要復刊二一号』平成九年）

（3）『貞観儀式』春日祭の条に物忌童女が祭典に先立ち神殿内を掃除し、また祭典においては内蔵寮幣を神殿に納める記述が見られる。また、園并韓神祭および平野祭においては、炊女が供物の辨備や舞の奉仕を勤めている。

（4）丸山輝子「鹿島神宮物忌について―女性祀職の一考察―」（『信濃』三二巻一号、昭和五五年）・堀田富夫「物忌立御占焼の秘事」（『文化財だより』第九号、茨城県鹿島町文化財愛護協会、昭和五六年）

（5）著者・成立年代不明、木版本。旧当禰宜家所蔵。

（6）著者・成立年代不明、安永九年写、船橋西図書館所蔵。

(7) 当禰宜胤栄執事（御ものいみ侍従）大川貞治筆、旧当禰宜家所蔵。
(8) 旧当禰宜家所蔵。
(9) 旧当禰宜家所蔵。
(10) 『延喜式』巻一五内蔵寮・鹿嶋香取祭、巻三〇大蔵寮に鹿嶋祭における物忌賜禄の記述が見られる。
(11) 『吾妻鏡』養和二年二月二十八日条「志太三郎先生義廣濫悪掠領常陸國鹿嶋社領之由、一向可為御物忌沙汰之由被仰下、散位久經奉行之云々、」（国史大系本に拠る）
(12) 『吾妻鏡』元暦元年十二月二十九日条「常陸國鹿嶋社司宮介良景所領事、且准地全富名、且任御物忌千富名例、可停止万雑事之由被仰云々、」（国史大系本に拠る）
(13) 『吾妻鏡』文治三年五月二十日条「藤原行政為使節下向常陸國、是鹿嶋社領名主貞家押領御寄進地之旨、御物忌依訴申之、為廣元奉行、日来有其沙汰、為沙汰付之、所被差遣也、」（国史大系本に拠る）
(14) 鹿島神宮文書九一号（『鹿島神宮文書第一輯』）
(15) 鹿島神宮文書一二四号（『鹿島神宮文書第一輯』）
(16) 根本寺文書一一号（『茨城県史料中世編Ⅱ』）
(17) 根本寺文書三三号（『茨城県史料中世編Ⅱ』）
(18) 大宮司家文書一一～一五号（『鹿島神宮文書第一輯』）
(19) 鹿島神宮文書二〇三号（『鹿島神宮文書第一輯』）
(20) 当禰宜胤貞著「鹿嶋祭主斎宮御葬祭之記」、旧當禰宜家所蔵。
(21) 寳永三年亀卜神事の記録については、堀田良濟著『鹿島名所図会』（明治三十九年刊）所収。
(22) 旧当禰宜家所蔵、原文仮名。
(23) 安永八年の亀卜神事の記録については、大宮司則房の「御占焼執行之記」（鹿島神宮文書二九九号《『鹿島神宮文書第一輯』》）及び安永八年の当禰宜胤親の留書（当禰宜家所蔵）等がある。
(24) 鹿島神宮文書二八九号（『鹿島神宮文書第一輯』）、および『続群書類従三輯下』所収。
(25) 注(15)に同じ。
(26) 茨城県行方郡潮来町大字大生に鎮座。旧郷社。建御雷之男神を祀る。（『茨城県神社誌』）

(27) 當禰宜胤寿筆、嘉永六年留書。旧当禰宜家所蔵。
(28) 鹿島則幸家文書一二七二号（同家文書は茨城県立歴史館に寄託管理されている）
(29) 鹿島則幸家文書一〇七一号
(30) 鹿島神宮文書二二二号（『鹿島神宮文書第一輯』）
(31) 注(21)に同じ。
(32) 注(27)に同じ。
(33) 旧枝家禰宜家所蔵。
(34) 旧當禰宜家所蔵。
(35) 鹿島則幸家文書五六号
(36) 注(22)に同じ。
(37) 旧当禰宜家所蔵。明治初期、東胤吉が当禰宜家所縁の諸社の棟札を書写したもの。
(38) 注(29)に同じ。
(39) 旧當禰宜家所蔵。
(40) 注(35)に同じ。
(41) 赤松宗旦著「利根川図志」、安政二年刊所収。
(42) 赤松宗旦著「利根川図志」、安政二年刊所収。
(43) 鹿島神宮文書二九〇号（『鹿島神宮文書第一輯』）および『続群書類従三輯下』所収。
(44) 文化七年、旧當禰宜家所蔵。
(45) 北条時鄰撰、文政六年刊。
(46) 小野安邦編『神野の文化誌』、平成七年刊。
(47) 旧當禰宜家所蔵。
(48) 旧當禰宜家所蔵。
(49) 昭和三十八年七月二十五日県指定民俗資料。巫女は集落の少女より選ばれ、浄衣・緋袴・垂髪、右手に幣、左手に鈴を執り舞う。

(50) 小野安邦編『続神野部落誌』平成元年刊。
(51) 注(20)に同じ。
(52) 注(50)に同じ。
(53) 注(15)に同じ。
(54) 注(11)に同じ。
(55) 注(12)に同じ。
(56) 注(13)に同じ。
(57) 注(16)、(17)に同じ。
(58) 鹿島神宮文書八七号(『鹿島神宮文書第一輯』)
(59) 鹿島神宮文書三〇一号(『鹿島神宮文書第一輯』)
(60) 鹿島則幸家文書六八一号
(61) 當禰宜胤貞筆、旧當禰宜家所蔵。
(62) 注(50)に同じ。
(63) 中山信名著。明治期に栗田寛が色川三中の訂正本に増補修訂を加え、明治三十三年刊行。
(64) 注(60)に同じ。
(65) 注(24)に同じ。
(66) 大江晃次編「鹿島南部の伝説」(『鹿島町史第二巻』)
(67) 注(50)に同じ。
(68) 鹿島神宮文書一八四号(『鹿島神宮文書第一輯』)
(69) 鹿島神宮文書一三六号(『鹿島神宮文書第一輯』)
(70) 鹿島神宮文書九四号(『鹿島神宮文書第一輯』)
(71) 宮司家書留集に拠る。(鹿島則幸家文書三〇六号)
(72) 大宮司家文書一四号(『鹿島神宮文書第一輯』)
(73) 注(19)に同じ。

(74) 注(60)に同じ。
(75) 注(71)に同じ。
(76) 注(61)に同じ。
(77) 宝永二年大宮司則明(定則)日記に拠る。(鹿島則幸家文書二六号)
(78) 注(61)に同じ。
(79) 注(14)に同じ。
(80) 注(24)に同じ。
(81) 注(18)に同じ。
(82) 注(21)に同じ。
(83) 注(23)に同じ。
(84) 注(71)に同じ。
(85) 注(20)に同じ。
(86) 注(61)に同じ。
(87) 宝永三年五月十八日寺社奉行所より修理料から亀卜下行料を賄う旨證文が下されるが、享保十二年七月六日その添書として「先格無之付向後令相止之旨」が下知されている。(鹿島則幸家文書七七九号)また、安永八年の亀卜神事は前任の物忌豊子の逝去後二十四年を経て行われたが、その延引の事情について、當禰宜胤親は「物忌之儀内々至極困窮ニ付、数年見合候得共」として経済的理由をあげている。(大宮司則房「御占焼執行之記」に拠る)
(88) 安永八年の亀卜神事は当初前年十一月に執行すべく寺社奉行所に届け出たが、程なく祖母の逝去により大宮司が百五十日の喪に服すことになり、翌年一月に延引された。また、寛延三年から明和三年までの大宮司欠職も、亀卜神事延引の一因であったかと推察される。
(89) 注(27)に同じ。
(90) 注(21)に同じ。
(91) 注(72)に同じ。
(92) 鹿島神宮文書二九九号(『鹿島神宮文書第一輯』)

(93) 当禰宜家所蔵。
(94) 鹿島則幸家文書三四五号
(95) 亀甲は、大長があらかじめ田畑と呼ばれる川で採取する。また、神宮寺沢のほとりに、亀卜に用いた亀を埋めた亀塚があるという。
(96) 寛文五年の物忌菊子補任符が鹿島神宮文書に収められている。(注19に同じ)
(97) 『当社例伝記』に拠ると祭神は高倉下命。
(98) 『当社例伝記』に拠ると祭神は活津彦根命。

本稿執筆にあたり、東俊二郎氏には旧當禰宜家所蔵の貴重な史料の閲覧をお許しいただき、また萩原康行氏には史料の蒐集および判読にあたり多大なご協力を賜りましたことを、ここに衷心より御礼申し上げます。

越前志津原白山神社の祭礼芸能

―能装束にみる芸能の伝承と断絶―

宮永一美

はじめに

越前は古くから芸能の盛んな土地で、仮面の生産地でもあった。中世、越前猿楽と呼ばれる芸能者たちが、大谷寺・平泉寺などの寺社祭礼で芸能を奉納し、やがて京都や近江・美濃、遠く関東の日光にまでも興行に出かけていった。しかし、近世に入るとその活動は全く追えなくなってしまう。また越前猿楽は地方の芸団であるため、大和猿楽などに比べて活動を記した文献史料が乏しい。この史料不足を補って余りあるものとして、実物資料に注目すべきものがある。現在でも越前の神社には、能面が完成する以前の特色を持つ古面が数多く残されており、これらの能面を研究素材とした分野の蓄積が大きい。中でも福井県池田町は中世芸能の宝庫ともいうべき地域で、神社には中世仮面や能装束がまとまって伝来しており、水海の鵜甘神社の田楽能舞のように、祭礼芸能そのものが脈々と伝承されてきたところもある。

越前池田の仮面と芸能については早くから注目され、本田安次氏は水海村の田楽能舞の古い芸態を検討し、峠を隔てた岐阜県根尾村能郷の芸能との共通性を指摘された[1]。後藤淑氏は全国の中世仮面について網羅的に調査研究を進められるなかで、池田町の須波阿須疑神社・鵜甘神社・月ヶ瀬薬師堂の仮面についても考察された。また越前猿楽が美濃長滝寺の祭礼芸能にも参仕していたことや、越前の面打について言及されている。(2)これらの研究により、それまでほとんど知られていなかった越前猿楽の存在形態と越前に残る貴重な中世の仮面が明らかにされたといってよいだろう。山路興造氏は「中世山村における祭祀と芸能―天竜川沿いと越前の小祠・小堂を中心に―」で、後藤氏の研究をさらに進展させて、水海の田楽能舞の伝播と芸能の担い手について考察された。(3)

このように、池田の芸能の中でも、特に水海の田楽能舞については具体的に明らかにされてきた。しかし、池田町には、水海の鵜甘神社の他にも優れた仮面や能装束を伝える神社があり、特に志津原の白山神社には、寛永年間の墨書銘を有する能装束が伝わり貴重であるが、能面は別として装束・道具についてはこれまで十分に調査されてこなかった。これら芸能に使用されていた道具類を資料として活用すれば、池田の祭礼芸能についてより実像に近づくことが可能と考える。その場合、既に断絶してしまった祭礼芸能をも視野に入れて考察を加える必要があろう。本稿では、主として志津原の白山神社に伝来した実物資料と文献史料から池田の祭礼芸能について考察し、祭礼芸能の変遷と断絶した祭礼芸能についても明らかにしたい。

一　越前池田の祭礼芸能を遡って

越前池田の祭礼芸能がどのように伝えられ、また断絶していったのかを知るためには、時代を追って芸能の転機となった事柄について探る必要があろう。本稿では、池田の祭礼芸能について、現代から近世、中世へと時代を遡ってみていく方法をとることにする。

池田の祭礼芸能の現状についてまとめると、以下のようになる。(4)

①鵜甘神社（水海）

「水海の田楽能舞」が、毎年二月十五日（旧暦正月十五日）、神事芸能として奉納される。昭和五十一年五月四日、重要無形民俗文化財に指定。芸能は田楽（烏とび・祝詞・あまじゃんごこ・あま）と能（式三番・高砂・田村・呉羽・羅生門）で構成される。(5) 翁・父尉・三番叟ほか、十面の仮面が伝来する。

②須波阿須疑神社（稲荷）

大正六年まで正月六日に能が奉納されていた。現在では、二月六日の「能面まつり」に、能面を公開するのみ。御三面（翁・父尉・三番叟）のほかに、中年の女・天神・尉など七面が伝来する。

③白山神社（志津原）

二月十七日、「お面様まつり」として、能面を公開。御三面（翁・父尉・三番叟）のほか、尉・景清・癋見など十一面が伝来。能装束・小道具がまとまって伝来する。

④薬師堂（月ヶ瀬）

御三面（翁・父尉・三番叟）ほか、怪士・蛇・女の六面が伝来。現在は個人蔵。

現在、池田町で祭礼芸能が伝承されているのは水海の鵜甘神社だけである。大正六年までは稲荷の須波阿須疑神社でも芸能が奉納されていた。また志津原の白山神社や月ヶ瀬の薬師堂にも、能面・装束などが伝えられており、かつて祭礼芸能が行われていた。能面など祭礼芸能に使用した道具類が現在まで伝えられているのは、以上の四ヶ所のみとなっている。池田の能面については、後藤氏の研究や『越前池田の古面』の中で写真とともに詳しく紹介されているので、(6) 個々の面についての言及は控える。当然のことながら、鵜甘神社の能面は、使用され続け傷んで古くなるたびに新調されたようで、制作年代が新しいものが多い。一方、須波阿須疑神社・白山神社・薬師堂の能面には、室町時代の作が多く含まれ、江戸時代の作品が少ない。芸能の道具類の製作年代にまとまりがみられることでも、それぞれの神社で祭礼芸能がいつごろまで伝承されていたのか、おおよそを把握することは可能と思われるが、近世史料をみると、池田には他にも能道具を伝える神社がある。

それでは、時代を遡りながら史料をみていこう。文化十二年（一八一五）に書かれた地誌、『越前国名蹟考』の祭礼芸能に関する部分を抜粋すると、

小畠村　春日社　昔は、正月十四日、翁の神事有之、今猶翁面・舞面・装束・楽器等有、

水海村　八幡社

（中略）後深草院御宇正嘉年中、関東執権前相州刺史平時頼入道道崇、諸国経廻之刻、参籠於当社而、経歳於是、正月十五日為法楽、奏式三番幷舞楽、以為恒例、（中略）

右者、御尋に付、従先々相伝仕候諸記録吟味仕、来由相記、差上申候、此外委細の儀は、伝記紛失仕、唯今一向相知不申候、以上、

文化十一年甲戌四月　　　水海村八幡宮神職　　原内匠

右、相頼遣候処、社家より認送所なり、又舞楽之事承度段申遣候所、左の通、書付来る、

第一番　連中ノ舞　　是は太鼓にてはやし、

第二番　祝言

第三番　三田楽　是は太鼓にてはやし、

第四番　あま　是は笛・小鼓・太鼓にてはやし、

右四番は、最明寺殿の初言なり、

第五番　式三番

外に能

一、高砂　　二、田村　　三、呉服　　四、綱

右四番は、先年は次第より相勤候得共、只今は後仕手はかり勤申候、
右は、氏子共より認伝わりと見ゆ、古雅なる事故、相記置者也、（下略）

稲荷村　稲荷明神社　池田惣社　延喜式神名帳云、今立郡須波阿須疑神社三座、
（中略）例祭　正月六日為鎮護国家御祈禱、行翁之大事并舞楽、正月十一日使隷名婦之神事、二月初午、四月二之卯大祭、（下略）

月ヶ瀬村　薬師堂にて、昔は正月十三日翁之神事有之由、舞面・装束・楽器等今に猶伝来す、
志津原村　翁社　昔は正月十七日翁之神事有之由、舞面・装束・楽器等今に猶伝来す、

とあり、文化年間には、小畠村の春日社にも、能面・装束・楽器などが伝えられていたことがわかる。また月ヶ瀬の薬師堂にも、能面以外に装束や楽器が伝来していた。この時点で既に、小畠・月ヶ瀬・志津原では祭礼芸能が絶えており、翁神事の奉納された祭礼日のみが記されている。それぞれの祭礼日をみてみると、小畠は正月十四日、水海は正月十五日、稲荷は正月六日、月ヶ瀬は正月十三日、志津原は正月十七日となる。山路氏は各村の祭礼日が重ならないように少しずつずれていることから、「これらの村々では江戸時代にはすでに村人が（祭礼芸能を）演じるようになっていたらしい。しかし、やはり専業の猿楽衆が居り、それぞれに楽頭職を有して演じるのが中世期の本来の姿であったように思われる。」と考察している。[7] 中世、池田の祭礼に、越前猿楽が参仕していたことを裏付ける史料はないが、専業の芸能者が楽頭職を有して順番に参仕していたことの形跡が、祭礼日のずれに表れているという指摘は、示唆に富む。祭礼日が芸能の関係だけで決められたとは言い切れないものの、水海や稲荷の祭礼日は、現在も変更されず続いており、そのまま中世から同じ日であった可能性は高い。また、山路説によれば、近世には村人が祭礼芸能を勤めていたが、中世では専業の芸能者が順番に祭礼へ参仕していたことになる。このことに関しては、他の史料からも検討していく必要があると思うので、後に章を改めて述べた

いと思う。

水海の八幡社（現、鵜甘神社）の部分では、芸能の内容について書いた祠官の書付もいっしょに記されており、連中ノ舞…鳥とび、祝言…祝詞、三田楽…あまじゃんごこ、あま…阿満、式三番・高砂・田村・呉服・綱…式三番・高砂・田村・呉羽・羅生門というように、その構成は今も変わっていないことがわかる。しかし現在の能は、曲の後半のみを舞う「半能」の形式になっているが、この形式は「先年は次第より相勤候得共、只今は後仕手はかり勤申候、」とあるように、以前は通しで舞っていたのが、時代を経る中で、後半部分のみ舞うように変わっていったことがうかがえる。水海の田楽能舞が古い芸態を残しているとしても、演者・演目などは変化しながら伝承されてきたとみるべきだろう。

次に、『越前国名蹟考』より百年近く遡った江戸中期の様子を、享保六年（一七二一）成立の『鯖江藩寺社改帳』（以下『寺社改帳』と略す）から、村ごとにみていく。まず月ヶ瀬村の薬師堂については、

一、薬師宮 木座像 長壱尺五寸 五間四面 萱葺 月ヶ瀬村 常安村 両村氏子持

社地壱反七畝拾五歩　除地

従古太神宮・八幡・春日之三面御座候て、毎年正月十三日、式三番之神事、両村百姓順番ニとう仕、氏子寄合申候処、近年百姓衰微仕、神事相止、右三面計有之、

とあり、月ヶ瀬村・常安村の両村によって維持されてきた薬師宮祭礼が、近年になって百姓困窮のため行われなくなったとみえる。両村の百姓が順番に頭役になり、正月十三日の式三番を勤めていたという記述は具体的で、一七〇〇年代初頭までは祭礼が継続していたことをうかがわせる。また、『寺社改帳』では神社の神像・神宝が記されているが、薬師宮の場合、太神宮・八幡・春日の三面（翁・父尉・三番叟）が記されている点が注目される。(8)『越前国名蹟考』では「翁社」と書かれている志津原村についてみてみると、

一、白山宮　木立像 長壱尺五寸 弐間九尺　　氏子持
一、神明之面　三面　弐間九尺　　同　断
　右両社地　三町歩計　山　村除
　　祭礼九月十七日

というように、やはり白山宮とは別に三面について記述している。元文四年（一七三九）の「廣瀬組寺社道場改帳」(9)でも、

一、天照大神、八幡、春日の御三面社　萱葺
　但、六尺に七尺、板敷に壁板張り、
翁　御面様　御長六寸一分　祭礼正月十七日
八幡　御面様　御長五寸六分
春日　御面様　御長六寸
一、氏神白山社　萱葺　但、九尺に二間、板敷に壁板、
木像　御長一尺一寸五分座像　祭礼九月十七日　宮山一ヶ所　但、御三面社社地山と同山にて御座候、
この反別は相知申さず、
大門　社地一反三畝歩　御高外

と書かれ、明らかに白山神社とは別に御三面社があり、現在は合祀されているが、近世には御三面社が独立してあったことがわかる。祭礼芸能については何も記されておらず、祭礼日が書かれるだけなので、おそらく御面様を祭るだけで芸能は絶えていたと思われる。

次に水海村の八幡社の部分をみてみると、八幡社の神宮寺だった阿弥陀寺の由緒や祭礼にかかる費用の内訳が

詳しく書かれている。[10] 水海の田楽能舞については、最明寺入道北条時頼が水海村に逗留した時、村人がもてなしに田楽を舞い、そのお礼に時頼が能を教えたという伝承がある。この伝承は『寺社改帳』にも寛文五年（一六六五）の書付が記録されており、時頼伝承が古くから伝えられていたことがうかがえる。これまでは、能の演目が室町時代の作であるのに、何故このような伝承が伝えられたのか不明だった。山路氏は越前大野の祭礼芸能の実態を明らかにする過程で、戦国時代に大野の宝慶寺門前に「猿楽小五郎」という芸能者が住んでおり、水海の阿弥陀寺が宝慶寺の末寺であることから、水海の田楽能舞が宝慶寺に芸能奉仕する猿楽者から伝播した可能性を指摘された。[11] 宝慶寺は曹洞宗第二道場であり、弘安元年（一二九九）には、北条時頼の菩提を弔うため寺敷地が寄進されている。宝慶寺と阿弥陀寺が本山末寺関係にあり、位置的にも山ひとつ隔てただけで非常に近いというのも、山路説の論拠となっており、伝説が生まれた経緯としてもっとも納得のいくものだろう。水海の場合、八幡宮の御供田が約五畝歩あり、ここから祭礼費用が納められていたことがわかる。祭礼芸能にかかる費用についても具体的に記され、祭礼入用高五石弐斗三升のうち、八幡宮年中神事費用として三石二斗が計上され、その中から五斗が三番三役に、[12] 一斗ずつがなりわい役とあまでんがく役に充てられていた。

次に稲荷村の稲荷大明神（現、須波阿須疑神社）についてみてみると、朝倉貞景が社殿の再建をしたこと、元亀・天正年中にそれらが焼失し慶長五年に再建されたこと、正月六日の祭礼が怠慢なく続けられてきたこと、「三社神面」が往古より伝来していることなどが記されるだけで、祭礼芸能について具体的な演目などは書かれていない。[13] しかし、祠官梅田高起が文化八年（一八一一）に著した『須波阿津疑神社年中行事記』[14] には、芸能の演目についても記述がある。

正月六日、此日依社例為鎮護国家之御祈禱、奏弐三番幷舞楽、（中略）祓、次昇殿、翁三面渡御、於大拝殿翁大事、次千載、次三番叟、次舞楽高砂・田村・呉羽、舞楽畢而昇殿、翁三面還御本殿、

このように、稲荷でも式三番のほか高砂・田村・呉羽などが行われていた。能の演目は水海のものと同じで、芸能構成には共通性があったと思われる。また、水海も稲荷も祭礼芸能の能曲部分を舞楽と表記している点が共通している。

以上の史料から、池田の祭礼芸能について近世中期頃までの様子を知ることができたが、これ以前となると中世史料まで遡ってしまう。志津原の白山神社の能装束は寛永年間の墨書銘を有し、ちょうど文献史料の空白部分を埋める資料なので、中世の祭礼芸能について考察する前に、志津原の能装束について考察することにしたい。

二　志津原白山神社の能装束

志津原の白山神社には、能面とともに能装束や小道具が多数伝来している。能装束のうち狩衣と半切は、昭和四十九年に県の指定文化財になっており、報告書も出されている。[15]しかし、全部の能装束が調査報告されているわけではなく、冠り物や小道具類については全く取り上げられていなかった。そこで能装束・小道具についても改めて調査した結果、表1のような資料が伝来していることがわかった。[16]

これら能装束の墨書銘をみると、寛永十五年（一六三八）八月に、狩衣の裏地が「志津原惣中」によって仕立てられている。高価な表地の花唐草文金襴については、誰がどのような経緯で奉納したのか不明であるが、墨書にはあえて「かり衣の裏」と書かれるので、金襴は村人の奉納ではないと考えるべきであろう。半切は、同一の作りで四腰とも墨書銘があり、二腰に、寛永十九年（一六四二）正月五日と書かれているので、四腰いっしょに製作されたと考えられる。また、墨書銘から半切が「かみや善兵衛」の代に作られたこともわかる。ちなみに角帽子の裏紙にも「しつはら村かみや」と書かれるが、これは志津原村の神主家であった神谷のことであろう。[17]半切の奉納者は岡茂助と考えられるが、この人物については、池田の市村に庄屋の岡家があり、元和元年（一六一

表１　志津原の白山神社能装束・小道具一覧

分類	品　　目	数量	大きさ(cm)	備　　考	墨書銘
能装束	袷狩衣　紺地花唐草模様金襴	1領	丈120×裄92	裏地は浅葱色地、	奉仕加里衣之裏 志津原村惣中 寛永拾伍捻壬寅八月吉祥日
	袷狩衣　黄無地	1領	丈137×裄86		
	袷法被　紺地輪宝模様	1領	丈113×裄77	表地に白と黄色の輪宝が刺繡される、 裏地は茶色麻、	
	側次　牡丹唐草模様片身替	1領	丈88×裄23		
	水衣　紺無地	1領	丈98×裄71		
	半切	4腰	丈85	白絹、後張の芯に畳使用、四腰とも同一の作り、	①寛永拾九年むま正月五日 志津原村 かみや善兵衛代ノ時 したてまつる ②寛永拾九年むま 正月五日 志津原村 岡　茂助殿　善兵衛代之時 御きしむの　□□中 したてまつる ③(花押カ)つ□やせ ④前□　□□
	篠懸	1点			
	腰帯	2本	長280、293	白無地	
冠り物	角帽子　紺地花鳥獣模様	1点	長92×幅42	表地には獅子四頭、鳥2羽、松、花が全体に刺繡される、 内側に和紙があてられ、墨書あり、	しつはら村かみや
	竜戴	1点	長37×高20	紙製	
	鳥兜	1点		紙製	
	烏帽子	6点		すべて紙製、 大臣烏帽子(松皮菱金箔模様)1点、 黒無地のもの3点、 折烏帽子1点、 日の丸の描かれたもの(三番叟に使用カ)1点、	
仮髪	仮髪	5点		赤毛・茶毛1点、黒毛2点、 能の頭、垂とも作りが異なり、水海の「あまじゃんごこ」のかつらに似る、 かもじ1点、	
小道具	数珠	1点		木製	
	団扇	1点	径25	柄の部分を欠く、	
	羽団扇	1点		羽の部分紙製で7枚残り、柄は欠く、	
能狂言面	翁	1点	縦18.7		
	父尉	1点	縦17.2		
	黒色尉	1点	縦17.1		
	中年の女	1点	縦21.4	えくぼあり、	
	尉	1点	縦20.9	面裏に「十」の朱漆銘あり、	
	瘂見	1点	縦20.5	面裏に朱漆銘あり、	
	景清	1点	縦18.6		
	怪士	1点	縦20.0	面裏に墨書銘あり、	志津原(花押)
	怪士	1点	縦20.3		
	小面	1点	縦21.1		
	深井	1点	縦20.8	面裏に「歌舞」の刻銘あり、 出目満照作	
	蛇	1点	縦22.4		
	賢徳	1点	縦18.3		
	乙	1点	縦19.3		

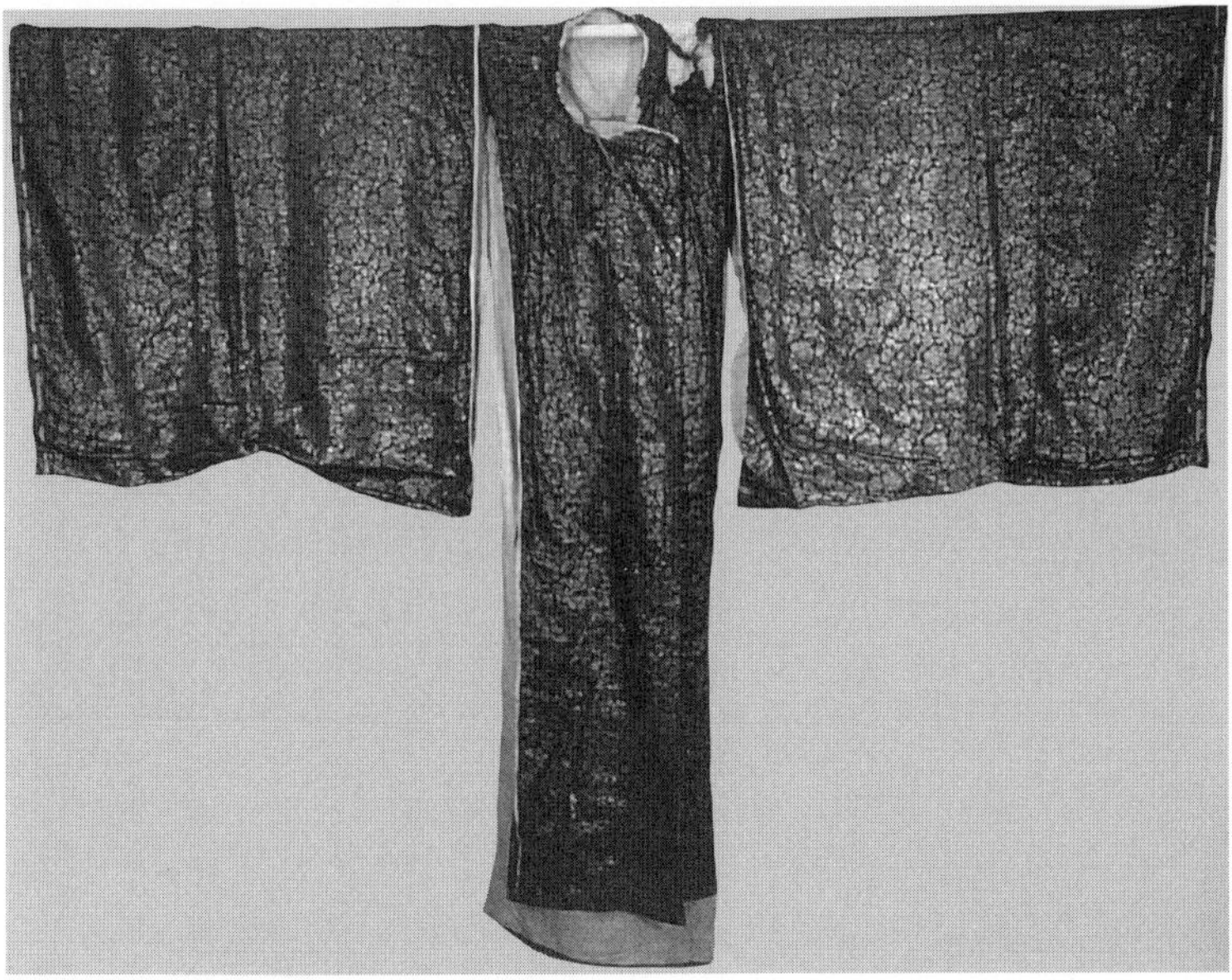

写真1　狩衣(紺地花唐草模様金襴)

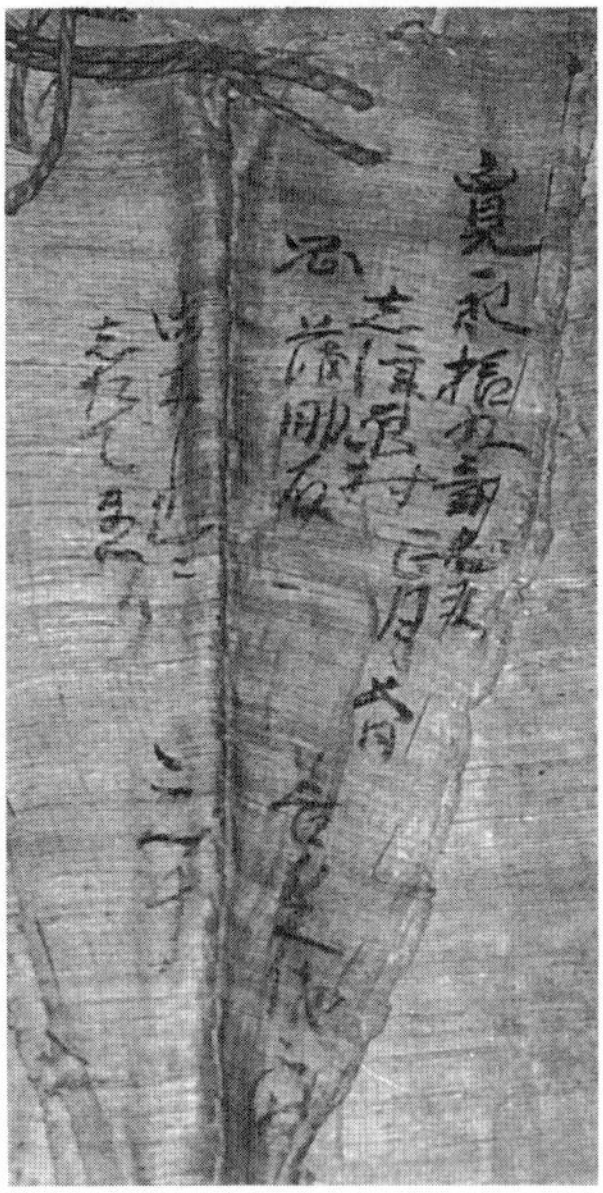

写真2　半切墨書銘②

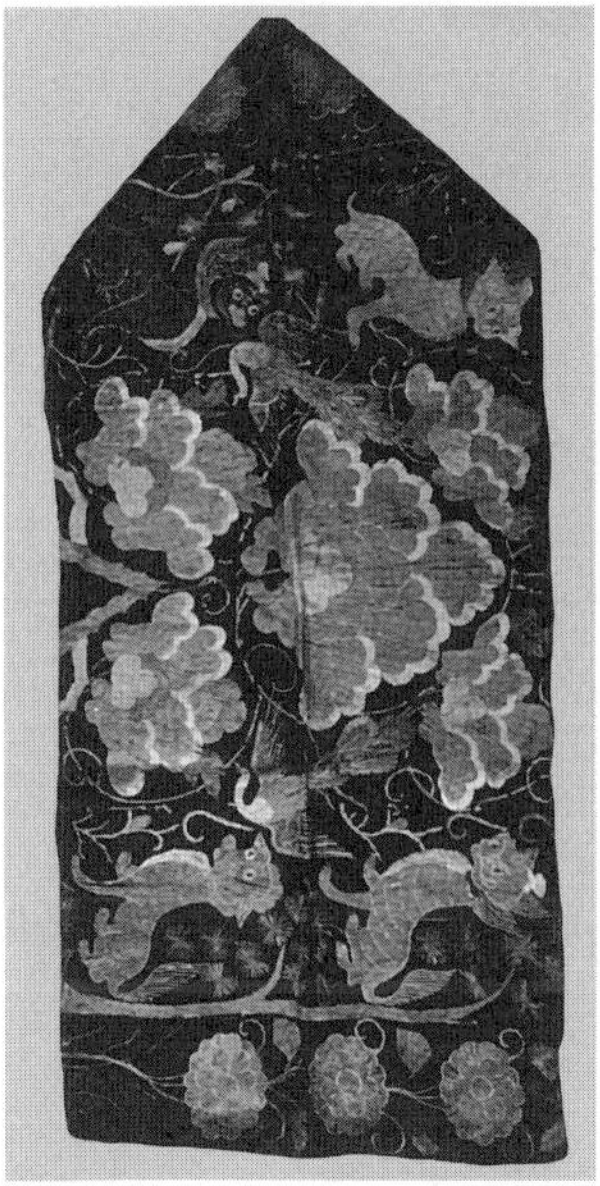

写真3　角帽子(紺地花鳥獣模様)

五）の地所永代売渡証文[18]にも「庄屋　重助」とあり、重は茂の音通であるから、岡茂助は市村の岡ではないかと考えられる。ではなぜ、市村の岡が志津原村の白山神社（御三面社）に能装束を奉納したのかを問題にせねばならないが、これを明らかにする直接的な史料はない。

祭礼芸能が伝承されてきた水海村と、志津原や月ヶ瀬村などの芸能が断絶してしまった村を比較してみると、村の規模には大きな差があった。参考までに、池田郷の各村の石高・人数を比較すると、表2のようになる。[19] 志津原村の規模からみると、祭礼芸能の奉納にかかる負担は大きかったであろう。ましてや村人の出費だけで能装束の新調が行われたと考えるには、装束・道具類の数が多く、裕福な篤志者、あるいは芸能者による奉納の可能性が考えられよう。

次に、志津原でどのような芸能が行われていたのかを能装束・能面からみてみよう。まず半切や仮髪が複数あることが注目される。これらは傷み具合に差があるものの、同一の作りで二点以上あるので、替えの装束というよりは、同様の装束を着る役が複数出演する芸能が行われていたと考えられる。仮髪は能の「頭」や「垂」とは

表2　池田郷村別石高・人数一覧

村名	石高	人数
清水谷	240石3斗2升	234
柿ヶ原	18石8斗7升	49
広瀬	156石8斗7升	80
寺谷	139石2斗9升	88
山田	245石2斗5升	172
池田	49石6斗3升	50
板垣	153石3斗3升	116
定方	58石9斗2升	77
西角間	320石1斗3升	177
菅生	121石3斗5升	92
魚見	69石9升	289
新保	63石6斗7升	54
東俣	215石7斗1升	198
東角間	50石9升	94
上荒谷	267石4升	180
市	112石1斗3升	61
寺嶋	147石6斗6升	160
常安	217石9斗4升	112
土合木谷	61石5斗3升	68
河内	79石2斗5升	104
志津原	120石3斗8升	90
月ヶ瀬	179石6斗4升	117
稲荷	146石8斗4升	81
藪田	267石8斗	124
水海	628石9升	490
安善寺	147石4斗	22
谷口	219石	236
野尻	107石8斗9升	123
持越	80石8斗6升	69
松ヶ谷	44石8斗7升	159
小畑	95石4升	169
千代谷	75石3斗5升	132
下荒谷	35石5升	76
大本	43石	89
金見谷	30石8斗4升	43

毛髪が短く作りが異なる。[20]水海の田楽で使用されるものと似ているので、志津原でも水海の「あまじゃんごこ」のような田楽が行われていたのではないか。能面の「景清」は専用面なので、景清の能があったことはわかるが、竜戴・鳥兜などは使用する曲が多く、そこから演曲を確定することはできない。また残存する装束・道具だけでは、演能可能な曲がないので失われた道具があることもわかる。しかし、どのような役柄が登場する曲であったのかについてはある程度想定できる。例えば、唐団扇があるので、中国を舞台にした唐物、または唐人の出演する曲があったと思われる。また、羽団扇や篠懸・数珠から、天狗や山伏の役柄が出演する曲が演じられていたと考えられる。竜戴は竜神役で使用されるし、鳥兜も「白髭」など異神役や楽人役で使用される。水海や稲荷で行われていた演目は、高砂・田村・呉羽など同じ曲で、他の曲が奉納されていたのかどうかわからないが、志津原の能装束・能面には、それ以外の曲に使用される道具が多く含まれるので、他にも演目が行われていたことは明らかである。志津原の白山神社の由緒を明治二十五年（一八九二）に写したとされる、「志津原白山社に関する書類うつし」[21]には、天明年中（一七八一〜八八）まで式三番・高砂ほか九番の舞楽が行われていたが、太夫・村人ともに困窮のため神事芸能が行われなくなったとある。この写しには、御三面は伊勢の宮川で拾ったということも書かれており、あくまで由緒に過ぎず実証性は低い。しかし「高砂ほか九番」の演目を奉納していたという記述などについては、能装束や能面の組み合わせから考えてもおかしくないであろう。

志津原の祭礼芸能がいつ頃まで継続していたのかについて、「志津原白山社に関する書類うつし」では天明年中まで祭礼芸能が行われていたとしているが、『寺社改帳』（享保六年〈一七二一〉）などには芸能の記載が全くないので、既に享保年間には芸能が断絶していたと考えられる。「志津原白山社に関する書類うつし」は明治時代の写しで、原本の書類がいつ頃作成されたものか不明であるし、内容も記録的ではないので、『寺社改帳』をもとに考えたほうが良いであろう。道具類の製作年代をみても、志津原の能面は完成された能面とは異なる古様のもの（翁・父尉・三番叟・中年の女・尉・癋見・景清）が多く、ほとんどが室町から桃山時代の作で、近世作が含まれていない。能装束の新調を寛永十九年（一六四二）まで行っているので、近世初期までは芸能が継続していたといえるが、それ以降に製作された装束がないということは、寛永年間製作の装束が傷んで新しいものを作る必要の起こる前に、芸能が断絶してしまったということになるであろう。

三　中世における越前池田の祭礼芸能

志津原の能装束・能面からは、近世初期まで祭礼芸能が奉納されていたことや、高砂や田村以外にも、「邯鄲」のような唐物の曲や、「鞍馬天狗」のような天狗・山伏の役が出演する曲などの演目があったこともわかった。能面の多くは室町・桃山期の作で、志津原の祭礼芸能が中世より伝承されてきたことはわかるが、中世の祭礼芸能の様子については具体的に知ることができない。現在まで祭礼芸能が伝承されている水海の場合にしても同じで、近世の芸能については演目もわかり、祭礼にかかる費用も明らかであるが、中世の祭礼芸能に関しては全く史料が残っていない。中世の祭礼芸能に関する史料が乏しいのは、『寺社改帳』の由緒に書かれるように、近世移行期に兵火の被害を受けていることにもよるのであろう。ただ、ここまで近世の祭礼芸能についてみてきて、稲荷・水海・月ヶ瀬・志津原の芸能は、断絶の時期は違っても御三面に対する信仰や芸能構成に共通点があるといえる。従って、中世の祭礼芸能についてそれぞれの例を個別にみていくことはできなくても、史料の残る稲荷大明神の例をみることで、中世における池田の祭礼芸能について明らかにすることができると考える。

戦国時代の須波阿須疑神社の年中行事については、天文十九年（一五五〇）に記された「稲荷大明神年中行事次第」[22]に、次のように見える。

御稲荷大明神之小もり之次第

一、月小守ハさつへひ田いのこ兵へニ有之、五人也、
一、正六日ニ小守、但其日紙袋ハ拙者、かいなさしハ惣中、其内百文ハ大夫分江、
一、正十三日御弓はしめ、池田殿より五斗御供・五升御三木おり候、
一、二はつ馬小守、御とう之儀御公し取指也、若斟酌候ハヽ七度指也、其後さかきゆく也、はつ馬ニハ八か《（日）》
鬼に入より米一斗五升、
一、三せつく小守、くら《（鞍）》谷殿・池田殿両より御下行、
一、四祭礼よひ《（祝）》之宮之儀、御供四斗二升・指鯖拾五くし・くた之もち十五、同たう《（当）》日ニさしいれ五升樽一ツ、
又田はうりより之おり物如此候、
一、五五《（御）》霊会小守、池田殿より五斗御下行、粽十連御三木料候、五月ちうしゅんニ七守仕候、御庄内御こく《（五穀）》
之きねん、
一、九七日小守、御稲荷九日、又神おくりニ小守、御留事ハ神人ひとりニ糯米一升宛、神むかひにハいのこ
兵へよりあかり物有之、
一、日野御前月小守、まへハ上夫料之はつお《（初穂）》に而三人小守候、然共世上よりはつおけたへ《（懈怠）》候て、くら谷殿よ
り小守神田立、それより五人小守也、七月廿五日にハこまいぬの大事お行也、能々口伝有之、
天文拾九年二月廿八日　梅田次郎左衛門尉
平忠経（花押）

正月六日の祭礼、正月十三日の御弓始、二月初午祭、三月節句、四月春祭り、五月御霊会、七月狛犬の行、九月秋祭りなどの行事について、その頭役や御供・下行が書かれており、正月六日には惣中によって「かいなさし」の芸能が奉納されたことがわかる。「かいなさし」について、『日葡辞書』では「神の前で舞ったり歌ったりすること」と訳され、広義的には舞楽や巫女舞など様々な芸能が当てはまる言葉と考えられる。能勢朝次氏はこ

の芸能について、鎌倉から室町にかけて猿楽者・田楽者などによって演じられた、「翁」と同じような意味を持つ舞であると考察された。(23)香西精氏は能勢説を踏まえ、「カイナザシ」を「観衆を予想しないで、ただ祭神にのみ捧げる純粋に宗教儀礼的な神事芸能」と考え、「翁は、正式には式三番の形で演奏されるが、略式には千差万別ともいうべきほど多様な、ほとんど自由な応用演式が行われたもので、今日民俗芸能の中に生き残っている翁の遺風の中にその種々相の名残を見ることができる。」として、翁の多様な応用演式の一種と捉えられた。(24)しかし、具体的に民俗芸能の中に生き残っているとされる「カイナザシ」の事例が示されず、その所作やどのような意味をもった舞であるかは不明である。また、後藤氏は「かいなさし考」の中で、その実態を明らかにすることを試みられ、民俗芸能として伝承されてきた「かいなさし」の所作や近世史料に書かれる事例から、「かいなさし」が祓い清めの意味を持つ芸能であること、猿楽・田楽者以外にも神主・巫女が勤めた例もあることなどを明らかにされた。(25)

稲荷大明神の場合、『須波阿津疑神社年中行事記』などでは、正月六日の「翁之大事」あるいは「式三番」と書かれているので、中世の「かいなさし」は翁と同質の芸能であった可能性が高い。香西説から考えるなら、式三番ではなく略式で翁が奉納されたことになり、正式な演式でないため区別して、「かいなさし」と記述されたと解釈できるだろう。しかし結論を出す前に、「稲荷大明神年中行事次第」の執筆者（祠官梅田次郎左衛門忠経）の、芸能に対する認識について考えなければならない。水海の祭礼芸能は、現在は「田楽能舞」という名称だが、これは近代になってから付けられた名称で、近世史料では田楽・祝詞・阿満の舞・式三番・能などをひっくるめて「式三番ならびに舞楽」と表記されている。一章で掲げた史料をもう一度振り返ってみると、『須波阿津疑神社年中行事記』では、「次舞楽高砂・田村・呉羽」というように、能を舞楽と表記している。池田郷の祠官たちが、能・猿楽を知らないために「舞楽」という言葉を使っているわけではないことは、『越前国名蹟考』に記される、八幡社の祠官原内匠の書付からも明らかである。「かいなさし」は本来、腕をさし上げる動きを表現した言葉で、舞楽の舞の手法を表わす言葉でもあるので、「舞楽」の同意語として「かいなさし」という言葉を用いたとも考えられる。この仮説を実証するには、何故、能ではなく舞楽という言葉を使っていたのか問題になると思われるが、現段階ではまだ明確な答えを出せるだけの史料がない。しかし、越前には鎌倉・南北朝に遡る舞楽面が伝えられており、中世、寺社祭礼で舞楽を勤めるプロの芸能者がいたことは他の文献史料からも明らかなので、この舞楽の芸能者と越前猿楽との関係を解明することで、今後何らかの糸口が見出せるものと考える。(26)いずれにしても、「かいなさし」が一つの特定の芸能を表わす言葉でないことは間違いないので、全国的に事例を比較していくことで実態を明らかにする必要があろう。

さて、「かいなさし」の担い手についてであるが、「かいなさしは惣中」という文言からは、惣中が出演して「かいなさし」を行ったという意味と、「かいなさし」の費用を惣中が負担した、という二通りの解釈ができるであろう。近世には祭礼芸能は村人の出演で行われていたが、ここでは「其内百文ハ大夫分江」とあり、芸能出演料のうち百文を大夫に払うというように理解できる。戦国時代の越前には専業の芸能者がたくさんいたし、田中郷や織田庄の事例(27)をみても祭礼には猿楽者が参仕しているので、この場合も猿楽座が参仕し、大夫に百文が支払われたと考えられる。他の祭礼をみても、頭役や御供の内訳など祭礼の負担費用に関わる記述がされているので、この場合は「かいなさし」の費用を惣中が負担して奉納するという意味でよいであろう。つまり、戦国時代にはプロの芸能者が稲荷大明神に参仕し芸能奉仕していたことになるが、池田の祭礼芸能に参仕していた芸能者の名前はわからない。山路氏の論じられたごとく、大野の宝慶寺門前に住んでいた猿楽者とも考えられるし、既に知られている越前猿楽以外に、池田にも専業の芸能者がいたとも考えられる。ちなみに、稲荷は以前には「院内」といい、(28)この地名は幸若舞が越前田中郷の印内を拠点としたように、芸能者と関係の深い地名といわれる。(29)また、須波阿須疑神社所蔵の天神面裏面には次のような墨書銘があり興味深い。

御神前

御稲荷

元亀二年正月吉日

野尻千代熊丸

野尻は稲荷に隣接する野尻村と考えられ、この能面はそこに住んでいた千代熊丸が稲荷大明神に奉納したものと考えられる。越前に伝来する能面でこのように年号と奉納者名がわかる面は少なく貴重であるが、(30)岐阜県白鳥の長滝寺には近江猿楽の日吉与十郎が奉納した面があるように、芸能者や面打が寺社に能面を奉納する事例は少なくない。千代熊丸がいかなる職業の者であったか不明であるが、越前田中郷では郷内の清水山村に猿楽者が住んでいたと思われ、惣社天王社や織田剣神社に参仕していたと考えられるので、(31)池田庄にも芸能者が住んでいた可能性はある。

次に、祭礼の費用に関してであるが、「稲荷大明神年中行事次第」によれば、鞍谷・池田両氏から米や酒の御供があり、また神田の寄進がされていた。鞍谷氏は、今立郡鞍谷庄に館をかまえた斯波氏の一族で、朝倉氏とは姻戚関係にあった。(32)池田氏は、池田庄を地盤とする国人で、もともと斯波氏の守護代甲斐氏の家臣であったのが、後に朝倉氏の国衆となったといわれる。(33)戦国時代、池田の祭礼に朝倉氏が関わっていたことを示す史料はみられないが、鞍谷・池田の両氏が祭礼に深く関わっていたことを示す史料は他にもみられる。「上島孝治家文書」(34)には、月ヶ瀬村薬師宮の神田に関して出された鞍谷・池田氏の文書があり、古いものでは、文明十五年(一四八三)の「池田時春神事料寄進状」がある。

池田庄之内於月瀬村正瑞庵領宮之前、壱石伍斗之内より弐斗五升、毎年宮廻奇〔寄〕進所申状如件、

文明十五
十月十八日　　　時春（花押）
月瀬村百姓中

これにより、池田氏が薬師宮に毎年巡拝し、神事料として弐斗五升を寄進していたことがうかがえる。鞍谷氏からも永正十六年（一五一九）[35]、十八年（一五二一）にそれぞれ安堵状が出されているが、十八年に安堵状が発給された経緯については、次に掲げる「清覚左衛門・同衛門二郎証状」[36]により明らかである。

永正二年十月八日之らいし本を闕候て、地家へ中絶候間迷惑仕候て、牛玉田を永正参年之歳より此下地を五石弐斗五升米之代ニ永代地家へ参置候、但兄弟と而此らいしもとを本物返に五石弐斗五升之分地家へ出候者、田地を返可給候、殊ニ此就牛玉田候て、従　公方様御不審候間、色々申分候て、御一行を被下候、御礼銭色節ニ四貫弐百文入候、是を地家より御出候間、則御一行を相副候て参候、米五石弐斗五升并四貫弐百文、已上此分をそたて候ハヽ、此田地私方へ可給候、仍為後日証文状如件、

恒安村
清覚左衛門（略押）
同衛門二郎（略押）

永正十八年辛巳三月十三日（日付の位置マヽ）
月瀬薬師堂村人衆御中江
まいる

これは、清覚左衛門兄弟が、薬師堂のオコナイで配る牛玉宝印の礼紙費用を欠いたため、米五石弐斗五升の代として地家へ売ってしまった牛玉田について、本物返で買い戻す旨を記した証状である。牛玉田ということで心配して公方様（鞍谷氏）（斯波政綿）（花押）が一行下されたとあり、これが次の袖判安堵状であろう。[37]

池田庄於月瀬村宗正名之内、壱石三斗田地、在坪甘酒宮前在之、但此内参斗者、油灯明ニ薬師堂へ毎月八日出、并牛玉正月八日十三日両度ニ地下へ出、残壱石之米者、為内徳於末代可進退、仍不可有相違状如件、

永正十八年辛巳三月十三日

恒安村

清覚左衛門男

おそらく清覚左衛門と衛門二郎兄弟は薬師堂の祝のような立場にあり、正月のオコナイで牛玉宝印を配っていたのであろう。月ヶ瀬村では正月八日・十三日の二度、地下へ牛玉宝印が配られたようで、正月十三日といえば、近世に薬師堂で式三番が奉納されていた日である。このことは、オコナイと式三番の祭礼芸能が一連の行事であったことをうかがわせる。(38) 先の証状には、色節への礼銭四貫弐百文も地家に立て替えてもらっていたことが書かれるが、色節とは祭礼で芸能を勤めた専業の芸能者のことと考えられ、(39) 戦国時代には薬師堂の祭礼にもプロの芸能者が参仕していたと推察できる。

薬師堂・小白山社へ寄進された神田については、この後、池田氏も引き続いて天文六年（一五三七）・同八年（一五三九）に安堵状(40)を発給している。朝倉氏は越前の寺社を保護し、神領の安堵や寄進だけでなく、新たに神事能を奉納させたりもしていたが、(41) 池田の場合も、稲荷や月ヶ瀬の様子から鞍谷・池田両氏によって神田が寄進・安堵され、祭礼へ御供が奉られていたことがわかり、祭礼行事の安定継続に関わっていたといえるであろう。池田氏は元亀三年（一五七二）織田方への内通が露呈し、親子ともに殺された。(42) 佐藤圭氏によれば、鞍谷氏も朝倉氏滅亡後は一向一揆によって衰退し、わずかに天正十年（一五八二）の、鞍谷民部少輔・諏方三郎兵衛尉両人宛佐々成政書状によって武家としての存続が確かめられるという。(43) 近世史料をみると月ヶ瀬や志津原には神田がなく、また稲荷や水海なども天正年間に兵火の被害を受けているということから、近世へと移行するうちに、領

主が領地の祭礼行事に積極的に関わり神田が安堵されるという形態は、すっかり変化してしまったのであろう。

おわりに

以上のように、池田の祭礼芸能について現代から中世まで遡って考察してきた。寛永年間の墨書銘を有する志津原の白山神社の能装束・小道具からは、近世初期の祭礼芸能について具体的に明らかになった点があったので、簡単にまとめておこう。①狩衣は墨書銘から裏地が志津原惣中によって仕立てられたことがわかるが、表地の金襴については別に奉納された可能性がある。半切にも市村の庄屋と推定される「岡　茂助」の寄進を示す銘があることから、志津原村の能装束は村人の出費だけで製作されたのではなく、篤志者や芸能者の奉納があったと考えられる。②能装束の中に、水海の田楽で使用されているものと似た作りの仮髪や、同様の仕立ての半切が四腰もあり、志津原でも水海の田楽のような芸能が奉納されていた可能性が高く、御三面に対する信仰や芸能構成には共通性がみられる。③能装束・小道具は様々な組み合わせで使用されるので、志津原の能装束から祭礼芸能の演目を確定することはできないが、唐団扇や羽団扇・篠懸・竜戴などから、唐人・天狗・山伏・竜神などの役柄が登場する曲が演じられていたと考えられる。水海では四曲の演目が伝承されているが、志津原ではもっと多くの演目があったと推定される。④志津原の祭礼芸能がいつ頃まで継続していたのかについては、能面に近世の作品が含まれず、寛永十九年製作の装束が傷んだあと新たな装束が作られていないことなどから、池田郷の中でも、志津原は比較的早く祭礼芸能が断絶したと考えられる。近世中期に祭礼芸能が断絶してしまった背景には、水海などと比べて志津原や月ヶ瀬は村の規模が小さく、『鯖江藩寺社改帳』に書かれるように、祭礼を支える村人の困窮がそのまま祭礼芸能の伝承に影響を及ぼすこととなったのであろう。

中世の祭礼芸能については断片的にしか知ることができなかったが、稲荷大明神の正月六日の祭礼芸能について、近世には村人の出演によって芸能が奉納されていたが、中世には専業の猿楽者が参仕し出演していたと考えられること、また「かいなさし」と呼ばれる芸能が奉納されていたことなどがわかった。しかし、この「かいなさし」が具体的にどのような芸能であったのかは今後の課題として残った。経済的な面から祭礼芸能についてみると、中世には鞍谷氏や池田氏が池田庄の祭礼芸能に深く関与しており、領主からの御供の寄進や神田の安堵が祭礼の継続を支えていた。しかし近世に入ると、祭礼芸能は費用・出演者の両面で村人負担となり、村の規模と経済状態がそのまま芸能存続に反映されるようになったといえよう。池田の祭礼芸能の変遷からは、現在まで脈々と伝承されてきた水海の田楽能舞も時代の変化を受けていることがわかり、また断絶してしまった祭礼芸能からは池田の芸能が盛んであった様子とともに、祭礼芸能継続の難しさが知られるのである。

注

(1) 本田安次『能及狂言考』(能楽書林、一九四三年)。
(2) 後藤淑『中世仮面の歴史的・民俗学的研究』(多賀出版、一九八七年)、同『能楽の起源』(木耳社、一九七五年)。
(3) 山路興造「中世山村における祭祀と芸能—天竜川沿いと越前の小祠・小堂を中心に—」(『芸能史研究』六八号)。
(4) 水海の祭礼芸能の現状については、『能楽の里』(「水海田楽能舞」保存会・池田の文化を守る会、一九八六年)を参照。
(5) 山路興造氏は「水海田楽・能舞の歴史的土壌」(『能楽の里』八号)の中で、水海の祭礼芸能は田楽と能という二つの芸能で構成されているが、「田楽能舞」の名称では、「田楽能の舞」というふうに誤解を招く恐れがあるとして、この名称に疑問を呈しておられる。本来は「田楽・能舞」とすべきであろうが、本稿は水海の祭礼芸能を中心に取り上げるものではないので、そのまま重要無形民俗文化財の指定名称を使用した。
(6) 『越前池田の古面』(池田町教育委員会、一九九〇年)
(7) 山路前掲注(3)論文。

（8）翁・父尉・三番叟の三面を天照大神・八幡・春日として祭祀する形態が、いつごろ池田に浸透したのかを示す史料はない。山路氏は「翁猿楽考」（『翁の座―芸能民たちの中世』、平凡社、一九九〇年）の中で、神前に安置された翁面を付け神の影向とするパフォーマンスが猿楽者によって作られ、南北朝から室町にかけて各地に定着させていく過程で、猿楽者側のものであった翁面に信仰的要素を付加して御扉の奥に祀らせたと考察する。

（9）「廣瀬組寺社道場改帳」（『池田町史　史料編』、一九八二年）所収。

（10）『鯖江藩寺社改帳』

禅宗越前国大野郡宝慶寺末寺　神力山　阿弥陀寺

（中略）

寛文五年書上候留書之写

乍恐以書付申上候

一、池田之庄水海村神力山阿弥陀寺は、鎌倉西〔最〕明寺殿菩提所ニて御座候、西明寺殿諸国修行之時、於此処越年被成候処ニ、村之年寄とも委細は不存候へ共、殊勝なる修行者ニ御座候故、庵を八幡宮之脇ニ結て、御馳走申上候、其時西明寺殿弥陀之木像をきさませ、則自身之御影と被成候、此儀は西明之二字ニ因て歟、依之八幡を鎮守と被成、山号を神力山、又弥陀之木像によりて寺号を弥陀寺と御名ケ被成候、是則牌所之験ニて御座候、

一、西明寺殿帰国被遊、越年之間致御馳走たるもの共、鎌倉へ被召出、所領被下候、殊ニ弥陀寺・八幡えハ、御自筆ニて御朱印被下候、依之弥陀寺・八幡いつれも大伽藍ニ建立仕候、只今は其時之石口計相残り申候、

一、毎年正月十五日、八幡之拝殿ニ幕を張り、翁御座候、是ハ西明寺殿之御祈禱ニて、于今断絶無御座候、此時之幕ニも、西明寺之三字を白字ニあらわせ申候、最早弐・三百年も已前之ものと相見へ申候、

一、毎年八月十五日、八幡之祭礼ニ神輿御出被成候、此時も西明寺堂を三通御廻り被成候、是則先例ニて御座候、

一、御朱印・御墨印数度雖致頂戴、一揆之時分諸堂と共に烟焼仕候、其証跡于今御座候、西明寺堂・八幡宮えハ、三度迄放火仕候得共、終ニ焼不申候、此不足ニ堂之柱を二刀迄切候へ共、不焼して、其柱今に御座候、右之旨、殿様え被仰上之、忝可奉存候、

寛文五年巳四月十二日　水海村　弥陀寺

御奉行所

（中略）

一、八幡宮　座像　長壱尺六寸計　木像　九尺四方　くれ葺　神職　原内記

獅子頭弐　鼻長面弐面　駒犬大小四ツ

神鉞弐振　木鉾四本

前殿　五間ニ六間　萱葺

神鏡一面　大鈴壱　太鼓壱ツ　神輿壱ツ　額五枚

最明寺堂　本尊　長六寸計　木仏　九尺弐間　萱葺

（中略）

田五畝歩計　御供田

是ハ往古より高外ニて、神職之者支配ニて御座候、

畑四畝歩計

是ハ往古より高外ニて御座候、

此扞米武佐升五斗　前々より正月十五日翁役人え渡シ来候、只今内記居屋敷ニ仕候得は、右米五斗、翁役人方へ毎年内記方より、従先規相渡定ニ御座候、

高五石弐斗三升　祭礼入用高

是ハ御年貢地ニて、神職内記支配仕米、武佐米三石弐斗ツ、出之、八幡宮年中神事入用ニ仕候、

右米三石弐斗之訳

五斗ハ、正月十五日三番三役米、

壱斗ハ、同日なるわひ役米、

壱斗ハ、同日あまでんがく役米、

壱石壱斗ハ、二月十五日　花見頭入用米、

但、神職之者頭仕来候、

壱石壱斗ハ、八月十四日頭入用米、

三斗ハ、十月十五日相模講入用米、

〆三石弐斗先規之通出之、祭礼仕定ニ御座候、則右五石弐斗三升之御年貢・諸役、従先規村中相勤来申候、

（下略）

(11) 山路前掲注(3)論文。

(12) 五斗を三番三（三番叟）役一人へ充てられたとも解釈できるが、これでは、三番叟役の下行のみ計上されていることになる。翁や三番叟を勤める三人が精進潔斎するための別火料も五斗であるので、「三番三役」は式三番を勤める三役のことで、三役合わせて五斗下行されたということであろうか。

(13) 『鯖江藩寺社改帳』

一、正一位惣社稲荷大明神　吉田派唯一神道 神主　梅田長門
祠官　同　豊後

池田四十八ヶ村之惣社

後鳥羽院御宇、文治年中、池田庄惣社勧請之、其後中絶之砌、当国之太守朝倉英林之嫡孫貞景公、社頭弁三重塔・輪蔵・鐘楼等、末社数多再建、然処元亀・天正年中、為兵火、神輿・神宝・縁起・旧記等迄悉及滅亡、一宇相残、漸慶長五年拝殿造立、従然至于今恒例之祭礼無怠慢、殊正月六日、四月二ノ卯ノ日、九月七日為神事、天下泰平・国家安全之祭祀未曽止、依之四月二ノ卯日、惣氏子参集、盡精誠欽敬之者也、

（中略）

一、三社神面三ツ　獅子頭　駒犬　往古より伝来、

(14) 『池田町史　史料編』（池田町、一九八二年）所収。

(15) 『文化財調査報告　第二十五集』（福井県教育委員会、一九七五年）。

(16) 現在、能面・能装束類は志津原区の所有となっているが、御三面をご神体とする信仰が厚く、近年では能装束についても閲覧が難しい。二月十七日の「お面様まつり」に能装束と道具類のみ調査閲覧を許可していただいた。能面については閲覧していないので『越前池田の古面』（池田町教育委員会　一九九〇年）を参照した。

(17) 神谷家は既に志津原村から転出しているが、もとは白山神社の神主家と伝えられる。池田町教育委員会文化財審議委員長三ッ本義博氏よりご教示を得た。

(18) 『福井県史』資料編六、岡文雄家文書、六五三頁。

(19) 元禄四年（一六九一）の「村明細」（『池田町史　史料編』、池田町、一九八二年）から作成した。現在、池田町に入らない村および新田については省略した。

(20) 能装束・小道具の分類については、『能狂言事典』（平凡社、一九八七年）・『岩波講座能・狂言　別巻能楽図説』（岩波書店、一九九二年）を参照した。

(21) 池田町教育委員会文化財審議委員三ッ本義博氏よりご教示を得た。明治二十五年に氏子惣代神谷与市氏によって写されたことが奥書からわかるが、原本の所在等については不明。

(22) 『福井県史』資料編六、須波阿須疑神社文書、六六五頁

(23) 能勢朝次氏は「田楽攷」（『能楽源流考』岩波書店、一九三八年）で、「かさなさし」について、猿楽・田楽者が共通して演じた芸能で翁式三番のようなものと解釈できる事例もあれば、翁とは考えられないものもあり、何れも「神前法楽の簡単な舞」であることは想像し得るがそれ以上は判明しない、としている。

(24) 香西精『世子参究』（わんや書店、一九七九年）。

(25) 後藤淑『続　能楽の起源』（木耳社、一九八一年）。「かいなさし」を祓い清めの意味を持つ神事的な舞とする後藤説から考えれば、ちょうど水海の鵜甘神社で奉納されている、連中の舞（れんじの舞）・祝詞・阿満の舞などがイメージされる。しかし、それらを「かいなさし」と呼んだ例はないし、稲荷大明神で水海のように田楽や舞が奉納されていたことを示す史料も道具類もない。

(26) 越前には、鵜甘神社（南条町）の王の面や、加多志波神社（鯖江市）の追儺面をはじめとして、熊野神社（南条町）、八坂神社（朝日町）など、舞楽や行道に使用された仮面が多数伝来する。須波阿須疑神社にも中世の特徴を持つ古様の獅子頭が伝来している。これらを使用した芸能については不明の部分が多い。「大谷寺八講会注文案」（永徳四年（一三八四）、『朝日町誌』資料編2）、「大滝寺寺庫収納田数帳」（『福井県史』資料編六）などから、大谷寺や大滝寺では舞楽が奉納されていたことがわかる。「舞師」・「楽人」と書かれるのでプロの芸能者と考えられるが、同時に祭礼へ勤仕していた越前猿楽との関係など具体的な活動はわからない。

(27) 織田庄剣大明神の場合、「織田剣大明神納米下行分注文」（享禄元年（一五二八）、『織田町史』）には、「参石　猿楽之禄物常楽会之時ニ」・「参貫文　常楽会ニ猿楽之禄一貫文ハ料所ノ百姓中、一貫文ハ本所ノ百姓中、一貫文はあいもんかたより、」・「弐貫文　卯月ノ御神事ニ猿楽ノ禄銭、此外ニ」とあり、常楽会や卯月ノ御神事に猿楽者が参仕していたことがわかる。

(28)「池田領大工所村々定」（慶長十一年三月十八日付、『福井県史』資料編六）には「印内村」とある。

(29)田中郷の印内は越前幸若舞の拠点であり、江戸時代には桃井氏を出自とする由緒を作り格式を誇った幸若舞も、実際には、声聞師や舞々などが住むとされる印内に住んでいたことから、諸国に存在した舞々と同様であるといわれる。この幸若舞については、室木弥太郎「幸若と舞々」（『国語と国文学』八月号、一九五七年）、山路興造「舞々考—地方の舞々を中心に」（『芸能史研究』一四一号、一九九八年）等を参照。

(30)今庄町鹿蒜田口神社の翁面裏には「景秋」の墨書銘があり、大谷寺伝来とされる個人蔵の翁面にも花押が墨書されるものがある（福井県立一乗谷朝倉氏遺跡資料館企画展図録『朝倉氏と戦国を生きた芸能者たち』参照）。志津原の面にも花押のあるものがある。

(31)拙稿「朝倉氏と芸能—幸若舞を中心に—」（『越前朝倉氏と一乗谷』、高志書院、二〇〇二年）。

(32)佐藤圭「戦国期の越前斯波氏について(上)・(下)」（『若越郷土研究』四五巻、四・五号）

(33)松原信之「越前国池田庄と池田氏」（『福井県地域史研究』十号、一九八九年）、同『越前朝倉一族』（新人物往来社、一九九六年）。

(34)『福井県史』資料編六、上島孝治家文書、六一九頁。

(35)上島孝治家文書の袖判安堵状については、松原信之氏らによって、鞍谷氏の文書と判断されてきた（前掲注(33)論文）。佐藤圭氏は前掲注(32)論文の中で、これらの袖判安堵状の花押が、「上杉文書」の斯波政綿書状（『新潟県史資料編3中世一文書編Ⅰ付録』）の花押と一致することから、袖判安堵状の発給者が奥羽地方と交流のあった斯波政綿（鞍谷氏）であると比定された。

『福井県史』資料編六、上島孝治家文書、六二〇頁。

（花押）（斯波政綿）

池田上庄之□（内）月ヶ瀬薬師堂之神田之事

壱段　□□□□（おこない田カ）

半　九日田

弐百文本　修理田

如先之為取沙汰、於末代ニ不可有相違□（状）如件、

永正拾六年八月二日
　　　　　　　月ヶ瀬
　　　　　　　恒安　村人中□

(36)『福井県史』資料編六、上島孝治家文書、六二〇頁。

(37) 飲田廣助家文書の「良円名代職譲状」(『福井県史』資料編六)は、上島孝治家文書の一連の袖花押と同じ裏封花押を持つが、文面には「但　御公方様之御年貢御服諸納所等、何も致其沙汰持可申候、」、「御判致頂戴候上者、於孫々不可有違乱煩者也、」とあり、公方様は鞍谷氏を指していると思われる。

(38) 水海村では現在でも、田楽能舞奉納二日前の十三日に、オコナイ行事の「棒ちぎり」がある。しかし、この行事は『鯖江藩寺社改帳』からもわかるように、もとは芸能奉納と同じ十五日に行われていた。山路氏も池田の翁舞は「その月日から考えて、祭礼というよりオコナイと考えた方がよいのかもしれない。」と考察される(前掲注(3)論文)。

(39)「越知山年中行事」(文明十年(一四七八)、『朝日町誌』資料編2)では、三月三日の祭礼に参勤した芸能者を、「色節」と記述している。拙稿「戦国大名朝倉氏による芸能の保護と越前猿楽」(『芸能史研究』一六一号)。

(40)『福井県史』資料編六、上島孝治家文書、池田慈眼安堵状・池田景明安堵状、六二一～六二二頁。

(41) 朝倉孝景は神明社を再興し五月五日に神事能を奉納している(拙稿前掲注(39))。

(42)『朝倉始末記』などによれば、池田隼人は織田信長に内通し、小谷城大嶽へ攻め込む合図の狼煙を揚げたが、計画に失敗し頚をはねられ、謀反人の子として越前にいた六歳の息子も殺害された、とみえる。

(43) 佐藤前掲注(32)論文。

〔付記〕能装束の閲覧については、池田町志津原区および池田町教育委員会より格別の御高配を賜わりました。また本稿作成にあたり、諸先生方から有益な御教示をいただきました。記して御礼申し上げます。

武蔵国幕閣大名領における祭礼の振興

薗田稔
髙橋寛司

はじめに

一　徳川幕府と江戸天下祭

二　岩槻藩主阿部重次と久伊豆明神例大祭

三　川越藩主松平信綱と川越氷川祭礼

四　忍藩主阿部忠秋と秩父祭り

おわりに

はじめに

これまで江戸の「天下祭」といえば、江戸城に入り、将軍上覧を受けた山車祭りが「天下祭」であるかのようにとらえられていた向きがある。確かに「天下祭」と呼ばれるために山車祭りが将軍の上覧を受けることが絶対条件とあれば致し方ないが、近世初期における状況から、山王権現と神田明神に対しては、将軍・幕府から祭礼道具の奉納という特別な扱いがあったことがわかっている。江戸天下祭りの始まりとして、山王祭は元和元年(一六一五)江戸城に入ったこと、また、神田祭は元禄元年(一六八八)に将軍の上覧を受けたことによるなどとされているが、これらの祭礼において祭礼道具の奉納という観点から見てみると、さらに早い時期から将軍・幕府御用の祭礼が始められていた様子が浮かび上がってくる。

また、この祭礼における実際の指揮総責任者の立場にあった幕府老中のうち、将軍家光の小姓から若年寄の前身である六人衆を経て老中となった阿部重次・松平信綱・阿部忠秋は、同時に江戸初期において江戸城を守る要害であった武蔵国内に置かれた岩槻・川越・忍の城主となったが、領地確定ののちにそれぞれが城下ならびに藩領の総鎮守において、旧来から続いていた例大祭に祭礼道具を寄進し、藩主導の祭礼に変化させて神幸祭行列を行ない大祭礼化を図ったと思われる経緯が見えてくる。

本稿では、彼らが企図したこれら都市祭礼の振興の契機について考察してみたい。

一　徳川幕府と江戸天下祭

いわゆる天下祭の行なわれる山王権現は、城内紅葉山から慶長九年（一六〇四）ごろ、江戸城の拡張工事に伴って城内紅葉山から半蔵門外麴町隼町に遷座されたとされる。山王権現は紅葉山鎮座当時からこの遷座によって徳川将軍家の産土神が名実共に江戸市中の共有の産土神・江戸郷の総氏神となり、将軍家への親しみを得ることに繋がった。この社には、楼門・石階・鳥居・社殿・別当と神主の屋敷などがもうけられたが、あとであげる神田明神の奉納品の具体例から見ても、このとき祭礼道具等一切も揃えられたと見てよい。このことは、『徳川実紀』の寛永二十年（一六四三）五月十四日の条にも、山王権現は幕府より祭具新調のため銀千枚を賜っていることが見え、(1)同社の祭礼道具は幕府の費用で賄われていたことは確かである。

なお、背景として、山王権現の祭礼とは直接関係はないものの、遷座と同じ慶長九年には、将軍によって行なわれた祭礼として、八月十四・十五日、亡き豊臣秀吉を祀る京の豊国大明神において秀吉の七回忌にあたる臨時祭礼が行なわれた。この臨時祭礼の指示・祭次第の決定が在京中の将軍家康によってなされ、神事に続いて、金の御幣と御榊・狩衣指貫の供衆百人・神主たちの乗った騎馬二百騎で祭礼行列が行なわれた。この時の馬は豊臣縁故の大名小名に役として命じられた。この後、田楽・申楽・新儀能があり、行列の見物の群集、大勢の参詣者があり、翌日は京の町人による風流踊りがあり、踊衆五百人・京惣誓固衆五百人・床机持ち五百人により内裏や境内で踊りが披露された。これらの様子は、重要文化財「豊国祭図屛風」に描かれている。(2)

また、同じ年の七月十七日世子秀忠に男子が誕生し、家康の幼名竹千代が与えられ、『徳川実紀』の同年十一月八日の条に「山王の社に御詣初あり(3)」と記されるように、のちの将軍家光が山王権現へ産土参りをした年でもあった。

山王権現は明暦三年（一六五七）の大火により罹災、万治二年（一六五九）に赤坂溜池を臨む現在地の永田町星が岡に遷座した。この翌年には山王祭が再開されることから、この遷座の際にも祭礼道具の寄進がなされたことと思われる。

先にも触れたように神田明神には、元和三年（一六一七）に将軍秀忠による社殿の造営の節、次のような「御祭礼道具並びに御湯立神楽御道具」の寄付が行なわれている(4)。

御祭禮道具並御湯立神楽御道具、元和三年御造営之節御寄付有之品、左之通、

神輿	二社
榊之臺	一
鉾	二本
轅　翠蓋　半畳共、	一挺
夏冬束帯装束　但冠　太刀共、	一人前
衣冠装束　但同断、	十人前
布衣装束	十二人前
素袍袴	百人前
白張	四百三人前
八徳	十六人前

朱傘　但袋共、　一本
太鞁　大小共、　五ツ
獅子　但幕共、　両頭
田楽装束　但花笠・鞨鼓、
　びんささら共、　四人前
鼻長装束　但鳥甲・手鉾共、　二人前
五色幕　二張
布衣装束　但烏帽子共、　八人前
巫女装束　二人前
半臂大口　但鳥甲・上着共、　二人前
太鞁　大小　二
鈴調拍子笛　二通
湯立釜　三

この寄付の内容から、神田明神についてもこの年以降の祭礼は、幕府によって調えられた祭礼道具という、いわばお仕着せを着けた幕府御用の祭礼になったことを示すものと考えられる。

山王・神田の両祭礼は、徳川家康の江戸入府当時、船による渡御が行なわれていたというが、まさにこの両社社殿建立に併せた祭礼道具の奉納時が天下祭・御用祭への転換期であったと考えられる。

次に当時の江戸を考えてみると、近世初頭の城下町の町人というものは、城主の意向に副ったかたちで招集せられた商人・職人たちという特殊な集合体であったため、城下および領内の経済活動の庇護を受けた、いわば藩に仕える武士と同じく藩に仕えた商工業者であった。さらに、城下内なら自由に店・細工所・住居を構えられたのではなく、まず、城の周縁部に藩士の屋敷、城下町の外縁部には防衛施設の意味を持たせた寺院の配置があり、この中間部分に木戸を設けた町割をして、同業職種ごとに町が構成されるというものであった。町人といっても、近世初頭の城下町における町人は、現在の我々が想像する町人のイメージとは大きく違っていた観がある。つまり、城下町において、城主の決めた総鎮守の氏子を表明することは、城下町に住む武士や町人にとって城主への恭順の意を表すことであり、ある意味、義務であったと思われる。

天下祭・御用祭の本質は、祭典や神幸祭に使用される祭礼道具を誰が調えたかということと、誰の主導で祭祀が行なわれて神幸行列が仕立てられたかに関連する。神幸行列本来の主役である神輿等の祭礼道具を奉納することは、多くの領民に観られることを十分に意識し、その祭礼道具で仕立てられた神幸の供奉を家臣や町人に命じて行なわせることが、総鎮守への惜しみない崇敬の心と合わせて領主自身の権威の誇示を意味していた。よって、将軍お膝元の江戸においては、当然ながら、その当事者は将軍・幕府でなくてはならなかった(5)。

また、新しい町割によって同業職種という名目でにわかに集められた構成員によって成立した町において、迅速に町内の組織化を図らせる上でも、祭礼組織を作ることによって町内組織への移行も容易にし、何よりも祭りを興すことによって町内の一致団結を助長し、祭りの結果によって、城下各町町人の意思統一が図られるという効果をもたらしたと考えられるのではないだろうか。

こうして江戸において、将軍・幕府によって行なわれてきた総鎮守の祭礼振興ともいうべき施策は、確実に功を奏したことから、これを実際に運営管理に携わった幕府重臣や神幸行列に供奉した諸大名は、それぞれ為政者としての民政の方策として認識し、移封・築城・藩領確定等を契機に、城下や藩領の総鎮守に祭礼道具を寄進することで、それまでの例祭を再編成して、為政者としての祭祀の厳修と寄進した祭礼道具を使った一段ときらびやかな神幸祭を観せて、領民に権威を誇示し、しかも、新興の各町に神幸の供奉を命じて祭礼組織を作らせることで、併わせて町の組織化を図らせたのである。

さらには、こうした立場にあった人たちは、人に観られる祭礼にすることが及ぼす様々な波及効果について、すでに気付き始めていたのではないだろうかということである。つまり、将軍の仕立てた神幸祭に供奉することや、さらには、上覧を受けることで、江戸城下の町人としての意識を高めたばかりでなく、山車を含めた付け祭りに町人たちが経費を投じることによって生じる城下の経済波及効果、さらには、この祭礼を観ようとする見物人の多さと、この見物人が市中にもたらす経済効果を十分認識していたからこそ、自藩においても是非試してみたいと考えていたのではないだろうか。

そこで次章からは、これら家光の小姓から勤め、幕府老中という立場で、江戸に最も近い要害でもあった武蔵国内の岩槻・川越・忍の各城主となった阿部重次・松平信綱・阿部忠秋を取り上げ、これら幕閣大名領において彼らの行なった祭礼の振興についてみてみたい。[6]

二　岩槻藩主阿部重次と久伊豆明神例大祭

阿部重次は、のちに岩槻藩主・大坂城番を勤めた阿部正次の次男として慶長三年（一五九八）に生まれたが、養子に出されたものの、寛永五年（一六二八）兄政澄の死去により阿部家の嫡子に戻された。寛永九年（一六三二）には家光側近の御小姓組番頭となり、翌十年には松平信綱・阿部忠秋・堀田正盛・三浦正次・太田資宗と共に六人衆として幕政に参加することになった。

岩槻城には、重次の父正次が寛永元年（一六二四）九月[7]に小田原城から五千石の加増を受けて五万五千石で移封されたが、実際、城主としての在城期間は一年半ほどで、寛永三年（一六二六）四月に大坂城番に任ぜられたため、以来、岩槻城に戻ることはなかった。

重次が父の後を継いで岩槻城主になるのは、十二年後の寛永十五年(一六三八)で、この年、重次は四月に父の関東における領地の四万六千石を受け、それまでの領地と合わせて五万九千石を領して岩槻城主となり、十一月には幕府老中に任ぜられている。よって、重次は父の後を継いで城主になったとはいえ、それまでは嫡子に復した寛永五年から御小姓組番頭となる同九年までのせいぜい四年ほど居城した程度で、その間も江戸屋敷にいた可能性もあり、決して馴染み深い地というわけではなかったと思われる。

しかし、岩槻城主となったばかりか幕府老中となったからには、幕府重臣としての経費を捻出するためにも、城下の整備や町人を掌握して商工業を盛んにし、藩領からの税を上げなければならなかった。

岩槻(当時は岩付)の久伊豆明神(宮町　久伊豆神社)は、欽明天皇の時代(五三九~五七一)に土師氏によって開拓の神である大己貴命を出雲国より勧請して創建されたと伝える。その後、長禄元年(一四五七)に太田資長(道灌)が城を築いた時に霊験があり、岩槻城の乾にあたる久伊豆明神を軍事を祈る神として社殿を再興したという。このころの久伊豆明神はかなり荒廃していたようで、久伊豆神社の由緒でも太田資長を中興と記している。ちなみに、資長は陰陽道による乾の神を城の鎮守として大切に祀った形跡が見られ、当社のほかにこの年並行して築城したとされる川越城においては乾にあたる氷川明神を、江戸城においても川越の氷川になぞらえて乾に津久戸明神を勧請している。その後、天文十九年(一五五〇)岩槻城主太田源五郎資正が再建し、以後岩槻の総鎮守として歴代の城主より厚い崇敬を受けていたが、明治八年(一八七五)の火災により、多くの奉納品や史料を焼失している。ただし、焼失を免れた社宝の一つに寛永九年(一六三二)に阿部重次奉納の螺鈿鞍があり、現在は県の有形文化財に指定されている。(8)

この久伊豆明神の例大祭は、まさに重次が城主となった年の九月十九日に始まったと伝えられるもので、当初の付け祭りは屋体・ねり物・踊狂舞などであったと伝えられていることから、当然、神幸祭が行なわれていたと考えられるが、重次による神輿の奉納はなぜか四年後の寛永十九年（一六四二）と伝えられている。ただし、それ以前の状況および初期の発展過程については残された史料がなく不明である。

江戸後期になると、神幸行列は明戸口を通り、岩槻城裏門より城中へ入り、広小路に据えられて祈禱神楽が行なわれたという。また、かつては神幸行列が岩槻十万石の格式を持つ大名行列として行なわれ、日光の「赤奴」・甲府の「白奴」と並んで日本三奴といわれた八十名もの若者による「黒奴踊り」を先頭に、金紋先箱・大傘・御弓組・毛槍・神輿・駕籠・警護が並び、その後に手古舞、各町内の山車などで、宿内を練り歩き、行列は延々二十余町も続いたと伝えられる。

前日は、城代・家老・御用人・寺社奉行・町奉行・横目衆が、明戸口を通って久伊豆明神に参詣した。また神幸行列を、神前では御歩行目付・町役人、城内裏門では寺杜・町奉行・御横口衆、二の丸では城代・家老・御用人が出迎えたという。この祭礼のために、人足五十一人が、岩槻九町と五ケ新田から出されたという。まさにこの例祭は岩槻城下を挙げての盛大なものであった。

しかし、黒奴踊は昭和八年（一九三三）に、神幸祭は諸般の事情で昭和二十九年（一九五四）を最後に中止され、現在は久伊豆神社で行なわれる例大祭のみになっている。(9)

岩槻城下には、応永二十二年（一四一五）の『市場之祭文』にも記載される「岩付ふち宿（冨士宿）」「岩付くほ宿（久保宿）」(10)という中世から続く市があり、地域の物産の集散地として、さらには当時、日光御成街道の重要な宿場となったことなどを最大限に利用して、神輿等の祭礼道具の寄進を契機に、城下総鎮守の祭礼を自ら藩を挙げて振興することで、城下町人を始めとする領民の人心掌握と城下への経済波及効果を促すことを目論んだと考えられる。結果として昭和初期に至るまで、地域の大祭礼として広く認知され、現在の岩槻の発展に大きく寄与したことは事実である。

なお、重次は老中在任中の慶安四年(一六五一)四月、病没した将軍家光に殉死している。

三　川越藩主松平信綱と川越氷川祭礼

松平信綱は慶長元年(一五九六)に武蔵国羽生領代官大河内金兵衛久綱の長男として生まれたが、慶長六年(一六〇一)に江戸城において家康に近侍していた叔父の松平正綱の養子となり、慶長九年(一六〇四)に家光が生まれると小姓の列に加えられた。元和九年(一六二三)小姓組番頭になり、同年家光上洛に従い従五位下伊豆守に叙任された。寛永四年(一六二七)八千石の加増により一万石となり大名に列した。寛永九年老中並になり、寛永十年阿部忠秋・堀田正盛・三浦正次・太田資宗・阿部重次と共に六人衆として幕政に参加することになった。同年一万五千石の加増を受けて三万石で武蔵国忍城主になった。寛永十二年土井利勝・酒井忠勝・阿部忠秋・堀田正盛と共に老中となった。寛永十四年島原の乱討伐の将として派遣され、寛永十五年島原城を落城させ、その功により寛永十六年正月五日川越城に移封となり六万石になった。正保四年(一六四七)加増により七万五千石となる。慶安四年の家光の死後も、老中として幼い家綱を補佐し、幕閣の中心となった。寛文二年(一六六二)三月、老中を辞した後に逝去している。

川越の氷川神社は、縁起によると第二十九代欽明天皇の八年に足立郡に鎮座する氷川明神を遷したとされる古社であるが、長禄元年(一四五七)に扇谷上杉持朝の命により家臣の太田資清・資長親子が築城した川越城の乾の位置(北西)に鎮座していたのを奇瑞として、城の守護神として崇敬するようになった社である。資長は乾の神として江戸城では川越氷川明神になぞらえて津久戸明神を奉斎し、(11)岩槻城では久伊豆明神を再建している。以来、氷川明神は歴代の川越城主の厚い崇敬を受け、江戸時代においても歴代藩主から寄進・造営を受けている。

川越氷川祭礼は、古代より旧暦九月十五日を厳修して祭祀を行なってきたようであるが、神輿の渡御は行なわれていなかったようである。往時は、神職による祭儀のほか、神前で歌舞を奏して神を慰める神遊びとしては、現在も行なわれている神楽舞程度はあったと考えられるが、それ以外の付け祭りは、榎本弥左衛門が記した『万の覚』の「あやつりか、さゝらか」（傍線筆者）[12]や『新編武蔵風土記稿』の「昔は田楽・角力などを興行せしが」などという伝聞的な記述に頼るのみである。

『武蔵三芳野名勝図会』には、慶安元年から神輿の巡行があったと記されるが、この書が享和元年（一八〇一）にまとめられたことを考えると、信綱の神輿等の寄進をそのまま巡行があったものと解釈したと思われ、榎本弥左衛門が記した『万の覚』の記載は弥左衛門自身が記した承応二年（一六五三）当時までの見聞したことの覚え書きという差を考えると、やはり、慶安四年が最初と見てよいのではないだろうか。『万の覚』には、

川越町氷川明神にまつり初りしは、慶安四卯年九月廿五日に、まつり渡り初り申候、此起りは、此年、大袋新田、おくとみ本村田畑大にあたり申候故、おくとみにてもおどりをいたして候て、松平伊豆守様御家老和田理兵衛様、其外御年寄衆・代官衆よび候て、御見物させ申候、其後、御城三ノ丸にて知行ノわり付を被成候時、今迄、川越程の所に、何のまつり事なき事いたづらこととて、あやつりか、さゝらか、何ぞ仕候はづが引かへて、九月十八九日より俄にまつりに成、したく仕候て、廿五日にわたり申候、是がはじめ也、是は取あへず仕候に依、九月廿五日也、其後は九月十五日に極り申候、

とある。これによると氷川明神の祭りは、川越藩の家老等重臣が豊作祝いの踊りを見たことを契機としている。武蔵野の畑作地であるこれらの村で、藩の重臣たちが踊り見物するほどの豊作とは何であったのだろうか。確かに信綱は、これに先立つ慶安元年に領内の総検地を行なっているが、換金作物の栽培奨励の具体例は『万の覚』慶安四年の「一田に大麦を川越ニ而まき初り候、松平伊豆守様おしへ故川越永代之徳分也、」と記されてより以

降であり、さらに、武蔵野開発の要となった玉川上水からの分水である野火止用水の落成は、四年後の承応四年（一六五五）である。[13]

慶安四年の豊作や踊り見物を否定するものではないが、同年、麦秋の最中の四月二十日、将軍家光が病没している。時に幕府老中として幕閣の頂点にあった信綱は、四月に家光が病の床に臥すや昼夜殿中に詰めて寄託の命をこうむったとされ、六月には家光の霊屋を上野寛永寺に造営する奉行となり、七月には由比正雪・丸橋忠弥等が幕府転覆を企てた慶安事件を未然に収めるなど、将軍代替わりの幕政遂行に多忙であった。これらの背景から豊作祝いの踊り見物を契機としたという話だけは疑問が残る。

そこで、慶安四年の神幸祭開始の理由を、あくまで筆者の類推ではあるが次のように考えてみたい。

松平信綱が忍から川越に移封になるのは寛永十六年一月五日のことであるが、前年の大火により川越城をはじめ城下の大半を焼失したにもかかわらず、前城主であった堀田正盛による仙波喜多院および川越東照宮の再建のほかは、慶安に至るまで復興の槌音の様子を記したものが余りにも少ない。このことは恐らく老中内で数年ごとの移封が続いていたこともあり、また、江戸においては同十六年三月には寛永寺炎上、八月には江戸城本丸の焼失等が続き、これらの再建や幕府諸制度の制定といった老中として幕政を優先させていた時期と見るべきであろう。よって、この間は藩士の多くを未整備の川越城下に居を構えさせるというよりも、幕政中心に江戸詰めにさせていたと考えられる。その後、正保四年（一六四七）七月、一万五千石の加増を得たことによって所領が確定したとして、ようやく本腰を入れて城下町ならびに藩領の整備にとりかかったものと考えられる。

こうして迎えた慶安という時代は、四年半ほどの短い期間ながら、川越藩としても画期的な時代であった。まず、慶安元年（一六四八）に領内の総検地を行ない、荒川の水害から川島領を守るために大囲堤を築造させた。さらに同年、信綱により神輿が造営寄進されたことは、元禄七年（一六九四）城主となった柳沢吉保が社殿を建立した元禄九年（一六九六）の棟札の裏に次のように記されている。

武蔵国入間郡山田庄三芳野河越惣鎮守　　慶安元戊子年神輿造営城主松平伊豆守寄進之

大己貴尊　　脚摩乳神　　人皇三十代欽明天皇即位八年辛酉秋鎮座

當社乃神五座　素盞鳴命

奇稲田姫神　手摩乳神　　祭九月十五日

川越城については、水村家文書の『万日記（抄）』寛延二年（一七四九）に、「川越御城之事」として「慶安三年寅ノ年御城築キ初り、同明暦二年之比迄ニて出来仕候、」とある。また、この築城のために慶安四年に整備されたのが新河岸川舟運の上新河岸・下新河岸の河岸場で、(14)ここまで築城や家屋建設のための資材を江戸から船で運搬し、城下へ運び入れたと考えられる。

城下町においては、水村家文書の『御伝馬町六町人馬半高免除嘆願書』文久元年（一八六一）に、「私共町々之儀者、慶安度町割被仰付候砌より」と上松江町・本町・江戸町・高沢町・喜多町・南町の六町については慶安期に町割りが行なわれたことを記している。(15)また、十ヶ町の成立は慶安四年とされている。

さて、慶安四年の川越氷川祭礼であるが、信綱にとって、単なる思い付きだけで新たに神幸祭を開始し、大祭礼化を図るほどに、身辺の状況から見ると決してふさわしい年ではなかったことは明らかである。この年、将軍家光の薨去により六月十五日の江戸山王祭の本祭は、当時の将軍の死による鳴り物停止は五十日とされるが、これより後の日程であるにもかかわらず延期となっている。これは他でもない将軍家光の産土神であったこと、幕府の公の祭礼であったことから、鳴り物停止の対象というよりも次期将軍家綱が父に対する十三ヶ月の服喪の期間をとったことによる延期と見るべきである。(16)ちなみに服喪は「忌」が明けても続く期間ではあるものの、この期間は忌中の慎みとは違い、神社とのかかわりで慎みが要求される期間である。

将軍薨去による山王祭の延期は、延宝八年(一六八〇)五月八日の家綱薨去、正徳六年(一七一六)四月三十日の家継薨去、宝暦十一年(一七六一)六月十二日の家重薨去、嘉永六年(一八五三)六月二十二日の家慶薨去によりいずれも翌年へ延期されている。中でも家慶の場合は病中による遠慮からか延期され、祭が行なわれたのは薨去から十三ヶ月を過ぎた翌年の七月二十三日であった。

そこで川越氷川祭礼について見てみると、慶安元年に信綱が神輿その他の祭礼道具を寄進し、将軍家光が薨去した慶安四年に始められたという経緯がある。それもなぜか本来の九月十五日ではなく、日延べされたことの疑問である。

これについては、川越の商人榎本弥左衛門が承応二年(一六五三)に二十九歳で家督を相続した時に記述した見聞の覚え書きである『万の覚』には、このときの祭の様子を「引かへて、九月十八九日より俄にまつりに成、したく仕候て、廿五日ニわたり申候、是かはしめ也、」として、日を見合わせて九月十八・十九日になって急に祭りの支度が始められ、二十五日に神輿渡りが行なわれたとある。

これについてはあくまでも推測の域を出ないが、家光死去より百五十日目の九月十九日が過ぎるのを待って、祭りを行なったのではないかということである。つまり、この百五十日も服喪の期間と見られる。信綱にとっては主君の家光だけでなく、共に家光の小姓当時から老中まで勤め、家光に願って殉死した佐倉藩主堀田正盛と岩槻藩主阿部重次等三名に対して、実父母に次ぐ養父母・祖父母と同等の重い服喪の期間で哀悼の意を表したと考えられるのではないだろうか。よって、この服喪の明ける十九日を待って祭礼を行なわせたと見るべきである。

さらに服喪という視点で考えると、慶安元年に神輿等を奉納したにもかかわらず、榎本弥左衛門が記した『万の覚』に、祭りの始まりを慶安四年とする理由として、慶安元年については、六月二十二日に信綱の養父松平正綱が死去したことによる百五十日の服喪の期間(17)にあたったことが神幸祭を行なわなかった要因ではなかったかとも考えられる。

しかし、別の見方をすると、わずか十日ではあるが、信綱は日をずらしてでも、この慶安四年の神幸祭を中止せず、是非とも祭りを始めたかったのではないかということである。その理由として考えられることは、城下町の町割りの完成にあったとみる。

川越の城下は寛永十五年の大火から十年以上たっており、この間の状況は史料を欠くためまったく不明であるが、城郭の拡張と寺院の周辺部への移転、武家地の縄張りが確定しておそらく町割りがなされたのが慶安年中からで、また、十ヶ町の成立も慶安四年とされていることからしても、町人町の確立を待って行なわれたと考えられる。

次に現在の川越氷川祭りに発展する転機が、松平信綱による神輿をはじめとする神幸祭の祭礼道具の寄進である。ただし、寄進の年と内容には諸記録において若干の差異がある。

本社拝殿再興の『奉加帳』元禄八年（一六九五）には、「慶安四丁卯（辛卯）年　松平古伊豆守様神輿並宝蔵御造営」、『氷川神社社殿棟札』元禄九年（一六九六）には、「慶安元戊子年　神輿造営城主松平伊豆守寄進之」、『川越市街屋敷社寺記』元禄十一年（一六九八）には、「慶安二年己丑年　松平信綱公初而取立也、神輿祭礼之装束寄付也、」とあるが、(18)氷川神社ではこの時の奉納を神輿二基・獅子頭二・太鼓・法螺・宝蔵（神輿庫）としている。

なお、獅子頭については氏子の北田島と伊佐沼の口碑に、赤塗りは北田島から、青塗りは伊佐沼からの奉納と伝えるが、(19)氷川神社においては、氏子になっている北田島・伊佐沼などの十ヶ町以外の村々の代表が、古くから神幸行列の諸役に携わっている事実はあっても、獅子頭の奉納を裏付ける資料に欠けるため肯定し得ない。

江戸山王祭においては、江戸風俗考証家であった三田村鳶魚によると、「山王祭の獅子頭は天下一品で、家光公の手習された反古で張抜きにしたものだと伝えられ、その通過に際して、一同に総下座をさせられるという、珍無類の獅子頭であった。[20]」とし、この獅子頭の下張りに将軍家光の手習いの反古紙が使われているとして、見物人は神幸行列に対して自分の前を通るときには、全員土下座させられたことから、現在も「土下座の獅子頭」として日枝神社宝物殿に収蔵されている。

この獅子頭に家光の手習いの反古紙が使われていたかどうかの真偽は別として、神幸行列の祭礼道具の出所こそ神威を添えるとともに権威の見せ場であって、川越においても、行列の神輿・獅子頭・太鼓・法螺貝・神輿庫が松平信綱の奉納であるということが広く流布していることは、同じ意味を持っていたことの裏付けでもある。

また、これまで川越氷川祭りの歴史を語る上では、慶安年間に松平信綱が祭礼を始めてより「祭入用は十町より出之」ということば書きを以て、江戸の天下祭との祭礼費用の負担側の違いを引き合いに出される場合があるが、江戸においても、幕府だけが祭礼費用を負担したのではなく、町人に対しても山王・神田明神の祭礼については祭礼小間という費用分担があったことから一概にいえないことがわかる。さらに、この「祭入用」にしても氷川明神の祭典費神幸行列経費一切の費用といっても、祭礼道具・衣装は毎年新調する訳ではなく、各町の付け祭りや山車を出す費用に比べると微額であったとしか思えない。逆に、藩負担の費用を考えると、神幸行列だけでなく祭礼時の城下における防火や警備等にも多くの家臣が配置されていることから、人的費用をはじめとしてかなりの額になると思われる。たとえば祭礼の時に歴代城主から厚総の鞦をかけた飾り馬の神馬と神主用の鞍をつけた馬がそれぞれ供の中間を付けて差出されていることなども、何気ないように見えながらも大きな負担であったようである。加えて、国立史料館所蔵の秋元家中福井家文書のうち、宝暦六年(一七五六)の「組御用勤方書抜」の「氷川祭礼」の項には次のように見える。[21]

氷川祭礼一件

一、氷川祭礼之節、火之番別而念入、昼夜両度ニ組之者拾八人前日より時廻リ皮羽織着ス、高燈灯二張・手燈灯持鑓為持候、纒鑓為持候、昼者持鑓も為持候、小頭折々廻ル、盗賊も心掛候事也、足軽町々不絶廻ル、祭礼日諸町其外立番町々馳走不請一切、酒給申間敷候旨申付ル、御桟敷番ニ者頭壱人、給人三人出ル、小頭代リ町々廻ル、桟敷不掛所も盗賊之用心別而可仕事、組町江ハ残番廻ル、所々御番所不明ケ様ニ申付ル、諸番所詰切支度出ル、三ノ丸内も小頭廻ル、

一、祭礼役付之者月番宅ニ而寄合有之、撰人也、神輿付四人上下着、籏付上下着壱人、獅子付上下着壱人、榊付上下着壱人、右七人撰人也、上下　上より御借候、手前所持ニ候得は着ス、

一、御桟敷番立番五人、同所南ノ方丸馬出し三人、同所箱番所弐人是ハゑり人、同所北ノ箱番所弐人、丸馬出し箱番所四人、此所杖突揚リ勤ル、惣町立番ハ上松郷口弐人、鳴町弐人、鍛冶町弐人、南町弐人高沢町弐人、北町弐人、下町弐人、本町弐人、江戸町弐人、多賀町弐人、裏宿口壱人、蔵町口壱人、仙波口木戸壱人、南久保丁口弐人、込合候得は三四人出ス、

一、御桟鋪前通留候得而ハ、甚及難儀候間、疑鋪者・雑人ハ差留、其外ハ通シ候、石原働之者支度仕替事候得は、早々出候筈、大方ハ高沢町ニ集候様ニ火之番通候節罷出候、小頭町廻リ繁々夜廻リ之者連レ廻リ、月番江届候、祭礼済惣町立番段々月番江届、夜廻りも届候、

まさに、氷川祭礼のために藩の御用勤めとして七十数名が所役をつとめていることがわかり、「立番町々馳走不請一切、酒給申間敷候旨申付ル」とあるように、各町からの馳走や酒を受けてはならず、弁当を持って仕事にあたらせていたようである。この他、桟敷の設置費用等を合わせるだけでも藩の負担の方が十ヶ町の祭入用よりも大きなものであったことが推測できる。

しかし藩主としては、その費用以上に対効果を重視した。それは先ず、藩主として総鎮守への祭祀の厳修であ

る。自らの武運長久と領内の安寧を神に祈ることが最重要であった。また、家臣や領民にそれをつがなく行なったことを知らしめることも大事な役目であった。これは本祭・蔭祭の区別なく、本祭の年であっても山車や付祭の有無、たとえ神幸さえ中止になっても、これだけは欠かされることはなかったのである。

また、信綱のころまでの城下町は、幕藩体制の成立期にあたり、未だ商工業者は領主の軍事的要請と日常生活の需要を満たすために城下に集められ、商人と職人は職種別に家屋敷を与えられて町屋を構成させられて支配を受ける代わりに、城下および領内の経済活動の庇護を受けた。いわば藩に仕える武士と同じく藩に仕えた商工業者であったため、藩主の移封には共に従わないと身分や権利の保障はなかった。また、領地の加増によって、家臣の増員採用と共に商工業者の新規参入を招いたことから、大火後に移封となった川越の新しい職種別町割りの構成員である町人にとって、町の組織化を迅速かつ的確に進めるには、町内に祭礼組織を作らせることが効果的であることを認識していたからに他ならない。それだけに信綱としては、この年に何としても祭りを行なわなくてはならなかったのである。さらに商工業者にしてみても運命共同体である藩の発展を望まない者はいるはずもなく、藩主の武運長久と領内の安寧を祈る祭礼に積極的に参加しないわけにはいかず、また祭礼や市における大勢の見物人がもたらす城下への経済効果に応じ、より一層祭礼を華やかに見せるための努力が重ねられ、現在に続く川越氷川祭りの基礎となったと考えられる。

四　忍藩主阿部忠秋と秩父祭り

阿部忠秋は慶長七年（一六〇二）の生まれで、慶長十五年（一六一〇）に九歳で家光の小姓となり、元和九年（一六二三）御小姓組番頭となった。寛永十年（一六三三）三月松平信綱・阿部忠秋・堀田正盛・三浦正次・太田資宗と共に六人衆として幕政に参加することになり、同年五月信綱と共に宿老並となった。寛永十二年（一六三五）下野国壬生城主となり、同年老中に列せられる。寛永十六年（一六三九）壬生城から武蔵国忍城に転封となる。

忍藩主となった忠秋であったが、幕府老中という重職にあったことや短期の移封を考慮したためか、神社に関する寄進等はすぐには行なわれていない。寛永十九年（一六四二）になって、ようやく忍城の乾の方角にあたる皿尾村の久伊豆雷電合社に忠秋から古来の由緒等について諮問があり、以来同社を崇敬したという。また、正保二年（一六四五）忍城の城郭の修築に合わせて城鎮守であった諏訪社の本殿を再営している。しかし、この二社では現在、神輿行事はあるものの規模も大きいとはいえず、その創始と忠秋との関連する史料は発見できなかった。ただし、忍城下ではないものの忍藩領において阿部忠秋が始めたとされる盛大な祭りがあり、それが秩父祭りである。

秩父領は、寛文三年（一六六三）に藩主阿部忠秋の忍藩領となるまでは天領で、幕府直轄の領地として幕府代官の支配にあった。(22) ただし、かつての秩父国でもあり、年貢や産物の集散は秩父大宮郷に集中していた。

当時の忠秋としては、幕府老中として江戸を中心とする関東地回り経済を形成させる上でも、また、幕府重臣としての経費を捻出するためにも、藩領からの税を上げなければならなかった。そのため藩の経済力を高める上でも、農業・産業の振興と共に新しく藩領になった秩父領の振興政策として、忍城下から五十キロメートル以上離れた秩父大宮郷を城下町の飛び地のような存在の在郷町とし、藩の行政出張所ともいうべき陣屋を置いて民政に当たらせ、忍城下の商人の統制のもと在郷商人（仲買・問屋）による一・六の六斎市を認めて絹市を立てさせ、藩の保護において絹取引の振興を進めた。秩父領は山間地であり田も少ないことから、税の上でも換金作物の重要性が考えられた施策であったと考えられる。

すでに大宮郷の中では、秩父妙見宮（秩父神社）の霜月一日から六日までの古くから続く例祭と市とは、中世より結びついていたことは考えられる。しかし、藩領内を対象とした普段の市としてではなく、江戸との取引を前提とした秩父領の特産である絹を専門に扱う市を、関東地回りの同様の絹市と対抗させるためには、介在する江戸を中心とする仲買商人たちをより多く集める呼び物が必要であった。そこで忠秋が取った施策が、霜月に行なわれていた秩父妙見宮例祭の振興に併わせて大市の妙見市を開くことにあった、と考えられる。

秩父妙見宮は、かつての秩父国の総鎮守であり、『延喜式』神名帳に記載される武蔵国内の古社として、さらには六所の宮の一社として挙げられる格式を持つことから、江戸における知名度においても十分であった。史料にも見られるように、秩父妙見宮祭礼における祭礼屋台の始まりは寛文年中とされている。秩父領が忍藩領になるのが寛文三年であることから、寛文年中というと、十二年（一六七二）霜月までの間に「祭礼屋台」が始められたことになるが、忠秋は、寛文五年（一六六五）に老中を辞すものの、寛文十一年（一六七一）まで藩主を続け、延宝三年（一六七五）に死去するので、忠秋が「祭礼屋台」のはじまりに関わったことはほぼ間違いない。

ただし、残念ながら忠秋の秩父妙見宮に対する祭礼道具の寄進については、現状としてそれを裏付ける史料を発見することが出来なかったが、藩主導の祭礼に変化させて大祭礼化を図り、それを経済振興に結びつけていたと思われる経緯は、次にあげる史料(1)～(3)などに見ることができる。

(1)　寛政十二年十月　　秩父郡大宮郷妙見宮祭礼屋台許可願

乍恐以書付奉願上候

一、当社妙見宮神事之義は、往昔より致来候処、祭礼屋台之儀は寛文年中之頃より相始候由、其後無休年右祭礼屋台有之候得ハ、当社領之者共ハ不及申、郷中一統大益ニ罷成、大勢渡世之営至而罷在候、然処去未年諸方祭礼一統ニ御停止之旨御触御座候ニ付、相慎罷在候、然処今般郷中之者方より屋台相休候而は至而難義候由申立、又候屋台御慈悲願指上候由及承候ニ付、私義も以書付奉願上候、誠ニ右屋台無之候年は参詣も無之、町内外共ニ衰微仕候様ニ而衆人甚歎敷罷在候、此外別紙を以郷中より奉願上候儀も相違無御座候、何卒御聞済被成下、以御威光屋台御免被仰付被下置候ハヽ、大勢一同難有仕合ニ奉存、猶又於私ニも何計畏悦仕候、依之右之段以書付奉願上候、以上

寛政十二庚申年十月朔日

秩父神社妙見神主

薗田筑前

権代丹後代印

宮前丹波代印

新井彦九郎殿

青木清左衛門殿

（秩父神社蔵「公用日記」所収）

（2）

文化十四年十月　秩父郡大宮郷祭礼踊永続方ニ付郡奉行口達書

大宮郷祭礼之儀ニ付、三町并宮地当行司之者去月中当御陣屋江被召出、郡御奉行様方より御細々被仰渡候趣、此度御書付を以、左之通口達、

於在々歌舞妓・浄瑠璃躍之類、惣而芝居同様之人集、堅御制禁之儀、寛政十一未年従公儀被仰出、其節より大宮郷妙見祭礼も御差留ニ相成、暫打過候之処、右以来、祭礼之節参詣も追々相減、諸国商人も入込不申候故、土地之潤も無之、町内難儀ニ及候趣、数度神主始大宮郷より願之上、去ル戌年より社地ニおゐて碁盤人形躰之儀は不苦旨、被仰出候得共、附祭無之故、自然参詣人薄、諸国商人も足を留候儀も無之候間、

年々ニ土地衰微困窮相募候旨、依之先年より有来之屋台・古道具も有之候間、町内限り屋台居置、其職之子供を雇ひ躍為仕度旨、勿論土地之子供ニ芸杯為習候事は決而不仕、随分質素ニ仕、先年之形のみ祭礼執行仕度旨、文化六巳年又々願出候、自分共儀も年々御名代相越候節致見聞候処、村方願出候通紛も無之相聞候間、委細其趣取調申上候処、無拠訳柄達御聴、願之通被仰出、美麗之儀無之様可申付旨被仰出候間、其段申達、則同年より祭礼屋台・子供躍致候様ニ相成候、然ル処近頃屋台其外幕水引迄も追々花麗ニ相成、中ニは猩々緋・緋羅紗等相用候向も相聞、以之外成事ニ候、必竟右躰之事は漸々花美ニ成行候ものニ而、末々土塊之困窮ニ及候基ニ付、従公儀も格別ニ御制度も被仰出候儀と存候処、妙見祭礼之儀は、附祭無之候而は都而所之衰微ニ相成候訳を以、去巳年伺之上御聞済ニも相成候処、前文之通花麗ニ成行候而は、公儀被仰出之御趣意ニも触候事故、又々御停止も可被仰出儀ニ候、左候得は、最早永久出来候事ニは六ケ敷、第一所之衰微相成候は勿論ニ候間、当年よりは村役人一同格別ニ篤と申談、去ル巳年相願候趣意を忘却不致、何事ニ不寄花麗ニ相見候品ハ不相用、無益之失墜不相掛様ニ可致候、永久祭礼連綿、土地繁昌致候而こそ神慮ニも相叶候道理ニ付、厚申談本意を不取失様可致候、右之趣差懸候而は差支も可有之事ニ付、前広ニ申達候、猶又各より細々理解御申諭有之候様存候、

丑九月

右之通、先達而御達之趣、御細書を以此度被仰出候間、各得と奉承知、小前之末々迄不洩様能々被申達、急度為相守、去ル巳年奉願上候趣意を不取失様取計可被成候、此廻状各披見相済候上は、尚又可申談儀ニ候得共、先は祭礼程近ク相成候間心得違無之様、以前相達置可被成候、

一、此廻状披見之上最寄早々順達、留より此方へ相返可被成候、尤名下ニ日限相認、順達可被成候、以上、

丑十月二日　　高野七右衛門　印

吉田伊平太殿

他連名銘々記し有之候、

但、休左衛門は留守ニ付与頭中と有之候、

右廻状、此方名下ニ左之通記し、喜右衛門方へ相達候、御用番より請取、即日喜右衛門方へ継立申候、但箱共ニ、

（秩父市立図書館蔵　松本家文書「御用日記」所収）

（3）　慶応三年十月　秩父郡大宮郷妙見宮附祭再興願

乍恐以書付奉歎願候

御領分秩父郡大宮郷妙見宮附祭、場所惣代之者共一同奉申上候、十一月三日同社例祭之儀は、御由緒有之、天下泰平・御武運長久之御祈願無怠慢執行仕来、附祭之儀も、往古ハ当郷之内三町・宮地銘々屋台曳出し、手踊狂言等有之、下郷・中村・近戸より笠鉾弐ツ曳出し神事を賑し、遠近信人之男女参詣之輩群集いたし、且祭市と唱、三日より七日迄之間諸国商人入込、産物絹類初諸品売買致、専市立有之、多分之金銀融通いたし土地之潤助ニ相成候処、文政度御改革御趣意被仰出候付、右附祭相休候所、参詣之者祭市賑ひ等減少致し、土地衰微之旨申立、附祭興行之儀奉歎願候処、御憐愍を以屋台・笠鉾共半減、隔年ニ可出旨被仰渡、難有奉存其旨相守、年々附祭仕候義、其後御多事之御時勢奉恐察、去十一月迄相休罷在候所、追々参詣群集等も相減し、祭市之義も生糸ハ開港已来別段之義ニ而売買繁昌致候所、却而市立衰微ニ而、平常之市日ニ相変り候儀無之、諸方商売も損失いたし立帰り候次第、金銀融通も不宜土地潤助も無之、三町初一郷衰弊之姿ニ成行、悲歎至極ニ奉存候ニ付、恐も不顧歎願奉申上候、先年被仰渡候通半減、隔年之附祭御許容

之儀奉願度奉存候得とも、御時節柄奉恐縮候間、祭礼中屋台・笠鉾とも同社境内ニ飾り置、祭礼を賑し土地潤沢之一助ニ仕度一同奉懇願候、尤新規之品聊不相用、質素倹約専相守穏便ニ可仕候間、何卒出格之御憐愍を以此段御聞済被成下置候ハヽ、莫大之御仁恵と難有仕合奉存候、已上、

慶応三年卯十月

大宮郷
上町・宮地・下夕郷・中町・近戸惣代
弐人ツヽ行事
弐人ツヽ連印

名主十人宛

(秩父市立図書館蔵　松本家文書「諸願書類扣帳」所収)

このように(1)寛政十二年(一八〇〇)、(2)文化十四年(一八一七)、(3)慶応三年(一八六七)と付け祭りの休止によって絹市に商人が集まらなくなったことから再興の願いが出されていることがわかる。

逆に、こうした願いの元になっているかつての盛況については、『忍藩秩父領百姓年中業覚』宝永六年(一七〇九)の項に「十一月三日より六日迄妙見祭礼にて国々商人入込売買仕候[23]」のほか、先にあげた秩父神社蔵『公用日記』の寛政十二年十月「妙見祭礼屋台許可願」の冒頭に、「当社妙見宮神事之義は、往昔より致来候処、祭礼屋台之義は寛文年中之頃より相始候由、其後無休年右祭礼屋台有之候得ハ、当社領之者共ハ不及申、郷中一統大益ニ罷成、大勢渡世之営至而罷在候、」とあるように、「祭礼屋台」(おそらく現在の形態の神幸行列と笠鉾屋台の付け祭りの原形)が寛文年中に始められ、約四十年後の史料に「国々商人入込売買仕候」とすでに盛況の様子が見てとれる。

さらに、延享四年（一七四七）の「割役松本家公用之日記[24]」には、一日から三日まで、忍城主の妙見宮代参があり、二日から明三日の妙見宮御祭礼には「御代参行列先江袴羽織ニて名主四人、其次米見両人御代参之御方上下ニて、其後若党弐人、其次割役三人上下ニて、其後ぞうり取・道具持・挟箱持・引馬口取弐人、」といったかたちで神幸祭行列に加わった様子が記されている。また、神馬二頭については地元での調達であったが、前々から殿様より馬代金一分ずつが馬主に渡されていることも記されており、三日には代官による絹市の視察も行なわれていた様子が記されている。

その後、秩父の絹産業は幕末、さらには明治中期に急激に発展し、神幸を供奉する山車祭礼の絢爛豪華さを増して、現在に続く我が国有数の曳山祭の一つとして賑わいを見せている。

おわりに

現在、各地の都市に残る祭礼の多くは、付け祭りとしての山車や練り物において、京の祇園祭や江戸天下祭の派生・伝播として論じられることが多かった。殊に江戸時代の将軍や藩主と民衆という対比においては、天下祭の名の起こりでもある将軍の「上覧」という栄誉において、余所とは違うという一種の社会的地位を持つものとして、今も町の自慢として語られることから、「見物」という視点から多くの分析が試みられている。また同様の対比から「禁令」という視点において、中世から民衆が育んできた祭礼を封建領主が規制し幕藩体制の中に取り込んでいったという分析も少なくなかった。これに対して、天下祭を神幸祭と幕府の関与から論じたものは、法史学の立場から牧田勲による「天下祭の性格～神輿行列を中心に～」（『摂南法学』創刊号、一九八九年）など数少いものであった。

本稿は、近世初期の幕藩体制を固めていく中で、城下および藩領の総鎮守の祭礼を利用した帝王学とでもいえるものが、江戸天下祭を手本として進められていった過程を、武蔵国内の幕閣大名領であった岩槻・川越・忍の各藩を例に明らかにしようと試みた。現在全国各地で行なわれている都市祭礼には、実はこのように諸大名によって伝播されたと考えてもよい祭礼が少なくないのではと考えている。

つまり、将軍や領主は山車や練り物の祭礼を見物するために、これらの祭礼を振興しようとしたのではなかったことは明白である。彼らは村の長と同じく幕藩体制の中のそれぞれの長たらんと欲して、自己と家中と城下と幕藩領内の安寧を祈願するために総鎮守への恭順と祭りを厳修することが第一義であった。ただし、近世初期の幕藩体制下においては、以前からの在地領主がそのまま領主にとどまることは少なく、兵農分離によって城下町に住むものは士工商だけになり、本来の一城下においては、城主や藩のために集められた運命共同体の一翼を担う工商(本町人)が対立関係にあることはないはずであった。

うがった見方かもしれないが、ある意味において、江戸の天下祭や各藩総鎮守の例大祭における幕藩主導の神幸祭の本来は、為政者の単なる示威ではなく、余所者である城下の士工商が揃って藩領内総鎮守への恭順を、領民の大多数を占める農民に対して示すパフォーマンスであったのかもしれない。

注

(1)『徳川実紀』第三篇(『国史大系』第四〇巻、吉川弘文館、一九六四年)。
(2)倉地克直『近世の民衆と支配思想』(柏書房、一九九六年)、一七八〜一八四頁参照。
(3)『徳川実紀』第一篇(『国史大系』第三八巻、吉川弘文館、一九六四年)。
(4)「御府内備考続編巻之九　神社部九　神田神社」(『御府内寺社備考』第一冊、名著出版、一九八六年)。
(5)江戸の天下祭・御用祭には、このほか将軍家宣の産土神として、正徳四年(一七一四)九月に行われた根津権現(根津神社)祭礼についても呼ばれているが、これに際しても家宣から祭器具の奉納があり、現在も当時の神輿と獅子頭が社宝として保存されている。
（6）この項を執筆するにあたり、以下の論文は幕藩体制下の城下町の祭礼を考える上で示唆するところが大きい。久留島浩「近世における祭りの「周辺」」（『歴史評論』４３９、一九八六年）、牧田勲「天下祭の性格―神輿行列を中心に―」（『摂南法学』創刊号、一九八九年）、同「近世前期山王祭禁制考―江戸祭礼の法社会史―」（『現代法社会学の諸問題（上）』所収、一九九二年）、豊田和平「江戸の天下祭り」（『比較都市史研究』第二〇巻二号、二〇〇一年）、高牧實『近世の都市と祭礼』（吉川弘文館、二〇〇〇年）。
（7）『新編埼玉県史』通史編3　近世1（埼玉県、一九八八年）三三五頁。ここでは、正次の岩槻入封の年月について、『寛永諸家系図伝』『東武実録』『徳川実紀』等の記事の中に、元和九年の入封と共に、一時城番の置かれた記載のあることの矛盾を指摘し、城番の任が解かれた寛永元年九月直後を実際の入封であったとみている。
（8）「久伊豆神社」（『神社明細帳』南埼玉郡　甲之部、一六八丁、埼玉県立文書館蔵）、『岩槻市史　通史編』（岩槻市役所、一九八五年）四二〇～四二三頁、花野井均『久伊豆神社』（さきたま文庫２４、さきたま出版会、一九九〇年）参照。
（9）『岩槻市史』通史編（岩槻市役所、一九八五年）、花野井均『久伊豆神社』（さきたま文庫２４、さきたま出版会、一九九〇年）参照。
（10）『武州文書』第四分冊（武相史料刊行会、一九五九年）、三三九頁。
（11）『御府内備考続編』巻之二十二目録 神社・部二十二 筑土明神社（『御府内寺社備考』第一冊神社、名著出版、一九八六年）四五九～四六四頁。
（12）あやつり…人形劇や傀儡回し。ささら…「びんざさら」という楽器を使った田楽。
（13）『川越市史』第三巻近世編（川越市、一九八三年）、一八三～二〇九頁参照。
（14）河野家文書「寺尾川岸場由来書」（『川越市史』史料編近世Ⅲ所収、一九七二年）、根岸茂夫「野火止用水」（『国史大辞典』一一、四二一頁）。
（15）『川越市史』史料編近世Ⅱ（川越市、一九七七年）、一九六頁。
（16）林由紀子『近世服忌令の研究～幕藩制国家の喪と穢～』（清文堂、一九九八年）一四～二九頁参照
（17）前掲（注15）参照。

(18) 川越市立図書館蔵(『川越市史』史料編近世II、川越市、一九七七年)五六二頁。
(19) 大野貞『芳野村郷土誌稿』(川越市、一九七一年)、一七一~一七二頁。
(20) 三田村鳶魚『江戸の春秋』「天下祭」(『三田村鳶魚全集』第九巻、中央公論社、一九七六年)六九~八〇頁参照。
(21) 『川越市史』史料編近世I(川越市、一九七八年)、四三七~四三八頁。
(22) 秩父領の内、すべてが忍藩領となったわけでなく、一部は継続して天領であった。
(23) 松本家文書「御用日記」所収 秩父市立図書館蔵(『新編埼玉県史』資料編14、近世5、埼玉県、一九九一年)三五九~三六〇頁。
(24) 秩父市立図書館蔵(『秩父市史』秩父市、一九六二年)、一一八六~一一八七頁。

(参考文献)
『川越氷川神社調査稿本』(埼玉県神社庁、一九五五年)。
『入間神社誌』(埼玉県神社庁入間郡市連合支部、一九七一年)。
『埼玉の神社』入間・北埼玉・秩父(埼玉県神社庁、一九八六年)。
『埼玉の神社』北足立・児玉・南埼玉(埼玉県神社庁、一九九八年)。
『神社明細帳』(埼玉県立文書館蔵)。
『御府内寺社備考』第一冊、神社、(名著出版、一九八六年)。
『東京市史 外篇』(東京市役所、一九三九年)。
『日枝神社史 全』(日枝神社御鎮座五百年奉賛会、一九七九年)。
『神田明神史考』(神田明神史考刊行会、一九九二年)。
『新編埼玉県史』通史編3、近世1、(埼玉県、一九八八年)。
『川越氷川祭礼の展開』(川越市立博物館、一九九七年)。
『川越氷川祭り調査報告書』(川越市教育委員会、二〇〇三年)。
藤野保編『徳川政権と幕閣』(新人物往来社、一九九五年)。
倉地克直『近世の民衆と支配思想』(柏書房、一九九六年)。

藤野保編『論集幕藩体制史』第一期第六巻　藩体制の形成Ⅰ（雄山閣、一九九三年）。
北島正元『近世の民衆と都市～幕藩制国家の構造～』（名著出版、一九八四年）。
藤井譲治『江戸幕府老中制形成過程の研究』（校倉書房、一九九〇年）。
根岸茂夫『近世武家社会の形成と構造』（吉川弘文館、二〇〇〇年）。
小池進『近世幕府直轄軍団の形成』（吉川弘文館、二〇〇一年）。

近世鶴岡八幡宮祭礼としての面掛行列

軽部　弦

はじめに
一　御霊神社例祭「面掛行列」
二　近世における鶴岡八幡宮祭礼行列の背景
三　鶴岡八幡宮祭礼行列の構成分析―面掛行列との構成比較―
四　鶴岡八幡宮と鎌倉十四箇村の関係
おわりに―鎌倉の祭礼としての面掛行列―

はじめに

御霊神社は神奈川県鎌倉市坂之下に鎮座する鎮守で鎌倉権五郎景政を祭神とする。それより地元では「権五郎神社」、または「権五郎様」とも呼ばれている。例祭は祭神である鎌倉権五郎景政の命日とされている九月十八日に行なわれ、鎌倉神楽と神輿の渡御から構成される。この例祭における神輿の渡御が「面掛行列」の名で知られる祭礼行列である。

本論では、この「面掛行列」と近世における鶴岡八幡宮の祭礼行列を比較分析することによって、近世鶴岡八幡宮と御霊神社の関係、また鶴岡八幡宮と鎌倉の村の関係について考察していく。その上で「面掛行列」が執り行なわれるにあたり、どのような意味を持っていたのか明らかにしていきたい。

一　御霊神社例祭「面掛行列」

行列は約二十の所役からなり、その中の「御面」と呼ばれる十人の面を掛けた所役が面掛行列の名称の由来と

図１　女（左）、阿亀（右）

なっている。面はそれぞれ①爺②鬼③異形④鼻長⑤烏天狗⑥翁⑦火吹男⑧福録⑨阿亀⑩女と呼ばれ数字の順番で行道する。特に、⑨阿亀と⑩女は「妊婦」、「産婆」の役を担っており、阿亀は腹をなでながら、女は阿亀に付き添いおどけたような所作をとりながら練り歩くのである(図1)。

⑨阿亀と⑩女に関して、面掛行列の由来を示す伝承が鎌倉内に残っている。それは、源頼朝が身分の低い娘を妊娠させ、それ故に年一度その一族は面を掛け行道することを許されたのが始まりである、という説話である。しかし、坂ノ下の古老の方々は、この伝承に否定的であり、坂ノ下の伝承ではなく、外部で語られる説話のようである。⑨阿亀が子供を懐妊した娘、⑩女が産婆役となるが、他の面の説明にはなっておらず、御霊神社でも面掛行列を次のように説明している。

行列では臨月の阿亀が見るものの笑いを誘うが、妊婦の女装は豊年・豊漁祈願を形に現したもの、滑稽な仕草は笑いにより神意を和める意である。御霊神社の例祭は、明和年間（一七六四〜一七七二）に鶴岡八幡宮の放生会に倣い、神輿を製作し行列が始められた。ところが八幡宮では明治時代になると面掛行列を行わなくなったため、御霊神社の行列だけが継続されて今日に至っている。

観光案内書などには頼朝の伝承が多々用いられるようだが、この伝承に関して祭礼を行なう奉仕者の認識は薄いのが現実である。

面掛行列に関する代表的な研究である、昭和四十三年の永田衡吉氏による「仮面風流」(1)では、面掛行列が本来は御霊神社の祭礼ではなく鶴岡八幡宮の祭礼であり、明治維新の折、神仏分離令に伴い御霊神社に移ったものである、としている。面の意味についてはその形に注目し、伎楽面にその由来を求めている。御霊神社の見解とは違うが、頼朝の伝承に関しては後から付随したものと推測しているのである。昭和六十一年の白井永二氏による「放生会考」(2)では、面掛行列は鶴岡八幡宮祭礼行列の模倣であり、面の意味するところは「舞を忘れた面行列」であると結論付けており、やはり頼朝の伝承には深く触れていない。

現在、面掛行列は御霊神社の説明、先行の研究の示す通り、由来は鶴岡八幡宮の祭礼に求められることは確実のようである。しかし、その関係が指摘されていても、あまり深い論究がなされていないのが現状である。本論稿では、御霊神社の面掛行列と鶴岡八幡宮の祭礼との関係を、近世期の地誌類の史料を基にした、行列の構成比較を軸として進めていく方法をとりたい。

江戸時代の地誌『新編相模国風土記稿』(3)には、坂之下と御霊神社について次のような記述が見られる。

・江戸より行程十三里余、小坂郷に属す、村名の起こりを伝えざれど山麓の村落にて、隣村極楽寺切通しの坂下は當村の集落なり、されば村名是に起これるなるべし、正保の改に此村名見えず、さてはその後何れの村よりか分村せしなるべきか、今その伝を失ふ、（鎌倉郡　坂之下村）

・鎌倉権五郎景政が霊を祀ると云ふ、土人は五霊社と唱ふ、按ずるに此神主小池氏の奮記に據るに、桓武天皇の後胤、平良兼四世の孫を村岡五郎忠通と云ふ、忠通五人の子あり、一男爲通、二男景成、三男景村、四男景通、五男景政と號し、五人五家に別る、忠通卒して五家々門栄盛の爲に鎌倉に、一字を草創して忠通の霊を祀る、故に五流宮と唱へ、其後五家の祖をも合祀して、是を御霊尊と崇むとなり、土人の五霊と唱るは此れによれり、別当は極楽寺村成就院なり、神主は鶴岡の職掌小池新大夫兼職す、例祭九月十八日巡行の儀あり、祭祀の式鶴岡巡行の式に倣へり、祭器も鶴岡の神器に模倣して造れり、

（坂之下村　御霊社）

ここであげた史料は、坂之下村と御霊神社に関する説明である。この史料に従うと、坂之下村は「極楽寺坂の下」という意味であり、いずれの村からか分村してできた村ということになる。

御霊神社に関する記述は、祭神が鎌倉権五郎景政であり、俗称として「五霊社」と呼ばれていると説明し、「五霊」とは鎌倉で栄えた桓武平氏の五流祖を奉ったためであると御霊神社の由緒が記されている。例祭に関しては、「例祭九月十八日巡行の儀あり、」とあり、現在の例祭と同日に「巡行の儀」が行なわれていたことがわかり、「巡行の儀」が現在の「面掛行列」ではないかと推察される。さらに、この「巡行の儀」に関しては、「祭祀の式鶴岡巡行の式に倣へり、祭器も鶴岡の神器に模倣して造れり、」と説明されている。「鶴岡」とは同じ鎌倉の鶴岡八幡宮である。つまり、「面掛行列」は、鶴岡八幡宮の祭礼行列に倣った祭礼であると推察されるのである。ここは、御霊神社の説明、永田衡吉氏、白井永二氏を始めとする「面掛行列」の研究において、鶴岡八幡宮との関係が指摘される根拠となる文節である。

この史料から、面掛行列が鶴岡八幡宮の祭礼に倣ったものであったことが確認できる。次に面掛行列に影響を与えたとみられる鶴岡八幡宮の祭礼について考察をする。

二　近世における鶴岡八幡宮祭礼行列の背景

近世の鶴岡八幡宮は、十二院と呼ばれる供僧によって実権が握られていた。中でも「御殿司」と称される役職は十二院の中から二人が選ばれ、祭礼の奉仕などを司る重職であった。その御殿司が記した史料『御殿司年中行事記』(4)によると、近世において鶴岡八幡宮では主に年中行事として三つの祭礼が行なわれていたことが知られる。それは、正月十三日の白旗社の祭礼、四月三日の若宮祭礼、八月十五日の放生会である。

中でも四月、八月の祭礼においては、神幸の神輿渡御があったことが記されており、八月の放生会の項には「神幸等之諸式、如四月三日」とあることから、四月と八月の祭礼の式次第、行列次第などはほぼ同じであったことが推察される。しかし、四月の若宮祭礼に関して『御殿司年中行事記』には詳しい祭礼の式次第などは記されておらず、祭礼の様子をうかがい知ることはできないのである。そこで、比較的関連する史料の多い八月十五日の祭礼、鶴岡八幡宮放生会(以下鶴岡放生会)に焦点をあてて、祭礼の様子に関して考察したい。

八月十五日の祭礼は、『吾妻鏡』(5)にも記載されている中世に始まる鶴岡八幡宮を代表する祭礼である。放生会とは、鳥や魚を野河川に放つという儀式であるが、宇佐、石清水八幡宮をはじめとして多く八幡宮における八月十五日の祭礼をさすものである。

鶴岡八幡宮における放生会は『吾妻鏡』文治三年にその名が初見する。『吾妻鏡』に記されている鶴岡放生会に関する研究として、永井晋氏の「『吾妻鏡』にみえる鶴岡八幡宮放生会」があげられる。(7)永井氏はこの研究の中で、『吾妻鏡』における放生会に関する記述を詳細に考察し、将軍家の放生会参拝の御所からの行列に関する記事が大半を占めていることを指摘している。『吾妻鏡』には確かに鶴岡放生会の記述、また放生会に関する条項は多くある。しかし、其の内容は永井氏の指摘の通り、将軍家参拝の行列の次第など政治的なものであり、祭礼の内容を窺い知ることはできないのである。それに対して『増鏡』(6)には、中世の鶴岡放生会の様子を窺い知ることができる次のような記述がある。

さても石清水のながれをわけて、関の東にも若宮ときこゆる社おわしますに。八月十五日都の放生会をまねびておこなふ、そのありさまことにめでたし、将軍もまうで給、位あるもの・諸国の受領どもなど、いろいろのかり衣、おもひおもひのきぬかさねて出でたちたり、あかはしといふ所に将軍御車とどめえおり給、人などいとおほくつかまつる、此将軍は中務の宮の御子也、この比権中納言にて右大将かね給へれば、御随身ども花をおらせてさうぞきあへるさま、宮古めきておもしろし、法会のありさまも本社にかわらず、舞楽・田楽・獅子がしら・やぶさめなど、さまざま所しつけたる事共おもしろし、十六日にも猶かやうのことなり、桟敷どもいかめしくつくりならべて、いろいろのまんまくなどひきつづけて、将軍の御桟敷のまへには、さがみの守をはじめ、そこらのびしどもなみいたるけしきさまかはりて、このましうけばりたる心ちよげにところにつけてはまたなくはみえたり。

(下巻「さしぐし」正応二年条)

「石清水のながれをわけ」「本社にもかわらず」とあるのは、当初、鶴岡八幡宮は源頼義によって相模国由比郷に石清水八幡宮を勧請してできたことを示している。「八月十五日都の放生会をまねびておこなふ。」とあるように、正応二年(一二八九)における鶴岡放生会は「都の放生会」つまり石清水八幡宮の放生会を模して行なっているととらえることができる。

中世における鶴岡放生会の祭礼の内容に関する詳しい記述は、この『増鏡』の史料しか確認されていない。「法会のありさまも本社にかわらず」という一文から、石清水八幡宮放生会のような祭礼であった、と言うことのみ確認できるのである。それより、江戸時代にいたるまでの間は放生会に関する史料に乏しく、詳しい祭礼の様子などは不明である。

『鎌倉三五記』[8]は、紀伊国屋文左衛門が、宝永六年（一七〇九）に八月十五日の鶴岡放生会を見物した際の紀行文で、近世における鶴岡放生会を窺い知ることができる史料としてあげられる。紀行文という性格から、鶴岡放生会の様子が旅行者の視点から記されている。著者は紀伊国屋文左衛門一行の中の一人とされているが詳細は不明である。ここで祭礼の様子を記している部分を引用する。

十五日、朝小雨ふり、四ツ時ばかりやうやう晴たり、諸方の群集道もさりあへず、赤橋の左右に鉾二本、それより山門の前に龍頭の鉾両脇に立、舞殿の前同、石壇の上下同四本立て並べ、午の刻上の宮広前より赤橋迄荒薦の筵道をしき、銀杏の木の辺りより行列をさだむ、（中略）音楽の声松風とともに聞こへ、石階を次第に下りて舞殿の左方をねる、巍々として蜀錦をつづり、呉綾をきる、土地おとろえたりといえども、古代の風残りて、目をかがやかし耳をおどろかせずといふことなし。此三社中は応神天皇、東は気長足姫、応神天皇の御母神功皇后、西は妃大神、応神天皇の御姉也、舞殿の前にて神輿をとどめ、称名灑水の行法、供僧つとめたまふ、それより一の鳥居赤橋迄臨幸、ただちに還幸、舞段の右をねり、上ノ宮に納輿、その後舞殿にて御神楽一座、大祝詞ありて終、

この記事に従うと、鶴岡放生会の中心となっているのは神輿の巡行である。その間に供僧による香水を用いた清めの行事「称名灑水の行法」が舞殿で行なわれ、神輿の還御後に同じく舞殿で神楽、大祝詞が行なわれていたようである。白井永二氏はこの『鎌倉三五記』から徳川末期には放生会は行列のみとなっていた、と指摘しており、祭礼自体が中世に比べて簡略化していたことが考えられるのである。近世における鶴岡放生会は、神輿の「行列」を中心として、「称名灑水の行法」「御神楽一座」「大祝詞」から構成されていたと考えることができ、近世における鶴岡放生会は、神輿の「行列」を中心として「称名灑水の行法」「御神楽一座」「大祝詞」から構成されていたと考えることができるのである。

『新編相模国風土記稿』には「祭祀の式鶴岡巡行の式に倣へり」と鶴岡八幡宮の行列に倣った、とのみ記されているが、現在の御霊神社の例祭は、鎌倉神楽と神輿の巡行である面掛行列から構成されており、祭礼行列を中心として「称名灑水の行法」「御神楽一座」「大祝詞」からなる鶴岡八幡宮の祭礼と、祭礼全体の類似性がみられるのである。

三　鶴岡八幡宮祭礼行列の構成分析—面掛行列との構成比較—

『鎌倉三五記』からは、近世鶴岡放生会は祭礼行列が中心となっており、「鶴岡巡行の式」という一文が鶴岡八幡宮の祭礼行列をさしていることが確認できた。次に鶴岡八幡宮祭礼行列の構成を分析し、面掛行列の構成と比較することで面掛行列と鶴岡八幡宮祭礼行列との関連性を考察する。

鶴岡八幡宮の祭礼行列は紀行文である『鎌倉三五記』、水戸藩によって貞享二年(一六八五)に編纂された『新編鎌倉志』の遺漏を補う形で、文政十二年(一八二九)に編纂された『鎌倉攬勝考』[9]、文化七年に江戸幕府によって地誌の編纂が始まり天保元年(一八三〇)に成立した『新編武蔵国風土記稿』に続き、天保十二年(一八四一)に編纂された『新編相模国風土記稿』、『鶴岡祭礼行列』[10]の四史料に、行列次第が記載されている。

鶴岡祭礼行列に関して土肥誠氏は、「鶴岡八幡宮祭禮行列考」[11]のなかで、この四史料に記載されている行列次第を並列し、各資料による名称の違い、列順の違いなどを明確にしている。また、約四十に渡る各所役の歴史的意味合い、奉仕者の分析をすることによって、鶴岡八幡宮への常勤の奉仕者と祭礼時のみの奉仕者とにわけ、鶴岡八幡宮の組織、奉仕関係を指摘している。

本稿においては、土肥氏が行列の各所役を分析したのに対して、祭礼行列全体の構成を捉え分析していく。分析に当たっては行列次第の中で奉仕者について詳しく記されている『鎌倉攬勝考』を中心にして表1を作成した。

表1では『新編相模国風土記稿』『鎌倉三五記』の行列次第を再編成して、『鎌倉攬勝考』の列次にあわせて名称を対応させてある。この三史料に記載されている行列次第は列順において相違がみられるが、表1にまとめることでわかるように、所役の数、種類についてはほぼ同等である。

表1は、行列の全体の構成を知るために、行列をA露払い、B威儀物、C神楽奉仕者、D調度・神宝、E一山十四箇所、F神輿以下所役の六の群に区分した。A露払いは、鉄棒、獅子頭、面掛などから構成され露払い的な役割を持つ集団として命名した。B威儀物は、鉾、長刀、弓矢などの武器をかたどった祭器を持つ所役の集団である。A露払いと同じ先払い的な意味合いを持つと考えられるが、奉仕者の区分から、区別を付けた。C神楽奉仕者は、祭礼行列の後で「御神楽一座」を奉納する集団である。D調度・神宝は鶴岡八幡宮の社宝を捧げ持つ集団だが、「御硯」などの調度類も含まれていることから、「調度・神宝」とした。E一山十四箇所とは、神主、少別当、十二院を総称した呼び方であり、「相模国鎌倉鶴岡一山十四箇所由緒写書上」から引用した。F神輿以下所役は、神輿をはじめとして沓、傘といった祭神に関する所役である。

以上六区分を核項目ごとに考察していくにあたって、鶴岡八幡宮祭礼行列の様子を描いた絵巻、東京国立博物館所蔵の『八月十五日　鶴岡八幡宮御祭礼行列之写』(12)(以下『祭礼行列図』)を史料と対応させていきたい。参考までに、表1の下段に『祭礼行列図』に描かれている所役については○を、不明なものについては△をつけ、描かれていないものについては空欄とした。

A露払い

鉄棒、獅子頭、大貫、面掛、そして警固からなる「露払い」と呼ぶことができる一群である。まず警固について考察したい。『祭礼行列図』にも描かれていないのでどのような姿かわらないが、現在行なわれている御霊神

表1　行列次第対応表

	『鎌倉攬勝考』	『新編相模国風土記稿』	『鎌倉三五記』	奉仕者	
A　露払い	麻上下着用両人 鐵棒両人	鉄棒引き	鉄棒	極楽寺村長吏	○
	獅子二頭左右に列す 孫藤次	獅子　二頭	獅子頭　二頭	孫藤次	○
	大貫	大貫太刀	ナシ	大貫	
	面掛拾人	假面を掛る者　十人	面懸　陸土　小飛出　釣眼　大癋見 頬早　福禄寿　末社　ウソフ キ　おふく　天女	※坂下村	○
B　威儀物	大長刀	大薙刀	長刀		○
	大鉾	大鉾	大鉾　剣型　玉型		
	幡	幡	白旗		
	干珠・満珠	干珠・満珠	宝珠		○
	御幣大麻袋	御幣大麻袋	幣束大麻袋		○
	錦幡	錦幡	大鉾　錦幡		
	御錫杖	錫杖	大鉾　錫杖		
	御鉾	鉾	小鉾	神人	○
	御幣	幣束	白幣	下社家	○
	職掌	職掌	禰宜	職掌	○
	他所より出勤の社人	ナシ	ナシ	他所の神主	○

C 神楽奉仕者	八乙女	八乙女	白衣神子 神子 天冠金襴装束	八乙女	○
	伶人	伶人	楽太鼓持 楽人 鳥甲装束	伶人	○
D 神宝	御衣箱	御衣箱	神功箱	神人	
	御手箱	手箱	ナシ	神人坂間大夫	
	御杖	杖	ナシ	神人小大夫	
	御箭	矢	ナシ	神人仁大夫	○
	御弓	弓	真羽矢	神人石川掃部	○
E 一山十四箇所等所役	御硯	硯箱	小別当 金入法衣法橋 御硯箱	少別当	
	御剱	剱	御太刀	神主大伴氏	○
	法螺	法螺	白衣僧 法螺貝ヲ持楼門ニテ吹之	承仕	○
	鐃	鐃	役僧 鐃二 鉢 中啓	社僧	△
	合鉢	合鉢	役僧 鐃二 鉢 中啓	甲衆 十二院	○
	甲衆	甲衆	供僧衆	甲衆 十二院	○
	衲衆	衲衆	供僧衆	衲衆 十二院	○
F 神輿以下所役	神輿	神輿	神輿	※鎌倉十四箇村	○
	御経師	経師	ナシ	経師神納氏	△
	御大工	大工	ナシ	大工岡崎氏	△
	御沓持	沓	ナシ		
	御傘	傘	立傘		
	御鑓	鑓	鑓		

社の面掛行列における「同心」がこれに当たると思われる。また『鎌倉攬勝考』には次のような記載がある。

・相州御代官より、御神事警固役人出勤、但四月・八月両度下役人召連、御神事道筋差添警衛、

この記載から「同心」は相模国の役人であることがわかり、そのため行列の次第には記されていないようだ。他の所役が宗教的な意味合いの「警護」の役割を担っていると考えられるが、相模国の役人は実際の警護をしていたものと考えられる。御霊神社の祭礼に相州の役人が来るとは考えにくく、面掛行列の「同心」は鶴岡八幡宮の祭礼行列を警護していた同心を真似したものと考えられる。

A露払いの区分は、奉仕者に特徴がみられる。行列の先頭には極楽寺村の長吏、獅子頭を奉仕する孫藤次、藤沢宿の大貫氏、そして、坂之下が奉仕したと伝承される面掛である。後に考察するが坂之下の奉仕も「鎌倉の村」としての奉仕ではなく外部からの奉仕ということがいえる。つまり、この区分は総じて鎌倉という範囲外からの外部の奉仕者ととらえることができるのである。

極楽寺村の長吏と孫藤次については『新編相模国風土記稿』等に記載がある。

a極楽寺村　長吏　戸数八軒　小名金山に住す、今其首長を九郎右衛門と云ふ、往古摂州より移りて此れに居住し、鎌倉府の後、鶴岡八幡宮祭祀のときは烏帽子素袍にて先立の列にありと云ふ、『新編相模国風土記稿』

b往古より于今おいて、鎌倉八幡宮御祭礼御神輿先立供奉長吏供仕候、京都男山八幡宮御祭礼も、其所の長吏同断相勤、其外御祭礼の義にも長吏供奉仕候所処々に御座候、『御府内備考』(13)

c行列の内獅子頭は、大住郡平塚宿に住する、舞々鶴若孫藤次是を役す、其家蔵文書に、天文七年九月、北条氏の指揮により當國東郡中郡の村々を募縁し、獅子頭造立せし事見ゆ、曰、為鶴岡獅子之勧進、家一間に二銭宛、大小人共に出之、可被造立者也、仍如件、天文七年戊戌九月三日　東郡中郡　北条氏虎印

『新編相模国風土記稿』

a、bの史料は極楽寺村長吏に関する史料である。aには鶴岡八幡宮祭礼のおりには行列の先頭に立つことが示されている。bではさらに、石清水八幡宮と同様に鶴岡八幡宮でも、長吏が先頭に立つのだと記している。

cの史料は獅子頭を勤める孫藤次について記されている。現在の神奈川県平塚に舞々鶴若孫藤次というものが住んでいたこと、そして、天文七年にその獅子頭は北条氏の指揮によって寄進が募られたことが記されている。

『増鏡』には放生会においての記述に次のようにある。

法会のありさまも本社にかわらず、舞楽・田楽・獅子がしら・やぶさめなど、さまざま所しつけたる事共おもしろし、

この史料からも、獅子頭が古くからの放生会における行事であったことが予想され、孫藤次の奉仕が古くからのものであることが推察される。

大貫氏については史料が少なく詳しいことは不明である。土肥誠氏は「慶応三年の大庭少別当の日記に「藤沢宿大貫隼人、右之通参勤之旨、手札を以例年之通り廻勤ニ来たり、」とあることから藤沢宿出身の者である[14]」と指摘しているが、やはり詳しいことについては言及していない。

面掛行列との関連において一番特徴的なのが「面掛」である。『祭礼行列図』にも描かれているので、その姿が絵巻からうかがえる。各史料には面掛は十人と記されているが、絵巻に描かれているのは八人である(図3、本書二二一頁)。御霊神社の面掛行列と比較すると、「異形」「火吹男」が描かれていないことがわかる。

また、奉仕者について『鎌倉攬勝考』等の史料には記載がない。しかし、この役の奉仕者については、多くの研究者が指摘しているところであるが、現在、面掛行列を行なっている坂之下が奉仕していたという伝承がある。御霊神社の小林禰宜にお話をうかがったところ、確かにそのような言い伝えがあるとのことである。この「坂之下の奉仕」については少し考察が必要になる。「延享三年九月　雪ノ下村他九ヶ村鶴岡八幡宮　社役書上[15]」とい

う史料には、鎌倉の村による鶴岡八幡宮への奉仕が記されているが、そこには坂之下村の奉仕として面掛は記されていないのである。ここから、この史料が記された時点において、面掛は「坂之下村」としての奉仕ではなく、極楽寺村長吏、舞々孫藤次、大貫のように、坂之下村に住んでいた者による奉仕と考えることができる。坂ノ下に伝わる「坂ノ下村の奉仕」とあわせて考えると、奉仕関係の変遷も推察されるのである。「面掛」の奉仕者については、さらなる研究課題としたい。

B威儀物

この区分には刀、弓矢、長刀、鉾などの武器をかたどった祭器が中心となっている。また、御幣も列次の便宜上ここに区分した。奉仕者については「御鉾」「御幣」以外記されていない。『鎌倉攬勝考』の行列次第において奉仕者が記されていないのはこの区分と最後の区分にある「御沓持」「御傘」だけである。鶴岡八幡宮周辺の村による奉仕かと推察されるが、「延享三年九月　雪ノ下村他九ヶ村鶴岡八幡宮　社役書上」等の史料にも記載がなく詳しいことはわからない。

本論では、『鎌倉攬勝考』の行列次第を中心にしたが、『鎌倉三五記』『祭礼行列図』における行列次第の観点からみると、A露払いとB威儀物は一区分にまとめることができる。しかし、本論では奉仕者の分類の観点から二つに分けることとした。

C神楽奉仕者

職掌、他所より出勤の社人、八乙女、伶人を区分した。職掌、八乙女、伶人については『新編相模国風土記稿』に記載がある。

d八員あり、神楽のことを掌とれり、天文五年八月、假殿遷宮の記に職掌十二人とあるは、父子出仕せしを以て、定額に増加せしなり、されば九年十月正遷宮の記には神楽男八人と記せり、

e巫女　八員あり、八乙女と称す、文治二年五月、巫女託宣ありし事『東鑑』にみえたり、

f八員あり、其中四家を本家と称す、建久二年社頭新造の後、京都より伶人十二人、年毎に参勤せしが、後当所に土着すと云ふ、後年戦争の頃多離散して、加茂餘三朝末と云ふ者のみ、當所加茂屋敷に住居し、社役を勤む、天正中に此家四家に分かる、元和八年日光山、東照宮の御神前にて舞楽興業の時参勤す、其後分家して八員となれり、當社神事は勿論、大山寺、豆州三島明神等の神事にも参勤するを例とす

(『新編相模国風土記稿』巻七十五　鎌倉郡巻之七)

dから、職掌が神楽を奉納していることがわかる。『鎌倉三五記』に記されていた「その後舞殿にて御神楽一座」を奉納したのであろう。また、『新編相模国風土記稿』御霊社の条には「神主は鶴岡の職掌小池新大夫兼職す、」と記されており、御霊神社の神主を兼職していたことがわかる。この点については、後に考察する。他所より出勤の社人については、土肥氏の指摘で、この中に大町の祇園天王社の神主小坂氏が含まれていることがわかる。[16] 小坂氏は現在にも鎌倉神楽を伝える神主家である。このことから職掌とともに神楽を奉納したと考えられる。

eには八乙女についての記載がある。現在の鶴岡八幡宮神幸祭では、行列に八乙女が『祭礼行列図』と同様の装束で参列し、御旅所において八乙女の舞いを奉納する。このことから、近世の鶴岡放生会においても舞を奉納したのではないか、という推測ができるが、『鎌倉三五記』等の史料にはそのような記載はない。しかし、白井永二氏は次のように指摘している。

八乙女舞は元来鎌倉神楽の中の一つの座であったもので、現在は鎌倉神楽の人々は行い得ないが、別途鶴岡

八幡宮の神幸祭の御旅所で行われる。こうなった理由はおそらく八乙女の舞が神幸祭に密着したものであった歴史に基づくものであろう。舞自体は簡単なものではあるが、伝承の古いものと思われる。八乙女は「御神楽一座」を奉納するための役であったのだろう。

fは伶人に関する史料である。鶴岡八幡宮のみでなく東照宮、大山寺、三島大社においても奉仕していたことが記されている。『祭礼行列図』では行道しながら楽を奏している姿が描かれている。神楽においても伶人が楽を奏していたことが予想される。

このように、この一団は、『鎌倉三五記』にある「御神楽一座」を奉納するための奉仕者であることは間違いないであろう。

D調度・神宝

鶴岡八幡宮に由緒のある調度品や、奉納された神宝である。この中の多くのものは現在の鶴岡八幡宮に伝わるもので、何れも祭神に奉納されたものや源氏にゆかりのあるものなど、鶴岡八幡宮に伝わる社宝である。現在に伝わるものや『新編相模国風土記稿』に図として記されているものに関しては、その形が確認できる。

御衣箱、御手箱、御杖、御箭、御弓、御硯箱の六箇からなる。御手箱、御杖以外は現在も鶴岡八幡宮に社宝として伝わっている。現在では御衣箱、つまり祭神である神功皇后へ奉納されたとされる衣は「袿」「十二単」と呼ばれている。御手箱は『新編相模国風土記稿』に次のように記載されている。

平政子所持といふ、替箱二あり。種々の手道具を入れたり、下に載する図についてみるべし、

しかし、明治六年に失われ、複製のみ現存している。御杖は詳細不明である。御箭は黒塗り矢、御弓は丹塗弓として現存、「後白河法皇が頼朝に賜った」とされる御硯箱も今にその姿を伝えている。

奉仕者は神人と記されているが、『新編相模国風土記稿』には社人と記されている。

g社人　八員あり、承元元年二月、神人祝部清太國次が座衆上総國□前社の住人兼佑を、神人に補せられし事『東鑑』にみえたり、是社人の事なるべし、

そして、石川掃部信清、坂井宮内、岩瀬一学尚継、追川俊蔵尚正、金子泰亮勝佳、梶田判事頼蔭、戸川分平、石井庄司儀昭の八家が記されている。『鎌倉攬勝考』の行列次第には神人坂間大夫、小大夫、仁王大夫、石川掃部の四家が記されており、『新編相模国風土記稿』の記載とあわせて社人が神人のことであることがわかる。ここで奉仕が確認できるのは四家であり、御衣箱を持つものの家までは記載されていない。また、『祭礼行列図』には、御弓、御箭しか描かれていないようにみえ、他の社宝は確認できない。

E一山十四箇所等所役

一山十四箇所とは、供僧である十二院と神主大伴家、少別当の総称である。鶴岡八幡宮における祭司の中核をなす者たちであり、中心的存在である。

役の名称は、御劔、法螺、鐃、合鉢、甲衆、納衆となっているが、ここの区分では奉仕者に特徴がある。ここで記されている祭器は神主の御劔を除いて、祭礼の中の行事で使われている可能性が高いのである。法螺は承仕が祭礼の合図に使うものであることが『御殿司年中行事記』に記されている。また、『新編相模国風土記稿』の行列次第の納衆の項には「此内殿司職二人鍵を持、一臈灑水器を持、各兒一人を随ふ、」とある。御殿司とは十二院から二人が選ばれる重職である。また、十二院は臈次制であり一臈が灑水器を持つとある。『鎌倉三五記』にある「舞殿の前にて神輿をとどめ、称名灑水の行法、供僧つとめたまふ、」とあるように、真言宗の儀礼である「称名灑水の行法」でつかったのであろう。鐃、合鉢もこのように供僧が行事に使うものと考えられる。

『祭礼行列図』には、神主を始めとして、社僧、供僧は傘を差し掛けられており、他の奉仕者との意味合いの違いを示している。

F神輿以下所役

神輿と祭神のための沓、傘が中心となる区分である。鶴岡八幡宮から配當を得ている大工、経師も神輿に続いている。神輿は祭神である「応神天皇」「神功皇后」「比売神」の三柱の三基である。神輿はそれぞれ飾りが違い『鎌倉三五記』には「鳥　玉　花」としるされている。この神輿は現在鶴岡八幡宮の九月十五日例大祭「神幸祭」にそのままの形で出御している。そこでは飾りは「鳳凰」「宝珠」「菊」とよばれている。御霊神社の「面掛行列」の神輿は一台であるが「鳳凰」を模している。

『祭礼行列図』では、神輿の後ろに布衣姿の者が描かれており、経師か大工のどちらかであることが考えられるが、絵巻からは読みとれない。

以上、行列を区分ごとに考察したが、AからFの六区分はさらに大きく三つの区分に分けることができる。

Ⅰ露払い（A露払い、B威儀物）

Ⅱ神楽奉仕者（C神楽奉仕者）

Ⅲ鶴岡八幡宮常勤の奉仕者（D調度・神宝、E一山十四箇所、F神輿以下所役）

A露払い、B威儀物の二群は、合わせて外部からの奉仕者からなる「露払い」とまとめることができる。C「神楽奉仕者」は舞殿で「御神楽一座」を奉仕する一群であり、D調度・神宝以下E一山十四箇所、F神輿以下所役は鶴岡八幡宮に所属する常勤の奉仕者が勤める所役である。「称名瀧水の行法」「大祝詞」もこの中の十二院、神主大伴氏が奉仕するものである。

『鎌倉三五記』から、『鎌倉三五記』から四月、八月の祭礼が「祭礼行列」を中心とした「称名灑水の行法」「御神楽一座」「大祝詞」という三つの要素から構成されていることを指摘した。行列の構成の観点からみると、「御神楽一座」についてはそのための一群が形成されており、重要性が窺える。また、「称名灑水の行法」は、鐃、合鉢といった行法のための祭器を十二院が持っており、「一臈灑水器を持」と供僧の行事であることがわかるのである。「大祝詞」に関しての記載はなされていないが、唯一の神主大伴氏が奉仕したのは間違いないであろう。つまり、近世鶴岡八幡宮祭礼行列は『鎌倉三五記』、祭礼行列の構成からみたときに「露払い」「神楽奉仕者」「鶴岡八幡宮の常勤の奉仕者」の三群からなっていると考えられるのである。

これまで、鶴岡八幡宮祭礼行列の構成を分析したが、次に面掛行列と鶴岡八幡宮祭礼行列との関係性を明らかにするために行列の構成比較検討をしたい。面掛行列と鶴岡祭礼行列とは、近世における関係の指摘はなされても細かい比較検討がなされていないのが現状である。そこで、先の鶴岡祭礼行列の分析結果をもとに、現在行なわれている面掛行列の構成を分析し比較考察することによって、その関連性を明らかにするものである。

表2は平成十二年度に調査した際の面掛行列の次第と表1にまとめた鶴岡祭礼行列とを対応させたものである。これを見ると面掛行列のほとんどの所役が表1に対応していることがわかる。『八月十五日鶴岡八幡宮ご祭礼行列之写』に描かれている姿と、面掛行列の姿を比べても重なる点が多いのである。

表2で対応させた面掛行列の所役を表1の分類にしたがって並べなおしたものが表3である。表3と表1を改めて比較すると、面掛行列が鶴岡祭礼行列の縮小版とも言える行列構成をしていることが指摘できるのである。特に、A露払い、B威儀物については「御面」を始めとしてほぼ同型をなし、C神楽奉仕者についても、八乙女を除き意味合いも同じといってよい構成である。逆にDFの群に関してはあまり対応しておらず、E一山十四箇所に関してはまったく対応していない。

表2

区分	面掛行列次第	表1	
A露払い　B威儀物	金棒	A鉄棒	○
	同心	※A警固	
	鎌倉囃子		
	御榊		
	御鉾	B御鉾	
	天狗		
	御弓矢	B弓持	○
	白旗	B幡	
	長刀	B大長刀	○
	先槍	※B鑓	○
	獅子頭	A獅子二頭	○
	御面	A面掛拾人	○
	白旗	B幡	
	後槍	※B鑓	○
C神楽奉仕者 D調度社宝 F神輿	御刀	D御剱	○
	宝刀	D御剱	
	御沓	F御沓持	○
	太鼓	C伶人	○
	伶人	C伶人	○
	神主	C職掌	○
	氏子統代		
	神輿	F神輿	○

表3

区分	面掛行列分類
A露払い	金棒
	同心
	獅子頭
	御面
B威儀物	御鉾
	御弓矢
	白旗
	長刀
	先槍
	白旗
	後槍
C神楽	太鼓
	伶人
	神主
D	御刀
	宝刀
F	御沓
	神輿
分類ナシ	鎌倉囃子
	御榊
	天狗
	氏子総代

表4

区分	面掛行列外	奉仕者
A	大貫	大貫氏
B	干珠・満珠	
	御幣大幣袋	
	御幣	下社家
C	八乙女	八乙女
D	御衣箱	神人
	御手箱	神人坂間大夫
	御杖	神人小大夫
	御箭	神人仁王大夫
	御弓	神人石川掃部
	御硯箱	小別当
E	法螺	承仕
	鐃	社僧
	合鉢	十二院
	甲衆	十二院
	衲衆	十二院
F	御経師	御経師
	御大工	御大工
	御傘	

表4は表2で面掛行列に対応しなかった所役と奉仕者をまとめたものである。この表の奉仕者に注目すると、ほぼすべての奉仕者が鶴岡八幡宮「常勤の奉仕者」であることがわかるのである。

これまでの面掛行列に関する研究では、面掛行列が鶴岡八幡宮の祭礼行列を原型とし、模した行列であるとのみ指摘されていた。しかし、この分析から、面掛行列は鶴岡祭礼行列の「露払い」と「神楽」に関してとくに構成の上での類似性が指摘できるのである。

それに対して、Ⅲ鶴岡八幡宮常勤の奉仕者に関しては、面掛行列ではほとんどみられない。D調度・神宝に関しては神社の規模の大きさから、経済的な制約によるものとも考えられるが、祭神である神功皇后にまつわる所役「干珠・満珠」なども真似をしていないことから、鶴岡八幡宮へ配慮をして模倣を遠慮したものとも考えられる。面掛行列は鶴岡八幡宮祭礼行列の「露払い」「神楽」の要素を色濃く反映した行列であると指摘できるのである。

四　鶴岡八幡宮と鎌倉十四箇村の関係

面掛行列が、鶴岡八幡宮の祭礼行列を原型としているという点についてはほぼ確実といってよいと思う。では御霊神社が鶴岡八幡宮の祭礼を取り入れた背景には何があったのであろうか。これまでの面掛行列に関する研究史では、御霊神社の神主を鶴岡八幡宮の職掌が兼職していたこと、そして鶴岡八幡宮祭礼行列の「面掛」を御霊神社の鎮座する坂ノ下村の人々が奉仕していた、という二点をもって鶴岡祭礼行列と面掛行列の関係が説明されてきた。

本論では新たに、近世における鶴岡八幡宮と鎌倉の村との関係から、鶴岡八幡宮と御霊神社の関係を考察したい。まずは『鎌倉攬勝考』『新編相模国風土記稿』に記載されている、近世における鎌倉の村について考察する。

a鎌倉十四箇村名主共、麻上下着用、夫勤之者召連出、神輿に付添警固、神輿舁其外夫役之者之下知をなせり、『鎌倉攬勝考』

b今東は朝比奈の切通に界し、南は由井の海浜、材木座に限り、西は極楽寺切通、大仏切通を界とし、北は山之内村に至れり、其域内、雪下村、谷合四箇村（浄妙寺・二階堂・十二所・西御門村を□称してかく唱ふ）、小町村、大町村、乱橋村、材木座村、長谷村、坂之下村、極楽寺村、扇谷村、山之内村を概して、土俗之を鎌村の十村と云へり、『東鑑』元仁元年の条、載する処の四境と粗かなへり、

c村の数、正保の改に八十一、元禄に至り八村を増加す（秋葉村・山谷新田・腰越村・坂之下村・乱橋村を増し、野場を二村に分かち、柏尾村も上下とせり）、

d坂之下村　佐加乃之多牟良　江戸より行程十三里余、小坂郷に属す、村名の起りを伝えざれど、山麓の村落にて、隣村極楽寺切通しの坂下は當村なり、されば村名是に起れるなるべし、正保の改に此村名見えず、さては其後何れの村よりか分村せしなるべきか、今其伝を失ふ、

e乱橋村　羅牟波之牟良　小坂郷に属す、江戸より行程十二里余、村内小渠に架せる石橋の名に因りて村名は起れるなり、分村の年代詳ならざれど、正保の後元禄已前にあり、

f材木座村　佐伊茂久左牟良　小坂郷に属す、江戸より行程十二里余、正保の改には當村一村たりしを、元禄の改に至り分て二村とし、乱橋・材木座と別称す、いま猶然りと云へども、土人は旧に因て一村の如く村名も二名を合して唱呼す、『新編相模国風土記稿』

史料aは、祭礼行列に関する項目であるが、鎌倉十四箇村の名主が麻の上下を着用し神輿を警護する、また神輿担ぎ、その他の夫役のものを任命する、と記されている。ここで注目されるのが「鎌倉十四箇村」という呼称である。史料bにおいて祭礼行列に関係していた鎌倉の村が「鎌倉十四箇村」という枠組みで示されているので

ある。

史料bは、『新編相模国風土記稿』の鎌倉の村に関する総説の項に記されているものである。鎌倉の土地では、『吾妻鏡』に示されている鎌倉の範囲が「鎌村《ママ》の十村」と呼ばれていると記録している。十村と記しているが、「谷合四箇村」を四村に数えると十四の村となり、史料aと符合するのである。史料cは同史料『新編相模国風土記稿』鎌倉の村に関する項である。ここには、史料bに記載されている「鎌村の十村」に含まれる「坂下村」「乱橋村」が、元禄期に増加した村であると示されている。この史料からは、元禄期以前の鎌倉は、十四の村からは構成されていなかったことが読み取れるのである。

史料d・eは、元禄期に増加したとされる「坂下村」「乱橋村」に関する説明がなされている。いずれも、近隣の村から分村していることが示されており、特に乱橋村については史料fの材木座村の項に材木座村から分損していることが明記されている。ここから坂下村、乱橋村は元禄期に新たに加わった近隣の村ではなく、鎌倉の既存の村から独立分村したものと考えることができるのである。『新編相模国風土記稿』の村に関する史料に従うと、分村によって数は変化しているが、範囲自体は変化していないようなのである。その点について、高柳光壽氏は『鎌倉市史　総説編』「鎌倉十四箇村」[14]の項に於いて論じている。元禄十五年（一七〇二）七月に幕府で作成した「元禄郷帳」をもとに、近世の鎌倉について概説し、鎌倉十四ヶ村が時代、史料によってその数が変化していることに焦点を当てている。結果的には鎌倉十四箇村は時代により数が変化しているが、其の範囲自体は殆ど変化していないことを提示し、鎌倉十四箇村というのは鎌倉の範囲を示しているものであることを指摘している。この研究からも「鎌倉十四箇村」は、史料bにあるような範囲をあらわしたものであると考えられるのである。

では、鎌倉という範囲が史料bに見るように、中世より続いてきているものであると仮定すると、どのような要素が「鎌倉十四箇村」という範囲をたもってきたのであろうか。そのひとつの要素と考えられるのが鶴岡八幡宮への「鎌倉十四箇村」による奉仕である。延享三年（一七四六）に、鎌倉の村名主から奉行所へ宛てた「鶴岡八幡宮社役書上」という文書には、鎌倉の村の鶴岡八幡宮への具体的な奉仕内容と、それに対し免除される公役が記されている。この文書は二通から構成されている。一通は　雪ノ下村、扇ヶ谷村、西御門村、浄明寺村、小町村、大町村、乱橋村、材木座村、長谷村、坂之下村、極楽寺村の十一村からなり、もう一通は山之内村、二階堂村、十二所村の三村からなっている。内容はほぼ同等であり十四の村が奉行所へこの文書を出しているのである。

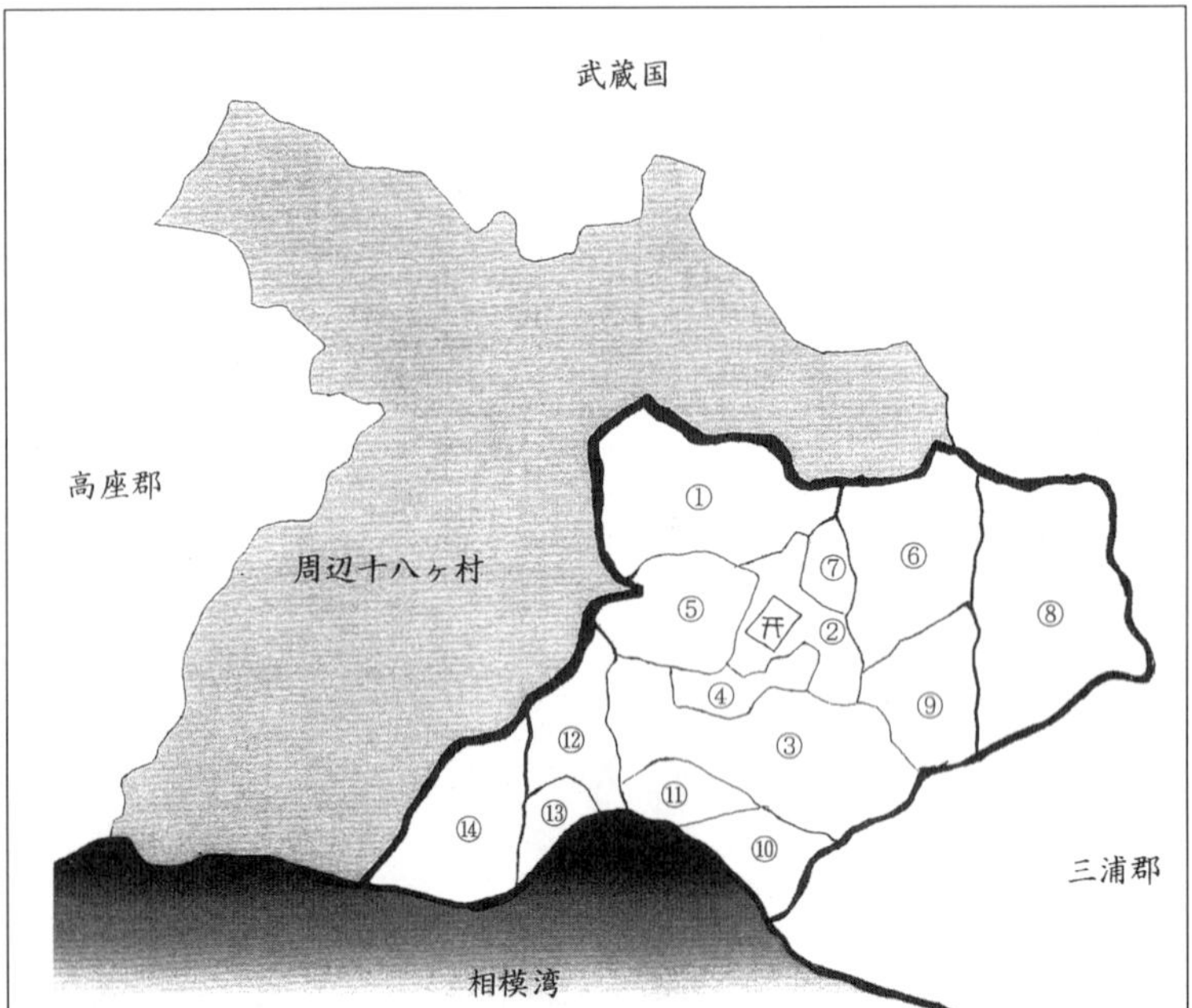

図2　鎌倉十四ケ村想定図

g白旗御祭礼之節、毎年正月十三日御神楽場所取組取仕廻人足差出シ申候、
h御祭礼之節、毎年四月・八月両度駕輿丁役弁御代官様より警固御役人、仮屋取組取仕廻候人足差出申候、
i流鏑馬之節、毎年八月十六日けいこ弁桟敷取組取仕廻人足差出し申候、
j相撲之節、毎年八月十六日警固弁仮屋やうい取組取仕廻人足出し申候、

(『鎌倉市史』近世史料編　第一編「東京大学法学部法制史資料室蔵」)

史料g・h・i・jは、特に祭礼に関係する部分である。正月、四月、八月の祭礼に際しての奉仕内容が記されており、史料gでは正月白旗社の祭礼に際しての神楽場所の設置、そして史料i・jでは八月十六日の流鏑馬、相撲を行なう際の祭場の準備が記されている。中でも注目されるのが史料hの条文である。四月・八月の祭礼に際しての神輿担ぎ、代官所からの役人のための仮屋の設営といった奉仕内容が記されており、これは史料a『鎌倉攬勝考』の記述と符合するものである。

史料g・h・i・jは、どれも「三名割村方ニ而古来より家別ニ相勤来候」となっており、村それぞれが家ごとに三人奉仕に出ると解釈できるのである。つまり、村個別の奉仕ではなく、鎌倉十四箇村としての奉仕と捉えられるのである。

ちなみに、現在の鶴岡八幡宮の例大祭である神幸祭では神輿の渡御が行なわれる。行列の姿、祭礼の様式は近世期のものとは大きく違うが、御輿担ぎに大きな特徴が見られるのである。神輿担ぎは氏子地区すべてに割り振られ、各地区最低一名は神輿の担ぎ手を出すのである。この方法が近世期より続くものであるかははっきりしないが、ここから考えると近世期における神輿担ぎも史料a・hに見られるように「鎌倉十四箇村」全域から集められたと考えることができるのである。鶴岡八幡宮祭礼行列には「鶴岡八幡宮社役書上」『鎌倉攬勝考』等の史料をみると、神輿担ぎ代表として鎌倉全域の村が総出で奉仕をしており、鎌倉の村すべてが祭礼行列に奉仕をし

ているのである。

面掛行列が鶴岡八幡宮祭礼行列に倣って構成されている理由として、「面掛」を坂之下村が奉仕していたためであると、永田氏は解釈しており、研究史の上では坂之下村の奉仕が特別であったと認識されている。しかし、ここから、模倣の理由の一つとして鎌倉全域にかかわる鶴岡八幡宮と鎌倉十四箇村との奉仕関係があったことが指摘できるのである。祭礼行列には鎌倉十四箇村すべての村が奉仕しているのであり、その中の「面掛」奉仕が坂之下村なのである。

おわりに——鎌倉の祭礼としての面掛行列——

御霊神社に伝わる十面とほぼ同型の面が、鎌倉市山之内に鎮座する八雲神社に伝わっている。近年まで、その面を掛けた七人の者が参列する行列が行なわれていた。交通の事情などから神輿の行列は省略され、祭礼の期間中に面のみが展示されていた。しかし、面の痛みが激しくなってきたため、平成十三年度の祭礼から面も展示されなくなったのである。

面の造型は一見して、御霊神社の面と同系であることがわかる（図3）。但し、八雲神社の七面のひとつは「天狗」の面であり、御霊神社の十面には含まれない。六つの面の造りが共通している。

行列の次第は表5に示してあるが、御霊神社、鶴岡八幡宮祭礼行列とは違う構成である。この祭礼行列については白井永二氏、永田衡吉氏、大藤ゆき氏により面掛行列、また鶴岡八幡宮祭礼行列との関係が指摘されているが、その内容は、御霊神社、鶴岡八幡宮の面と造型が似ているという点にとどまり、あまり深い追求はなされていない。近年の研究では

表5

八雲神社行列次第
ふれ太鼓
榊天王
金棒
鉾
獅子頭
神旗
七人面
辛櫃
神主
役員
神輿

近世鶴岡八幡宮祭礼としての面掛行列(軽部)

『八月十五日鶴岡八幡宮御祭礼行列之写』

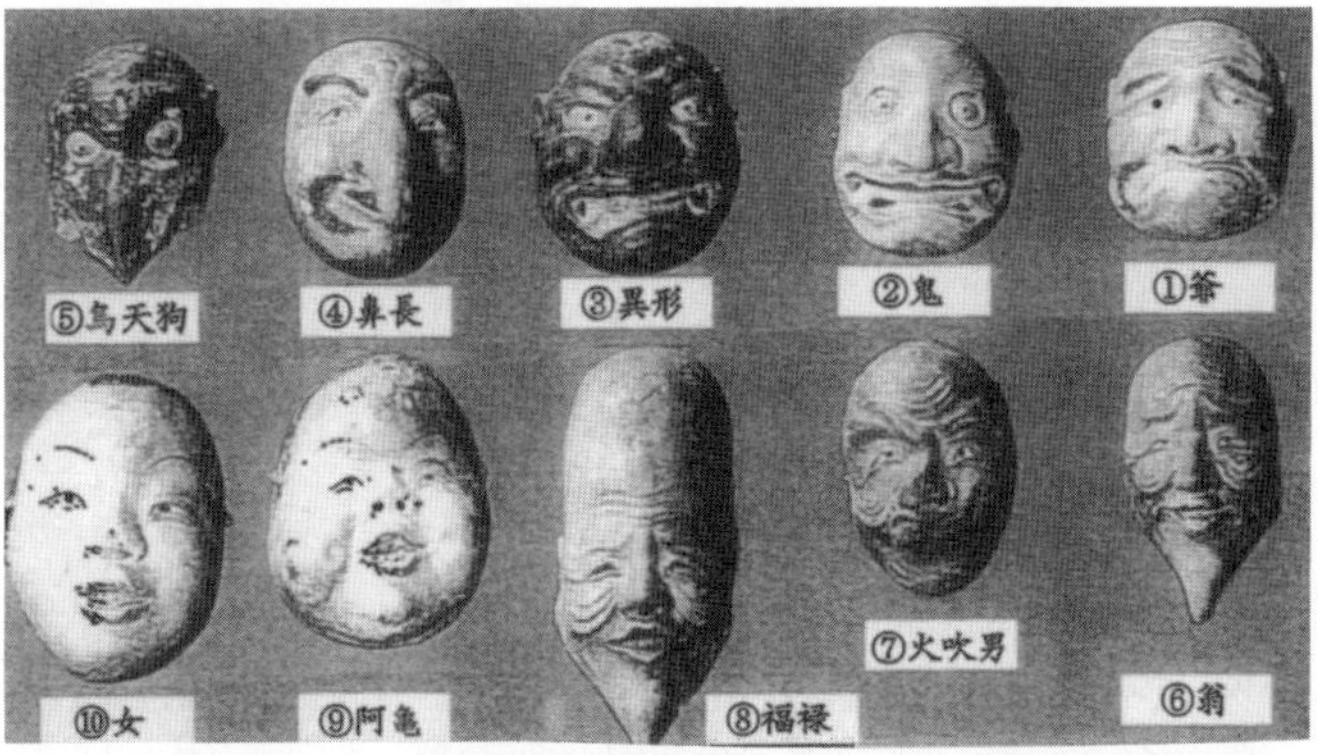

御霊神社　十面

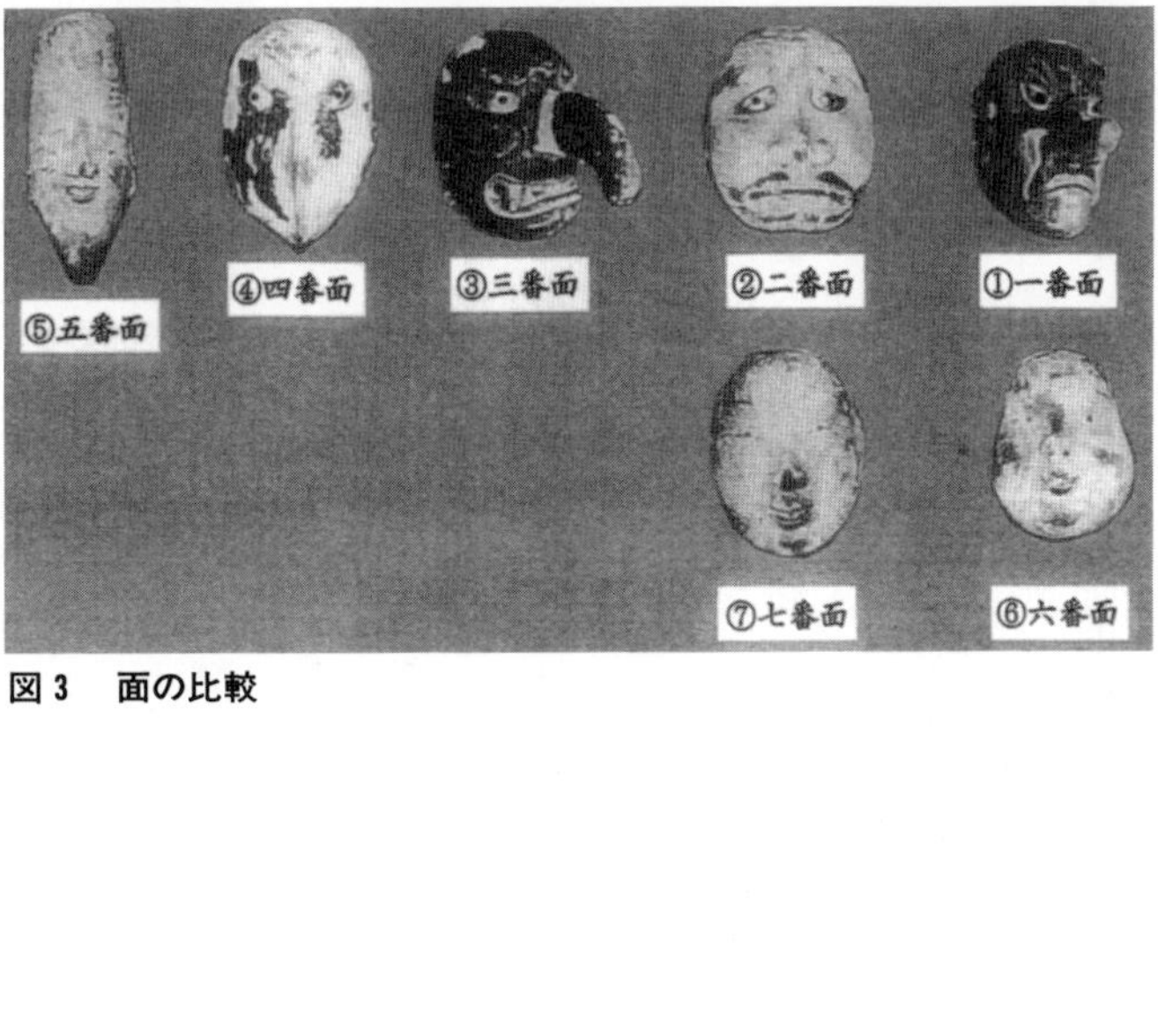

八雲神社　七面

図 3　面の比較

平成十三年六月の勝田みほ氏による口頭発表「近世鎌倉の祭礼をめぐって―円覚寺鎮守弁財天社の事例を中心に―」(18)の中で、山之内八雲神社の祭礼について論及がなされている。そこでは、山之内における七面は、造型は御霊神社、鶴岡八幡宮と同じものであるが独自の意味を持った「七福神」の面掛行列であることを指摘し、七つの面を掛けた祭礼は八雲神社のみでなく六十年に一度行なわれる円覚寺鎮守弁財天社の祭礼大鐘祭にも加わっていることに着目し、祭礼の成り立ちを明らかにすることを試みている。

山之内の八雲神社は近世期には牛頭天王社と呼ばれていた。『新編相模国風土記稿』の山之内村牛頭天王の項には「村の鎮守なり、神主鈴木主馬持　雪ノ下村に住す、」と記されている。鈴木主馬とは鶴岡八幡宮の職掌の家柄である。御霊神社と同じく神主が鶴岡八幡宮の職掌と、神主を兼職しているのである。鎌倉十四箇村の中で職掌が神社を兼職しているのは、この二社のみである。ここから、山之内村の祭礼で鶴岡八幡宮、御霊神社と同系の面が使われたのは職掌の兼職が大きな理由のひとつであると考えられる。つまり、山之内村の面は鶴岡八幡宮の祭礼行列の影響を受け、面を模造したものと解釈できるのである。

御霊神社の面掛行列は研究史の上で、面の造型、頼朝説話に関連した極楽寺村長吏の問題、鶴岡八幡宮祭礼行列への面掛奉仕などから、その特殊性のみが強調されてきた。しかし、祭礼行列の構造の観点から見ると、面掛行列は鶴岡八幡宮の祭礼行列を原型としていることは明らかである。鶴岡八幡宮へ面掛奉仕をしていた点に関しても、鎌倉十四箇村は神輿担ぎをはじめとして鶴岡八幡宮へ奉仕をしており、坂ノ下村だけが奉仕をしていたのではないことがわかる。現在では、面掛の祭礼行列が鎌倉の中で御霊神社のみ残っていることから、面掛行列の特殊性が際立っている。だが、近世期に注目すると御霊神社の面掛行列や山之内の祭礼は、鎌倉十四箇村という範囲の中で鶴岡八幡宮の祭礼行列から伝播した祭礼の一つとして捉えることができるのである。

面掛行列に関しては、頼朝にまつわる説話、面の由来、鎌倉神楽など追及すべき点は多く存在する。しかし、本論稿で指摘したのは、面掛行列が今まで論じられてきたような特殊な祭礼ではなく、近世期においては鶴岡八幡宮を中心とする鎌倉十四箇村の中の一祭礼であったということである。面掛行列は、現在に残る数少ない近世期における鶴岡八幡宮と鎌倉十四箇村との関係を示す祭礼であるといえる。

注

(1) 永田衡吉「仮面風流」(『神奈川県民俗芸能志』、錦正社、昭和四十三年)。
(2) 白井永二「放生会考」(『鎌倉風草集』、桜楓社、昭和六十一年)。
(3) 『新編相模国風土記稿』(『大日本地誌体系』第三十九巻、雄山閣出版、昭和三十九年)。
(4) 『御殿司年中行事記』(神道体系編纂会『神道体系　神社編二十鶴岡』、昭和五十四年)。
(5) 『新訂増補、国史大系第三十二巻、吾妻鏡』(黒板勝美　国史大系編修会編輯、吉川弘文館、昭和四十年)。
(6) 『国史大系第二十一巻下、増鏡』国史大系編修会編、吉川弘文館、昭和四十一年)。
(7) 永井晋「『吾妻鏡』にみえる鶴岡八幡宮放生会」(『神道宗教』神道宗教学会、平成十年)。
(8) 『鎌倉三五記』(鎌倉市史編纂委員会編『鎌倉市史』近世近代紀行地誌編、吉川弘文館、昭和六十一年)。
(9) 『鎌倉攬勝考』(『大日本地誌体系』第五冊、大日本地誌体系刊行会、大正四年)。
(10) 『鶴岡祭礼行列』(宮内庁書陵部所蔵)。
(11) 土肥誠「鶴岡八幡宮祭禮行列考」(1)(『太平臺史窓』8号、大塚書店、平成元年)。「鶴岡八幡宮祭禮行列考」(2)(『太平臺史窓』9号、大塚書店、平成二年)。
(12) 『八月十五日　鶴岡八幡宮御祭礼行列之写』(東京国立博物館蔵)、鶴岡放生会における祭礼行列の様子を描いた絵巻。
(13) (9)に同じ。
(14) (9)に同じ。
(15) 鎌倉市史編纂委員会『鎌倉市史』近世近代史料編(吉川弘文館、昭和三十四年)。
(16) (9)に同じ。

(17) 高柳光壽「鎌倉十四箇村」(鎌倉市史編纂委員会『鎌倉市史　総説編』、吉川弘文館、昭和三十四年)。
(18) 勝田みほ「近世鎌倉の祭礼をめぐって—円覚寺鎮守弁財天社の事例を中心に—」(神社史料研究会第二十三回研究発表、平成十三年六月二十一日、於東京大学史料編纂所)。

住吉大社における荒和大祓の神事をめぐって

浦井祥子

はじめに
一　荒和大祓の概要と呼称
二　近世の荒和大祓とその変遷
三　末吉家と荒和祓家の神役
四　荒和祓家の変遷と意味
おわりに

はじめに

現在、大阪市住吉区の住吉大社では、毎年七月三十日から八月一日の三日間にわたって、「住吉祭」と称される大祭が行なわれている。この住吉祭は、「おはらい」とも呼ばれ、大阪市内の夏祭りの最大のものとして多くの参拝者で賑わう。七月二十・二十一日の神輿洗神事《みこしあらいしんじ》の後に行なわれる、七月三十日の宵宮祭、三十一日の夏越大祓、八月一日の堺への渡御祭《おわたり》と宿院における荒和大祓の神事から成っており、住吉大社における中心的な年中祭事のひとつとなっている。特に夏越大祓神事は、一般市民も参加して行なわれ、榊を手に持ち、緋や萌黄などの華やかな衣で着飾った稚児や夏越女と共に、茅の輪をくぐる神事で有名である。(1)

住吉祭の起源は古く、神功皇后と住吉明神が宿院の名越の丘で祓いを行なったことに遡るとされる。その後、堺の宿院に頓宮を設け、十三世紀中頃には、毎年旧暦六月晦日に住吉大社から神輿が渡御するようになったという。(2)その際に、堺の漁師が魚介類を奉納し、併せて夜市（大魚夜市）を開くようになった。住吉大社は、航海・漁業の神として漁師や魚商人たちに信仰されていたため、多くの漁師などが集まり、その年の大漁と航海の安全

を祈った。現在でも堺の宿院では、漁業組合などが祭りに参加している。(3)

住吉祭の注目すべき点のひとつは、住吉と堺だけでなく、堺に隣接する平野の人々もこの神事に関わっていることであろう。明治後期に幼少期を平野で過ごした与謝野晶子は、『私の生ひ立ち』の中で「夏祭」と題し、大鳥神社の夏祭りと共に「お祓い」と称されていた住吉祭の思い出を取り上げている。(4) そこには、正月を迎える大晦日よりも、大祓の前日である宵宮の晩（七月三十日）の方が嬉しかったという記述があり、この神事が明治期においても、平野の人々の中で、夏の風物詩のひとつとして親しまれていたことを窺わせる。このように住吉祭は、住吉のみでなく、祓所のある堺と、住吉末社の由来を持つ三十歩神社のある平野という、三つの地域によって担われていることに大きな特徴がある。

さて、本稿で取り上げるのは、この住吉祭の中で行なわれている「荒和大祓」の神事である。「荒和大祓」は、「荒和祓」と記されていることも多い。本稿では、現在住吉大社の用いている呼称に倣い、「荒和大祓」で統一するが、「荒和神事」「荒和大祓神事」「荒和の禊」「荒和の禊祓」など、他にも幾つかの呼称が見られる。

一般にこの荒和大祓は、夏越大祓と同一のものとして見なされており、「名越祓（夏越祓）」や「御禊」と共に、「荒和祓」も夏の季語とされている。そのためか、大祓の研究の中でも、荒和大祓は単なる夏越大祓の異称として挙げられるに留まり、荒和大祓に関する個別の研究は行なわれていなかった。しかし荒和大祓は、その読み方自体にすら幾つかの説があるなど曖昧な点が非常に多く、その具体的なあり方などに至っては、ほとんど知られていないのである。(5)

荒和大祓の初見は、管見では、長治元年（一一〇四）に成立した『堀河院百首（堀川百首）』に見られる「荒和祓」の語である。(6) 但しこれは、歌の中に「荒和祓」の語が詠み込まれているわけではなく、歌題として項目のひとつに付けられた題である。歌題となっていながら、そこに詠まれた和歌に「荒和祓」の語が用いられたものはなく、いずれも「御禊《みそぎ》」や「夏越の祓」などの語を詠み込んでいる。このことから、「荒和祓」が、「夏越の祓」などと同じことを意味していたことが確認できるが、同時に、何ゆえに「荒和祓」という題がつけられているのかという疑問も生じる。『堀河院百首』の注釈書であり、江戸時代初期の成立とされる『堀川院百首和歌鈔　四季』(以下、堀河院百首和歌鈔)も、『令條』をはじめとしたいずれの文献にも「荒和祓」という語が見られないことを指摘し、この疑問と語源などについて言及している。(7)

さらにもう一例、室町中期の歌人東常縁が、師匠や先輩・知友などから聞き伝えたことを書き集めた『東野州聞書』の宝徳三(一四五一)年の記事にも、「荒和祓」の語が見られる。(8)しかし、これもまた読み方を尋ねた歌題の中のひとつとしてであり、歌自体に詠み込まれているわけではない。これらの具体的な読み方などについては、本論中で改めて取り上げるが、このように「荒和大祓(荒和祓)」の語は、古くは和歌の歌題として用いられていた例が見当たるのみである。しかも、その語自体を歌に詠み込んだ例は、さらに時代を下ってからのものとなり、その数も非常に少ない。

筆者の確認した限り、現在、荒和大祓と称する独立した神事を行なっているのは住吉大社のみであり、他の神社においては、単に夏越大祓の別称とされていることが多いようである。(9)先に述べたように、現在、住吉大社では、七月三十一日に夏越大祓神事を行ない、その翌日に荒和大祓神事を行なうという形式を取っている。しかし、本稿で明らかにする通り、少なくとも近世以前の住吉大社では、夏越大祓にあたるものとして、荒和大祓と称される神事を行なっていた。実際に、本稿で取り上げるこの荒和大祓は、住吉大社の特殊神事であり、地域性などを反映した独特なものとなっている。

平野の惣年寄であった末吉家に伝わる『末吉文書』(10)には、荒和大祓に関するまとまった史料が残されており、その様子や変遷などを窺うことができる。これらは、荒和大祓において末吉家が勤めていた「荒和祓家《あはらや》」なる神役の立場から記されたものである。この神役は、略式ながら現在もその役割を継承しているが、その内容や具体的な役割はもちろん存在自体も、一般にはほとんど知られていなかった。したがって、これらの神役の持つ意味合いなどにも言及する必要があろう。

本稿では、住吉大社における荒和大祓の由緒や内容などを具体的に明らかにし、その意味合いなどを考察する。またさらに、荒和祓家という神役の存在を提示し、その背景にある住吉大社と末社の本末関係、住吉・堺・平野の地域的関係などについても窺い見ようと試みるものである。

一　荒和大祓の概要と呼称

現在、住吉大社では、毎年七月二十一日・二十二日に神輿洗《みこしあらい》神事《しんじ》を行なっている。これは、住吉祭の堺への神輿渡御に先立つもので、海水で神輿を祓い清める儀式である。かつては、旧暦六月十五日の満潮の宵に、長峡の浦で行なわれていたが、現在は南港で、沖より汲んできた海水をもって祓いを行ない、その夜は住吉公園の御旅所に安置し、翌日の夜に本社へ還御し、祭典を行う。この神事は、参加者もその日に長峡の浦で海水を浴びれば万病に効くとも言われ、多くの人々が集まるという。

この神輿洗神事を終えた後、七月三十日の宵宮祭から三日間にわたって行なわれる一連の神事が、住吉祭と呼ばれるものである。特に、七月三十一日に行なわれる茅の輪くぐりをはじめとした夏越大祓の神事は、大阪府の無形文化財にも指定されている。そして、さらに翌八月一日に、堺への神輿渡御と荒和大祓の神事が行なわれることになる。つまり、荒和大祓とは、住吉祭における祓いの神事の部分であり、「渡御祭《おわたり》」とも称されるこの神輿渡御は、荒和大祓を行なうために、住吉から祓所となる飯匙堀《いいがいぼり》のある堺の宿院までの約六キロメートルほどを巡幸するものなのである。

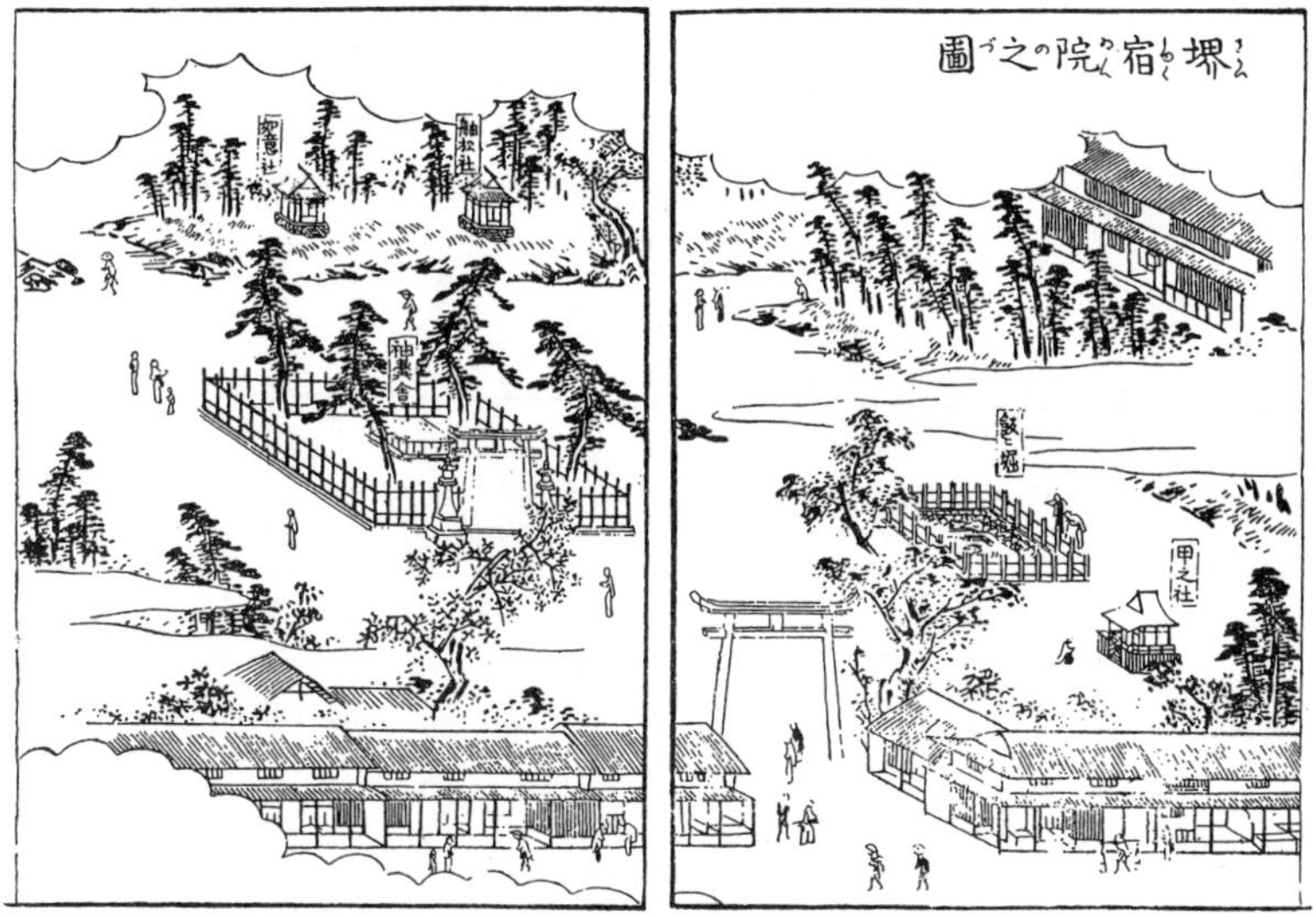

図1　堺宿院と飯匙堀（『住吉名勝図会』、『大阪府神社史資料』上巻）

具体的には、まず住吉大社の神前において祝詞の奏上が行なわれる。この時、数人の祢宜と共に、桔梗の造花を載せた三方を持った稚児一人が加わっている。神輿を乗せた船神輿は、大阪と堺の子供たちによって曳航され、堺へと向かう。この行列には、現在車両が列を連ねており、後に触れる桔梗の造花を持った稚児も車に乗って同行している。当然のことながら、この点は近代以前の形式とは異なるが、神輿に神霊《みたま》を遷して渡御し、迎え提灯を立てて神輿を迎える風習などに変わりはない。

神輿は、住吉と堺の間を流れる大和川にかかる大和橋の中央において、住吉の氏子から堺の氏子へと、引き渡しの儀式が行なわれる。堺の氏子の話によれば、この受け渡しは、戦前には川の中で行なわれていたという。堺の宿院に到着すると、神輿着輿祭（頓宮祭）が行なわれ、さらに、そこにある飯匙堀において荒和大祓が執り行なわれる図1は近世当時のものであるが、柵で囲まれた飯匙堀は、現在もその雰囲気を留めている。神輿着輿祭の際、氏子の代表や周辺の漁業関係者などが榊木を奉じるのと並んで、稚児が神前に桔梗の造花を奉じている。この稚児の役割や桔梗の造花などについては、後節で詳しく論じるが、近世までは、この桔梗は平野の七名家から、住吉大社と堺奉行の二ケ所に奉奠されていたものであった。

さて、現在住吉大社では、この「荒和大祓」を、「あらにごのおおはらえ」と読みならわしている。しかし実際には、この読み方については、幾つかの説が見られる。主には「荒和」を「あらにご」と読むか「あらにぎ」と読むかの二説であるが、平野郷に関する研究を行なっている村田隆志氏は、「荒和祓」を「あはらや」と読むとする説を立てている。(11) また他に、本来「あらにこ」と読んでいたものを、後に「あらにご」と発音するようになったとする説などもあるが、(12) いずれも典拠などに乏しく、はっきりとした説が示されていなかった。

この点について確認できる最も古い史料が、先にも挙げた『東野州聞書』である。ここでは、「賭弓《のりゆみ》」「貢調《みつぎ》」などと並んで、和歌の歌題の読み方のひとつに、「荒和祓《あらにごはらひ》」との記載がある。(13) このように「荒和」を「あらにこ」もしくは「あらにご」とする読み方は、近世後期に成立した『住吉名勝図会』にも見られる。(14) この史料は、神輿渡御の行列の様子をはじめとした荒和大祓の様子を描いており、当時の華やかな祭礼の姿を窺うことができるものであるが、この添え書きの部分に、「荒和大祓《あらにこおゝはらひ》」という振り仮名が見られる（図2-a参照）。この史料が、地誌であり、いわばガイドブック的な性格のものであることを考えれば、当時の一般的な呼称が記されていた可能性が強い。

これらの史料から窺う限り、「荒和」は、一般には「あらにご」と読みならわされていたと考えられる。「あらにこ」と「あらにご」の清濁については、先に挙げた説のひとつにも見られたように、発音しやすく濁音化したものとも思われる。しかし、近世以前は、濁点を表記しない場合が多く、『東野州聞書』が、「あらにごはらひ」と明らかに濁音で記していることからも、やはり「荒和」は、基本的には「あらにご」と読むものと考えてよいのではないだろうか。(15)

a

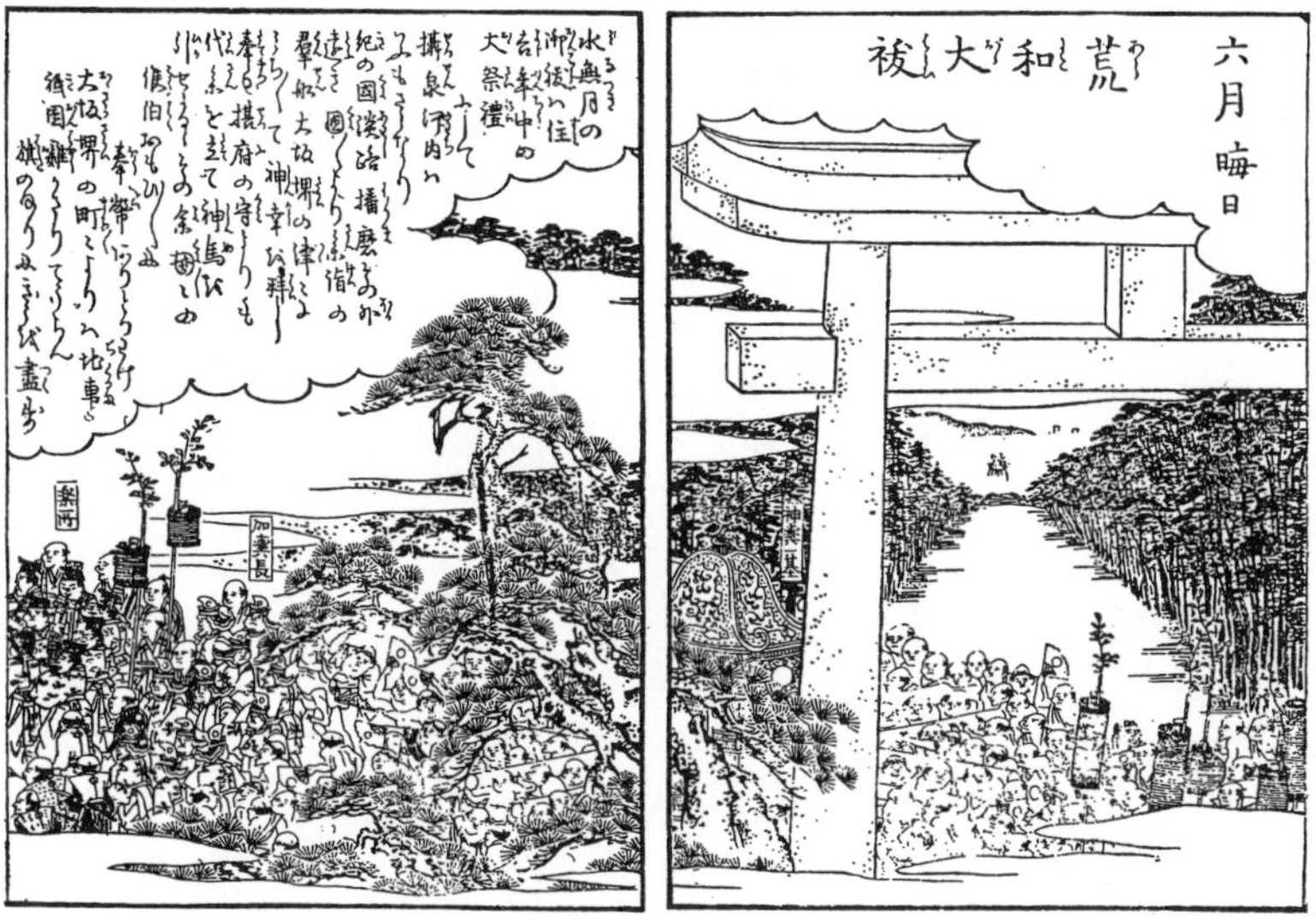

b

図 2　荒和大祓・御輿渡御(『住吉名勝図会』、『大阪府神社史資料』上巻)

このように、「荒和」の読み方が確定しなかった理由には、その由来や意味合い自体が定かでなかったことも挙げられよう。そこで次に、それらについて注目したい。『堀川院百首和歌鈔』は、断定は避けつつも、荒和大祓とは「荒キ神ヲハラヘナゴムル」ものであろうと記している。仮に、この説を①としよう。[16]

一方で、山川鵜市の『神祇辞典』[17]は、「荒和祓」を「名越祓に同じ。荒和は、もと荒妙・和妙の斎衣を神に奉る故事なるを、後世荒ぶる神を和《なご》すと云ふ意とするは誤なりと云ふ。」として、①の説を否定し、異なった解釈を提示している。こうした荒妙・和妙の斎衣と絡めた考え方は『大言海』などに拠る。今、この解釈を②とする。また『神道大辞典』[18]によれば、「荒和祓」とは「大祓の日、天皇・中宮・東宮の御為に特に行ひ奉る荒世和世の儀を称す。」ものであるという。このような解釈は、『関秘録』『和訓栞』などにも見られる。これを③とする。

さらに、元禄年間（一六八八〜一七〇三年）の成立とされる『住吉松葉大記』は、③の説に対して、『江家次第』[19]の「縫殿寮奉荒世・和世御服事」の頭書から、「神有誨曰、和魂服王身而守寿命、荒魂為先鋒而導師船、即得神教而拝礼之、」の部分などを引いて考察を加えている。それによれば、すなわち「荒世和世」とは、本来「荒世和世御服」つまり王身の装束のことで、それを「阿良多部爾古多部」と読んでいた。「荒和祓」を「荒世和世」と言うのは、「荒和」の二字を「安良爾古」と訓読したことによる、というのである。そして本書は、次のような解釈を提示している。

〔史料1〕

又此記、書二今日大祓一、云二荒和御祓一、荒者動也、和者静也、荒魂和魄之意也、人有二魂魄之二霊一、祓者浄二魂魄一之理矣、故鎮二魂魄一、有二鎮魂祭一、大祓亦准レ之、洗二濯汚穢・不潔一去而、浄二荒和二霊一之義、故云二荒和御祓一也、[20]

「魂」と「魄」は、いずれも人の生成長育を助ける気を意味するが、前者は陽気で精神を主るものを指し、後者は陰気で肉体を掌るものを指す。人にはこの「魂」と「魄」の二霊があり、すなわち荒魂と和魄の二霊を浄める意味で「荒和御祓」と称された、というのである。この説を④とすれば、荒和大祓の意味には、少なくとも①~④の四つの解釈があることになろう。

『堀川院百首和歌鈔』には、そもそも「荒和祓」という語が何に拠るものかということへの疑問も呈されている。①~④のように、荒和大祓は、その読み方のみならず解釈も一通りではなく、近世当時からすでに混乱していた。夏越大祓と同一であると認識されつつも、その詳しい内容や由来は、曖昧なままにされていたのである。

荒和大祓とは、由来や意味などが定かでないままに、その語だけが独り歩きする形で用いられていた感も否めない。そこで次に、『末吉文書』などの関連史料から、近世を中心に、住吉大社における荒和大祓の具体的な神事の内容や、その変遷の様子などを明らかにし、さらに、平野郷から出される独特の神役の存在と、その意味などについて考察したい。

二　近世の荒和大祓とその変遷

近世の荒和大祓の大まかな様子は、次に挙げる『摂津名所図会』の記述などに見ることができる。ここには、住吉大社から出された神輿が、堺に入ってからの様子が、順を追って記されている。

〔史料2〕

晦日大祓　神輿開口に神幸す。開口とは堺の宿院なり。俗に御旅所といふ。六月小なれば則二十九日を用ひ、大なれば則晦日を用ふ。毎年神輿を舁く輩住吉松原に来り、海辺にて潮垢離を浴し、神輿一基社前に出して、神人・社僧祝詞を修し、神遷ありて、社司多く騎馬にて供奉す。既に堺の御旅所に到る。初め社僧六七輩許り、素絹を着し茶磨笠を戴き、騎馬にて神に先つて堺に到り、七堂が浜御祓道大小路より神輿の幸を待ちて、既にして又神を宿院の仮宮に遷し、又祝詞を誦す。夜に入れば神輿住吉に還幸。其時堺の地人・船長・漁師の類、手毎に炬を点じ、神輿を新大和橋北爪まで送る、数百人の炬恰も白昼のごとし。これを西の宮・灘・兵庫・須磨・明石の浦々、南は泉州貝塚・佐野・岡田より此火を的として神幸を拝するとぞ。此橋爪より大坂の地人御迎挑灯として候。屋敷船持の買人・水主楫取の輩、数千の挑灯を照し、列をして酒機嫌に声を揚げ、神輿を迎へ奉る。これを住吉の火替といふ。都て此神事は諸社にありて、名越祓、又は荒和祓といふ。(21)

ここに見られるように、神輿を担ぐ者たちは、住吉松原に集まり、海水で潔斎してから、神輿一基を住吉社の社前に出し、神人・社僧が祝詞を修して神遷しをし、その後、神輿を担いで騎馬や徒歩の行列を組み、堺の宿院まで巡幸していた。「都て此神事は諸社にありて、名越祓、又は荒和祓といふ」とある通り、名越祓と荒和祓は同じものとしてみなされており、諸社で行なわれていたようである。この史料には詳しく記されていないが、堺の宿院（頓宮・御旅所）での神輿着輿祭（頓宮祭）が済むと、飯匙堀において祓いの祭が執り行なわれていた。史料によっては、まさにこの住吉独特の祓いの神事の部分を指して、荒和大祓と称することもあったようである。その後、夜に入って神輿が住吉に還幸する際に、諸国の地人・船主・水主などが数多の提灯を点じて新大和橋爪でこれを迎えるが（迎提灯）、この行事は「住吉の火替」と称され、非常に華やかなものであったという。

『住吉松葉大記』によれば、堺の宿院とは、彦火火出見尊《ひこほほでみのみこと》（山幸彦）が塩土老翁《しおつちのおじ》のおかげで海宮に至り、豊玉姫と契り、海神より両の玉を得て海宮から戻ってから、そのひとつである汐干珠《しおひるたま》を埋めた地であると言われている。(22)神輿を当地へ出すのは、干珠を鎮めるためとされ、この祓いの神事こそが最も重要な部分でもあったと言えよう。干珠を埋めた飯匙堀とは、その堀の形が飯匙に似ていることから、この名が付いたとの説もある。「匙」を「ヒ」と表記する場合もあるが、「ヒ」は、共に飯を食する器を意味するといい、由来とは多少矛盾が生じよう。先にも触れた通り、図1には、柵で囲まれた近世当時の飯匙堀の様子がよく窺える。現在は、周囲を石柱で

図3　享保八年　住吉荒和祓屋花笠・児・祢宜行列次第（「末吉文書」第八二冊一二六〜）

「享保八年
住吉荒和祓屋兒
馬祢宜馬行列次第
卯六月晦日」

先払　股引　大小

供　黒帷子　脇差
同　同断
同　同断

警固　烏帽子　青襖袴高股立　大小
警固　同断

同　同断
同　同断
同　同断
同　同断

花笠　背ニ桔梗作花　金銀御幣　山鳥尾　桔梗作花　手ニ桧扇子

介副　烏帽子　袍衣　小サ刀
介副　同

兒　下着白帷　単　紅綾　しよほく白練　腰帯白練　差貫藤色　襪子白練
髪　兒分け　白粉　白きハ　白歯

馬副　烏帽子　青襖袴　大小
口取　黒かたひら　おひ　ほうし
馬
口取　黒かたひら　おひ　ほうし
馬副　烏帽子　青襖袴　大小

傘持　柄長傘布袋入　白張　烏帽子　脇差
履持　浅履　白張　烏帽子　脇差

胡床持　白丁　烏帽子　脇差

介人　白丁　烏帽子　脇指

花笠　背ニ桔梗作花　金銀御幣　山鳥尾　桔梗作花　手ニ桧扇子

介副　烏帽子　布袋　小サ刀
介副　烏帽子　布袋　小サ刀

兒　下着白帷　単　紅綾　しよほく白練　腰帯白練　指貫藤色　襪子白練
髪兒わけ　白粉　白きわ　白歯

馬副　烏帽子　青襖袴　大小

口取　黒かたひら　おひ　ほうし

馬

口取　黒かたひら　おひ　ほうし

馬副　烏帽子　青襖袴　大小

傘持　柄長傘布袋入　白丁　烏帽子　脇さし

履持　浅履　白丁　烏帽子　脇さし

胡床持　白丁　烏帽子　脇さし

介人　白丁　烏帽子　脇さし

介副　烏帽子　布衣　小サ刀

祢宜　烏帽子風折　浄衣　襪子　小サ刀　末広

介副　烏帽子　布袋　小サ刀

馬副　烏帽子　青襖袴　大小

口取　黒かたひら　おひ　ほうし

馬

口取　黒かたひら　おひ　ほうし

馬副　烏帽子　青襖袴　大小

傘持　柄長傘布袋入　白丁　烏帽子　脇差

履持　浅履　白丁　烏帽子　脇差

介人　白丁　烏帽子　腰指

茶弁当持　黒帷子　脇差

笠籠持　黒帷子　脇さし

同　黒帷子　脇さし

沓籠持　黒帷子　脇さし

押　股引　大小

供　黒帷子　脇さし

同　同断

同　同断

囲んであるが、基本的な構造はそのままに残されており、祓所としての役目も変わっていない。『住吉松葉大記』には、荒和大祓の神事における神官や氏人の動き、さらに詳細な神事の様子なども記されている。[23] これによれば、荒和大祓は、六月晦日早朝から御供備えを進め、神職のほか、両官(北総官・南総官)や布衣の氏人などが参加する。巫女なども加わり、酒肴が振舞われるほか、田楽や猿楽などが行なわれ、万歳楽・泔州・陵王・延喜楽・納蘇利なども奉幣される、大変華やかなものだったことが窺われる。

もっとも同書は、この神事の中には、すでに元禄当時までに、古来の形式から変えられている部分があったとも記している。例えば、釣殿や楽所、開口宿院の南北仮屋などの他、巫女・馬長・田楽・猿楽・摺粉母湯の饗膳、さらに両官が宿院に供奉することなどは、すでに皆断絶していたという。特に、かつては両官が「駕牛車」で宿院に至り、家子・氏人・客方・神官・社僧などが騎馬で陪従し、誠に広大壮観なものであったという記述などは、近世当時以上に大規模だったといい、かつての祭りの様子を物語っている。『住吉名勝図会』に描かれた行列の様子や、『末吉文書』に見られる行列の次第(図3)などを見る限り、近世におけるこの神事の規模も、壮大なものだったように思える。さらに壮麗であったという近世以前の神事の規模の大きさには、驚くべきものがあろう。

さて、ここで茅の輪くぐりの神事について注目したい。「茅の輪くぐり」は、「菅貫」などと称されることもあり、茅を束ねて大きな輪にしたものをくぐることもあれば、小さな茅の輪を身につけて祓具とすることもある。既述の通り、現在、住吉大社では、七月三十一日の夏越大祓神事の中心として、大きな茅の輪を夏越女や稚児などがくぐるという形式の「茅の輪くぐりの神事」を行なっている。また、翌八月一日の荒和大祓神事の際には、飯匙堀の入口に大きな茅の輪が設けられ、さらに小さな茅の輪を人々に配って祓いを行なっており、夏越大祓の茅の輪くぐりと、荒和大祓とは、別個の神事として行なわれている。

しかし、近世の様子について、『住吉松葉大記』は、次のように記す。

〔史料3〕

今按、六月晦日・十二月晦日者、天下之大祓而、上自二天子一下至二兆民一、無レ不レ修レ之、所謂夏祓・夏越祓・茅輪・菅貫、皆是今日之事也、国風不レ振、神道廃而、只神社修二祓除一、其他曽無レ知焉、殊可レ歎諸哉、吾住吉幸而伝二旧儀一、至レ今修二大祓一、宜乎哉、(24)

すなわち、大祓とは本来、六月晦日と十二月晦日に行なわれる天子より兆民に至っての神事であり、夏越大祓（夏祓）や茅輪くぐり、菅貫などと称されるものは、みな「今日」のことであると述べている。元禄当時には、すでに夏越大祓で茅輪くぐりを行なうことが一般化しつつあったようであるが、この史料によれば、多くの神社はその旧儀を知らないままに祓いを行なっているものであり、幸いにも住吉大社では、旧儀を伝えているのだという。

これらのことから推察するに、住吉大社では、本来、夏越大祓（名越祓）にあたる神事を、荒和大祓と称していたのであろう。そして、近世以降のいずれかの時点で、一般的によく知られている茅の輪くぐりを中心とした神事を、夏越大祓神事として住吉祭の一部で独立させ、七月三十一日に夏越大祓を、翌八月一日に荒和大祓を行なうという現在の形式になったものと思われる。近世以前、旧暦六月晦日から翌日の還御にかけて行なわれていた荒和大祓が、現在では、住吉祭という、宵宮祭・夏越大祓神事・荒和大祓の三日間にわたる大祭の一部として行なわれるようになっているのは、そのためではなかろうか。

三　末吉家と荒和祓家の神役

『末吉文書』には、住吉大社の荒和大祓に関する、百四十余点の史料が見られる。その内容は、神事の由来から入用費をはじめとした財政的な記録などまで多岐にわたるが、中でも荒和大祓に関する「神役」の記述は、この神事の状況を具体的に示す貴重な史料である。そこに窺える当時の荒和大祓の様子と、末吉家が荒和大祓において果たした役割は、ひとつの神事の方法という点のみにとどまらず、その背景にある地域的・政治的な意味合いが垣間見られるという点でも、非常に興味深い。

平野郷の末吉家が、住吉大社の神事である荒和大祓に関する記録を残しているのは、末吉家が、「荒和祓家之神役」なる立場で、「荒和祓家之神事」を執り行ない、住吉大社の荒和大祓に直接関わっていたことによる。まず、「荒和祓家」の読み方や、この神役の具体的な役割などから明らかにしていきたい。

〔史料4〕

一　住吉六月晦日御祓ニ、平野郷ゟ花笠之児弐人・祢宜壱人已上三人、馬上ニ而勤来候神事、名目荒和祓屋《アハラヤ》と唱、住吉旧記ニ申伝、故実ハ平野郷惣年寄家ニ致伝受来候、御祓之節、神輿出御・還御ともニ平野郷ゟ出申候、祢宜第一ニ荒和祓屋之神事取行、其後住吉祢宜勤在之、其外種々式例共御座候御事(25)

これは、『末吉文書』に含まれる享保三年（一七一八）正月の『覚帳』の一部である。この本文中に、「荒和祓《アハラ》屋《ヤ》」という振り仮名が見られることに注目したい。『住吉松葉大記』にも、「阿波羅耶《あはらや》（平野阿波羅耶）」と振り仮名のある部分があり、平野から選ばれるとの記述がある(26)。漢字の表記こそ違うものの、その役割などから、「荒和祓屋」と「阿波羅耶」は、どちらも「荒和祓家」の当て字であり、同一のものを指すとみて間違いない。したがって、「荒和祓家」は「あはらや」と読むと思われる。そして、これによれば、冒頭で取り上げた「荒和大祓」を「あはらや」と読むという説は、この荒和祓家との混乱によるものとも考えられよう。

さらに、史料4からは、荒和祓家の内容も窺える。すなわち旧暦六月晦日の荒和大祓の際、平野郷より「花笠之児」二人と祢宜一人を出し、神事を行なうというものである。この内容は、次に挙げる嘉永七年（一八五四）

五月の年紀を有する「荒和祓家由緒書」によって、さらに詳細に確認できる。

〔史料5〕

乍恐以書附御断奉申上候

一、摂州住吉御社、六月御祓之節、住吉郡平野郷ゟ年々荒和祓家与相唱、花笠之児并祢宜出勤、桔梗之造花奉幣、神輿供奉仕、本社之前并堺宿院、右両所ニ而荒和祓家之神役相勤、尚又堺御奉行様江七道之浜ニ而桔梗造花献上致来申候、右由緒之義者、則平野郷ニ鎮座有之候三十歩大明神与奉崇者、住吉之末社、延喜式内之神ニ而、赤留比売之命・玉依姫とも延喜式ニ在之候、且平野郷之義者、往古坂上田村麿之御嫡男廣野麿之所領之地ニ而、坂上家初枝流七名之者共守護不入之土地ニ而、名田与相唱、七名之者共守護致来候処、右御末社之由緒を以、従往古右神役相勤来候処、名田守護不入之義、文禄年中断絶仕候故、右御神事出勤及中絶、其後高台院(豊臣秀吉後室)様御賄料ニ相成、年々右御神事料として米弐拾石ツ、被下置、御武具等御出被成下、厳重ニ神役相勤来候処、其後御料ニ相成、不計不作之年柄打続、百姓共困窮仕、寛文年中又々中絶仕、其後松平右京太夫(輝貞)様御領分・能勢又太郎(貞成)様御代官所、并本多中務大輔(忠良)様各御領分之節、荒地新開追々御届奉申上候処、時々御検地之上、都合五反五畝六歩訬〔ママ〕之御年貢ニ御定、作徳之義者荒和祓家神事料ニ永代取用候様被　仰渡、其上郷人相勤メ、年々寄附銀之利分等ヲ以、御神事料ニ致し、享保年中ゟ右神役再興仕、児・祢宜、坂上七名家之者共ゟ、如旧例差出候趣、享保八卯年六月五日御断奉申上候処、御聞届被成下、則去ル文化七午年迄無怠出勤仕罷在候、然ル処、田畑不熟打続、作徳銀無赦、神事料年々不足仕、難相勤候故、文化八未年ゟ拾ヶ年之間、児・祢宜供奉出勤相休、代人を以、桔梗造花奉幣而已仕、右年限、文政四巳年ゟ、尚又五ヶ年、同様代人ニ而相勤来候処、去ル文政九戌年ゟ如旧例児・祢宜出勤供奉再興仕、坂上七名家之者共ゟ差出候趣、同年六月廿三日御断奉申上、御聞届被為成下、難有奉存候、則天保十四卯年迄無滞出勤仕罷在候処、尚又近年田畑作物不足、郷方困窮仕、神事料作徳銀も薄く相成、備ヘ難相立、此後退伝〔転カ〕ニおよひ候様成行候而者、一同歎ヶ敷奉存候、依之先例も有之候ニ付、天保十五辰年ゟ嘉永六丑年迄拾ヶ年之間、児・祢宜出勤相休、取締仕法ヲ以、神事料之備ヘ相立、永世無滞相勤申度、尤年限中先例通、代人を以奉幣桔梗造花而已献上仕度段、住吉社務家江相断候処、承知在之候ニ付、去ル辰年ゟ神役供奉出勤拾ヶ年相休申度奉存候ニ付、此段御断奉申上候、且堺御奉行様江も同様代人を以桔梗造花献上仕度、尤拾ヶ年相立候上、其節御届奉申上、如旧例神役出勤仕度、此段堺御奉行所様江者住吉社務家ゟ御届被申上候段、天保十五年辰年六月廿一日御断奉申上、御聞届被　成下罷在候而、則昨丑年迄ニ而年限相成候ニ付、当寅年ゟ如旧例荒和祓家児・祢宜出勤仕度奉存候ニ付、此段御断奉申上候、乍恐御聞届被為　成下候ハヽ、難有奉存候、以上、

土井大炊頭殿(利則、下総古河城主)領分
摂州住吉郡平野郷町
宮本惣年寄

嘉永七寅年
五月廿七日

三上馬之助　正恒
同
末吉永五郎　増孝
同
土橋七郎兵衛　保固
同
末吉勘四郎　道一

同
末吉平左衛門　道房
御奉行様(27)

この史料は、当時の末吉家と荒和大祓との関連を見るにあたって、基本ともなる重要な史料といえる。差出人は、「土井大炊頭殿領分　摂州住吉郡平野郷町　宮本惣年寄」となっており、五人の名が記されている。当時、平野郷の惣年寄は、その町政を実質的に握る立場にあり、「七名家《ななみょうけ》」と称される家筋の者が就いていた。(28)当時の七名家のうち、ここには末吉家・三上家など五家の名が確認できる。すなわちこれは、七名家のうち惣年寄に就任していた者たちが、当時一時的に休役していた荒和祓家の神役を旧例の通りに出勤させたいと、堺奉行所へ提出した願書の控えであり、荒和祓家の由緒や変遷、休役に至る過程などが記されている。

史料後半部分については、後段で改めて取り上げることとして、まず冒頭部分に見られる由緒などに注目したい。ここには、末吉家をはじめとする七名家が、住吉大社の夏越大祓（六月御祓）の際に、「荒和祓家」と唱え、花笠を被った稚児と祢宜を出勤させていたことが記されている。これによって、史料4にあった荒和祓家（荒和祓屋）を務めていたのが七名家であったことが確認される。

荒和祓家の神役が荒和大祓の当日に務める役割は、大きく分けて、①七名家から花笠の稚児と祢宜を荒和大祓に出勤させる、②住吉大社に、桔梗の造花を奉幣する、③神輿に供奉し、住吉本社前と堺の宿院において荒和祓家の神役を勤める、④七道之浜において、堺奉行へ桔梗の造花を献上するという四点であった。

七名家は、平野郷にある三十歩神社が住吉大社の末社であったことから、荒和祓家を務めるようになったようである。しかし、残念ながら、その嚆矢などに関する記述は見られない。『住吉松葉大記』も、その神役の由来などを不明だと記しており、すでに近世には、その詳細が不明になっていたようである。三十歩神社は、赤留比《あかるひめ》売命《のみこと》を祀る神社で、赤留比売命神社とも称される。現在は杭全神社の飛地摂社となっているが、古くは住吉大社の末社であった。当社が杭全神社の摂社となった正確な時期は明らかでないが、七名家は杭全神社の宮座人ともなっており、その関係もあって杭全神社の摂社となった可能性もあろう。いずれにせよ、住吉大社の末社であるという繋がりをなくしても、荒和祓家の役割は存続されているわけであり、後に触れる通り、この神役の存在自体に大きな意義があったことを窺わせる。

さて、史料中の「児・祢宜」とは、史料4から、花笠を被った稚児二人と祢宜一人の計三人であることが判る。『住吉松葉大記』には、荒和祓家（阿波羅耶）が、荒和大祓にあたって十四～五歳の童を択び、神鬮をして、それに当たった者二人を神事に出すと記されている。さらに、『住吉名勝図会』（二三三頁、図2-b）には、花笠を被って馬に乗った稚児と、やはり馬に乗った祢宜らしき人物の姿が描かれており、稚児の上（↑部分）には、アハラヤなる標記が見られる。この図には、いわゆる「斎童」の姿が別に描かれており、この花笠の稚児が、それとは別個のものであることが確認できる。また彼らは、この神輿渡御の行列の中央部に位置していたことも注目しておきたい。この稚児の出仕の意味については、いわゆる「一つ物」と同様なものであったとも考えられるが、この点については後考を待ちたい。(29)

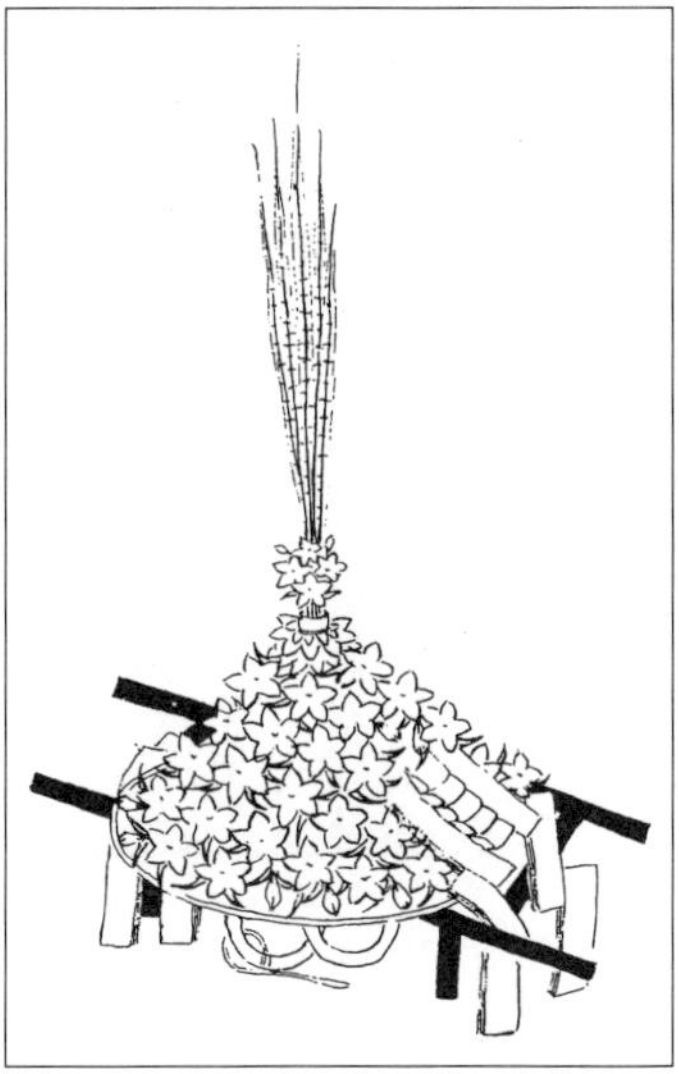

図4　花笠（「末吉文書」第31冊〈1288箱〉-10）

図3からは、この行列の内、荒和祓家が仕立てる部分が、二人の稚児・祢宜、彼らの乗る馬、さらには複数の介人や、先払・胡床持・茶弁当持・笠籠持・沓籠持などを含めた、大規模かつ壮麗なものであったことが窺える。稚児の背負う桔梗の造花は、末吉家などの

七名家において、回り持ちで用意されたようである。現在も七名家はこの造花を回り持ちで作っており、住吉祭では、この桔梗を奉ずる稚児の姿を見ることができる。この桔梗の造花を、三方に載せて捧げ持ち、住吉祭の最初から堺の宿院での桔梗奉納まで、一連の行事に参列する。その人数は一人、花笠は被らず、往時とは多少趣を異にするが、古来の伝統を今に伝えているといえよう。

稚児の被る花笠は、図4に見られる通り、傘部分全面を桔梗の造花で飾り、上部に山鳥の尾羽を立て、御幣を垂らしたものであった。この装束も、先に触れた「一つ物」と共通する点が多い。奉幣する造花は、切花の形状で、七名家には現在もその作り方が伝えられている。図5は大正期に作られた見本であり、付箋には、総長は一尺七寸で、大輪の花と十一枚の葉から成ることが記されている。図2-bに見えるように、近世当時の稚児は造花を背負っており、三方に奉げ持つ現在のものよりも、多少大きかった可能性はあるが、その基本的形態は変わっていないように見受けられる。花には紫色・黄色の紙のほか、銀紙などが用いられ、葉に使われている緑色も加わり、非常に色鮮やかなものである。花笠についても、図3に「金銀御幣」とあるのが見られ、造花の色と共に鮮やかな色彩のものだったと考えられよう。

図5　**桔梗の造花**（大正四年七月製作・見本　七名家所蔵）

桔梗の花の具体的な意味は、残念ながら不明である。寛文年中（一六六一～七二年）からの五十年間に亘る中絶を経て、享保八年（一七二三）に、荒和祓家の神役が再興された際の願い上げには、再興以前にも、住吉祭で桔梗の造花が献上されていたことが記されている。[30] しかし、その濫觴は、末吉家相承の秘伝であったと記されているのみで、享保期以前の具体的な変遷については言及されていない。

桔梗は秋の七草のひとつであり、紋や色目などに用いられるなど、日本では古来親しまれている草花である。近世において、荒和大祓の後、旧暦八月十五日に同じく住吉大社で行なわれていた神事には、花を手折り御幣を添えて神膳に供えるという花摘の儀式があり、この際には秋の花として萩が用いられていた。夏の花は少なく、その中でも桔梗は、秋の七草に含まれながらも夏から長く花を咲かせ、夏を代表する花のひとつでもある。さらに桔梗は、「吉凶」から転じたとも言われ、古来から献上などの際に用いられることがあった。推測の域を出ないが、桔梗が用いられたのにはそのような理由もあったかもしれない。

荒和祓家は、荒和大祓に奉仕する花笠の稚児の選定から、桔梗の造花の仕度、稚児と祢宜の出仕まで、様々なことを行なっていたと思われる。つまり、「荒和祓家之神役」とは、平野郷が荒和大祓において行なう「荒和祓家之神事」すなわち花笠の稚児と祢宜の出仕・桔梗の造花の奉奠などをはじめとした一連の神事を執り行ない、同時にその世話役的な役割を持つ立場であったと考えられるのではないだろうか。

図3のような行列を仕立てるだけでも、その役割が非常に重大なものであったことは、想像に難くない。『住吉松葉大記』には、「神輿還御畢、両官未著座幣殿之間、阿波羅耶二人参神前奏事、其次両官下幣殿、」とある。荒和祓家自身は、荒和大祓を終えた神輿還御の際、両官（南北の総官）が著座するまでの間に、神前に参り奏事を行なっていた。すなわち彼らは、荒和祓家の神事の終了という重要な役割も担っていたのである。

四　荒和祓家の変遷と意味

史料5によれば、平野郷はかつて、坂上田村麿の嫡男廣野麿の所領として「名田」と唱え、「守護不入之地」である神領であった。先に見た通り、平野にある三十歩神社が住吉末社であるという由緒を以て、七名家の者が「荒和祓家之神役」を務めていたが、文禄年中（一五九二～九五年）に守護不入が断絶したため、「神事出勤」つまり荒和祓家の神役も中絶したという。その後、秀吉の正室である高台院の賄料所となり、神事料として年に米二十石が下されるようになって、再び神役を務めるようになった。しかし、幕府料所となって、不作などによる影響から収入が減ると、またも神役の存続が困難になり、約七十年後の寛文年中（一六六一～七二年）に至って、またも中絶されることになる。

この時の中絶は、約五十年後の享保八年（一七二三）までの長いものとなった。この間にあたる元禄年間（一六八八～一七〇四年）に刊行された『住吉松葉大記』にも、荒和祓家（阿羅波耶）が、「三十六、七年来断絶」されていると記されており、当時この役が中絶されていたことが確認できる。『末吉文書』に見える享保三年（一七一八）の史料には、この中絶の理由が、神事料がない為であると訴えたものもあり、町内の河骨池西側にある道に小借屋を立て、「永代住吉神事料」としたいとの願い上げも見られる。この史料中の「不足ハ為郷中仕、形計ニ成とも、神事中絶無之相勤申様ニ仕度奉願御事」との一文には、たとえ形ばかりになろうとも、この神事を継続させたいという強い意志が表れており、荒和祓家の神事と神役が、末吉家をはじめとした七名家などにとって大きな意義を持っていたことを窺わせる。(31)なお、これらの願い出は、享保八年の荒地新開の際に、新たに年貢を定め、作徳を荒和神事料として永代に取り用いる形で許可されている。また、加えて郷人の年々寄附銀の利分を以って神事料に充てるようにも取り決められ、ようやく再興がかなったのであった。

表1　荒和祓家変遷

No.	年月日	事項	児・祢宜出勤	備考
①	(文禄以前)	住吉末社の由緒を以て、神役を勤める。	○	
②	文禄年中	平野郷名田の守護不入が認められなくなり、神事出勤を中絶する。	×	
	(天正二十年)	高台院賄料所となり、神事料が下されるようになる。神役復興。	○	
③	寛文年中	再び中絶する。	×	
④	享保年中	検地の上、年貢を定められる。年々の寄附銀の利分を神事料とする	×	
⑤	享保八年六月五日	旧例の如く、児・祢宜出勤を再興する。	○	
			○	この間、怠りなく出勤。
⑥	文化八年～文政四年	この間十ヶ年、児・祢宜供奉出勤を休む。代人を以て、桔梗造花を奉幣する。	×	
⑦	文政四年	さらに五ヶ年、代人を以て桔梗造花を奉幣する。	×	
⑧	文政九年	旧例の如く、児・祢宜出勤を再興する。	○	
			○	この間、怠りなく出勤。
⑨	天保十五年～嘉永六年	この間十ヶ年、児・祢宜供奉出勤を休む。代人を以て、桔梗造花を奉幣する。先例(⑥)の通り。	×	
⑩	嘉永七年	旧例の如く、児・祢宜出勤供奉を再興する。	○	＊本表の典拠である由緒書は、この再興時のもの。

「嘉永七年五月　荒和祓家由緒書」（「末吉文書」第一〇三冊〈一二五二箱〉—一二三）より作成。

これらの経緯を通して見ると、この荒和祓家の神役には、享保以前にもすでに二度の中絶期間があり、しかもその期間は約七十年および約五十年と、かなり長いものであったことが分かる。ところが、表1にまとめた変遷を見ても明らかなように、享保八年以降の荒和祓家には、中絶期間は見られない。享保以降、文化八年～文政四年（一八一一～二一）と天保十五年～嘉永六年（一八四四～五三）の二度にわたり、「休役」と称される期間があるが、これは明らかに、それ以前の「中絶」とは異なる。この休役とは、具体的には住吉社務家と堺奉行の許可の下に稚児と祢宜の出仕を休ませ、代人を以て奉幣し、桔梗の造花を献上するという、簡略化した形式を取るものであった。先に見た通り、七名家などにとって、この神事は形ばかりとなっても保つべき重要なものだったのであろう。したがって休役とは、「神事料作徳銀」も薄くなり、さらに田畑の作物が不足し、郷方が困窮したことなどによる財政不足からの、一時回避的な措置だったと考えられる。

先に見たような壮麗な行列を仕立て、稚児と祢宜を調え、荒和大祓の神事に出勤させるためには、それなりの費用が必要とされた。そのため、稚児と祢宜を休役させ、代人によって住吉大社への奉幣と堺奉行への献上のみを行なうという措置は、費用削減のための、最も端的かつ有効な手段だったのであろう。『末吉文書』に残る多くの入用帳・勘定帳などからは、これらの出仕の詳細な内訳が見て取れる。たとえば、享和三年（一八〇三）に、旧例通りにこの神役を行なった例では、入用額は合計九百七十匁七分五厘[32]に及んでいる。それに対し、休役中の文化九年（一八一二）には合計三百四十二匁七分五厘[33]と、約三分の一の出費に抑えられており、この休役による経費削減の成果が窺える。

史料5にも、この休役の理由として「永世無滞相勤申度」とある通り、言い換えればこの休役は、中絶を防ぐ為のものでもあった。一度に十年ほどの長い休役期間を設けることによって、その間に財政を立て直し、この神役を後々まで存続させようとしていたのである。この神事と神役のために、神事料が充て下されていたことからしても、荒和祓家の神役が、七名家などにとっても大きな意味合いを持っていたことは確かであろう。

七名家は、平野郷の町行政を実質的に握っていた。住吉大社の祭事である荒和大祓に携わることは、ひとつの名誉でもあり、それによって住吉神社との関わりを示し、郷内における七名家の格式を誇示するという意味合いがあったのかもしれない。またさらに、平野が、堺という大きな町と隣接しているという特色も、その背景にあったと考えられる。この荒和祓家の役割の中心が、住吉大社への奉幣だけでなく、堺奉行への桔梗の造花の献上という独特の行事にあったことは、この荒和祓家の神役自体が、平野の町行政を握る七名家が堺奉行へ己の由緒を視覚的に明示するという、政治的な意味合いを持っていたことも示しているのではないだろうか。

おわりに

本稿では、住吉大社で行なわれる荒和大祓を取り上げ、その実態を明らかにしようと試みた。従来確定されていなかった読み方は、「荒和」を「あらにご」とし、「荒和《あらにご(の)》大祓《おおはらえ》」「荒和《あらにご(の)》祓《はらえ》」のように読むのが正しいと考えられる。また、「荒和大祓(荒和祓)」の語自体は、平安時代から見られるものの、これは「名《(夏)》越祓」などの異称として和歌の歌題に用いられたものが中心であり、「荒和大祓」自体が個別の神事の名称として用いられた例は、住吉大社を除いて見当たらない。

住吉大社では現在、住吉祭の一部として、毎年八月一日に「荒和大祓」と称される神事を行ない、前日の七月三十一日に茅の輪くぐり神事をはじめとした「夏越大祓神事」を行なっている。「荒和大祓」という語自体は、狭義には、堺の宿院の飯匙堀にて行なわれる祓いの神事のみを指し、広義には、住吉大社から堺の宿院までの神輿渡御も含めた一連の神事を指して用いられているようである。

しかし、近世以前の住吉大社においては、旧暦六月晦日に、堺への神輿渡御と、宿院における荒和大祓の神事が行なわれ、茅の輪くぐりにあたる神事もこの中に含まれていた。すなわち、かつて住吉大社においては、夏越大祓を荒和大祓と称しており、現在のように、茅の輪くぐりを中心とした夏越大祓神事と、荒和大祓を別個に行なうようになったのは、近代以降のことと思われる。

住吉大社の荒和大祓は、住吉・堺・平野の三つの地域が関わる独特の神事であったといえる。平野郷の町政を掌握していた七名家のひとつである末吉家の『末吉文書』からは、荒和大祓に関する興味深い事実が明らかになった。すなわち、荒和大祓では、「荒和祓家《あはらや》」と称される神役が存在し、その役を、末吉家をはじめとする七名家が勤めていた。「荒和祓家」とは、「荒和祓家之神役」を指すこともあれば、彼らが執り行なう「荒和祓家之神事」自体を指すこともあった。この荒和祓家の由緒は、平野にある三十歩神社が住吉大社の末社であることにあり、桔梗の造花の住吉本社への奉幣と、堺奉行への献上などが行なわれた。荒和祓家の神役の役割は、荒和祓家の神事を執り行なうと共に、荒和大祓に出勤させる花笠の稚児を選び、祢宜と共に出勤させるなど、その世話役的な立場を務めることであったと思われる。桔梗の造花をはじめとした支度を整えるのも、その役割のひとつであった。

この荒和祓家の神事と神役には、多額の費用が必要とされたため、荒和祓家は度々断絶の危機にさらされた。しかし、末吉家をはじめとした七名家は、稚児と祢宜の出勤のみを取りやめ、代人を立てて住吉大社への奉幣と堺奉行への献上のみを行なうという「休役」の期間を作ることで、一時的にその場を凌ぐ形を取り、存続の努力を続けた。この休役とは、あくまでもこの神役を絶やさないための措置であり、末吉家をはじめとした七名家、ひいては平野という土地にとって、この神事と神役が大きな意味を持っていたことを窺わせる。すなわちその背景には、住吉大社と平野の三十歩神社という関係と共に、平野における七名家の立場や、隣接する堺と平野との地域的な関係などがあると思われる。荒和大祓の神事は、住吉・堺および平野という土地の特色を反映したものだと言えるのである。

このように、本稿で明らかになった荒和大祓とその神役である荒和祓家の実態からは、ひとつの神事の形式のみにとどまらない様々な問題が浮かび上がった。今後さらに、その祭事としての意義付けと、経済的な側面などからの研究なども行ないたいと考えている。

注

(1) 住吉大社では、正式には「住吉」の表記を用いており、「住吉大社」の呼称も近代になってからのものと思われるが、本稿では、一般に広く用いられている「住吉大社」で統一した。また、「住吉祭」は「例大祭」などの呼称でも呼ばれるが、本稿では現在の住吉大社における呼称にならい、「住吉祭」とした。

「夏越大祓」にも、「名越祓」「夏越祓」「夏越大祓神事」などの表記が見られる。古くは旧暦六月と十二月に行なわれていたものが旧暦六月のみとなり、本来は「名越」と表記されていたものが、「夏越」とも書かれるようになったものと思われるが、やはり現在の住吉大社の呼称に倣い、史料部分など特定の箇所を除いて「夏越大祓」で統一した。なお、本稿で用いた月日は、旧暦を意味する場合のみ、その旨を記している。

(2) 堺の「宿院」は、「旅所」・「頓宮」とも称される。摂津国と和泉国という二つの国の境(堺)にあり、住吉大社の祓所であると共に、毎年七月三十一日には、堺の大鳥神社の祓所ともなっている。摂津国と和泉国という、二つの国の一の宮の祓所を兼ねた、全国でも特殊な宿院であるという。

『住吉大社史』上・中・下巻(住吉大社奉賛会、一九八三年)。『住吉さん—社宝と信仰—』(大阪市立博物館、第百一回特別展図録、一九八五年)。『住吉大社』(住吉大社社務所)。『大阪府神社史資料』上巻(復刻、大阪府神社庁、一九八六年)。『摂州住吉郡住吉社雑記』(東京大学史料編纂所架蔵写真帳)。『日本祭礼行事集成』第三巻(日本祭礼行事集成刊行会、平凡社、一九七〇年)。『住吉大社〈改訂新版〉』(住吉大社、学生社、二〇〇二年)ほか。

(3) 同右。

(4) 与謝野晶子『私の生ひ立ち』(刊行社、一九八五年)。

(5) 『穢と大祓』(山本幸司著、平凡社、一九九二年)。『日本古代の儀礼と祭祀・信仰』上(和田萃著、塙書房、一九九五年）ほか。
(6)『堀河院百首聞書』（『日本歌学大系』別巻五、佐々木信綱編、風間書房）。
(7)『堀川院百首和歌鈔　四季』（『校本堀河院御時百首研究和歌とその研究』橋本不美男著、笠間書院、一九七七年）。
(8)『東野州聞書』三（『日本歌学大系』第五巻、佐々木信綱編、風間書房）。
(9)住吉大社は、それ自体が「おはらいの神」ともされており、住吉祭を「おはらい」と称することもある。『官国幣社特殊神事調』「三　神祇院」には、夏越大祓は「南祭」として立項されており、荒和大祓は同じものとしてそこに含められている。夏越大祓を「南祭」と称することについては、『住吉松葉大記』に、「六月大祓神事名南祭、謂九月晦日神事名北祭」との記載が見られる。「北祭」にあたる「九月晦日神事」とは、九月の御祓を指すものかと思われる。現在では行なわれていないが、住吉大社でも九月晦日に「玉出嶋御祓神事」と称される神事が行なわれ、玉出嶋へ神輿が出されたことが、同書に記されている。ここには、飯匙堀に埋められた「干珠」と対になる「満珠」が埋められており、南に陽の干珠を、北に陰の満珠を埋め、六月晦日の堺宿院への神輿渡御と同様に、九月晦日には玉出嶋への神輿渡御を行なって、満珠を鎮めた。なお、『住吉大社神代記』は、この「南祭」すなわち「荒和大祓」を「六月の御解除《みはらえ》」とも記している。また、『住吉大社〈改訂新版〉』は、この「南祭」・「北祭」には住吉大社の支配地の南北の端で禊ぎを行なうという意味があったとしている。
(10)東京大学史料編纂所架蔵写真帳『末吉文書』。
『末吉文書』には、百四十点を越える荒和大祓関連史料が見られる。期間としては、享保三年（一七一八）～明治四年（一八七一）の約百五十年にわたり、その内容は、代官であった末吉家と荒和大祓神事との関わりをはじめ、神事の内容、行列の詳細、由緒書など幅広い。このたび明らかになった「荒和祓家」と称される神役については、入用帳四十四点・勘定帳十点などのまとまった記録もあり、その細かさと、類似史料が多く比較が可能であることなどからも、非常に興味深いものと言える。
(11)村田隆志「平野郷の歴史―坂上家と七名家―」（『平野邦楽連歌―過去と現在―』、杭全神社編、和泉書院、一九九三年）。
(12)『神祇辞典』（平凡社、一九二四年）ほか。
(13)注(8)。

(14)『住吉名勝図会』（『日本庶民生活資料集成』第二十二巻、三一書房、一九七一年）。
(15)「和」には「にき・にぎ」「にこ・にご」のどちらの読み方もある。「和魂」を「にぎみたま」と読むことなどから考えても、「あらにぎ」と訓読することも、一概に誤りとは言えない。また、「の」を含めるか、「はらえ」を「はらひ」と読むかなどにより、幾つかのパターンはあるが、基本的には「あらにご（の）おおはらえ」と読みなわされていたと考えてよかろう。なお、「荒和」の意味については『住吉大社〈改訂新版〉』に、本稿における④の説に準ずる見解が記されている例も見られる。
(16)『校本　堀河院御時百首和歌とその研究』（橋本不美男、笠間書院、一九七七年）。
『堀河院百首和歌鈔　四季』の作者は不明であるが、和漢の学に通じ、また、それを利用できる環境にいた連歌関係者と推測されている。

住吉大社は和歌の神であり、そのために「荒和（大）祓」が和歌の歌題とされた可能性はあろう。なお、住吉大社は海神でもあり、荒ぶる神との考え方もある。この「荒き神を祓へ和むる」という説は、住吉大社における名越祓（夏越大祓）、すなわち荒和大祓に通じるものがあるとも考えられよう。
(17)注(12)。
(18)『神道大辞典』（平凡社、一九三七年）。
(19)「江家次第　第七」（『神道大系』朝儀祭祀編四、神道大系編纂会）。
(20)『住吉松葉大記』（梅園惟朝著、皇學館大學出版部、一九三四年）。著者の梅園惟朝は、住吉大社の社家の出身である。
(21)「摂州名所図会」（『日本庶民生活資料集成』第二十二巻、三一書房、一九七一年）。
本史料中に、「神人・社僧祝詞を修し」とあるが、他の史料に祢宜による祝詞の奏上の様子が見られることなどから、この記載には疑問の余地が残る。
(22)注(20)。
(23)荒和大祓の具体的な神事については、『住吉松葉大記』にその手順などが見られる。注(20)。
(24)注(20)。
(25)注(10)　第四七二冊（一二九四箱）―六五。

(26) 注(20)。

(27) 注(10) 第一〇三冊(一二五二箱)—一二三。

(28) 『平野郷町誌』(清文堂、平野郷公益会、一九三一年)。荻野秀峰「末吉道節考—近世初期上層町人と初期俳諧—」(『近世初期文芸』第1号、近世初期文芸研究会、一九六九年) ほか。

(29) 「一つ物《ひとつもの》」については、『古文書学者の訪び或る記』(永島福太郎、敏馬書房、二〇〇二年)による言及などがある。住吉大社の荒和祓家の稚児についても、「馬長児《ばちょうのちご》」との記述が見られ、「一つ物」がいつ頃から「馬長児」と称されるようになったかを考えるうえでも興味深い例であると思われる。

(30) 注(10) 第三一冊(一二八二箱)—五九。

(31) 注(10) 第四七二冊(一二九四箱)—六五。

この史料は「川〔河カ〕骨池舟入西側之町東側小借屋建申度願書之留」と題されたもので、土橋太郎兵衛ほか五名の平野郷町惣年寄から差し出されている。神事料に充てるべく、およそ長さ四拾間余・幅四間ほどの道を、道幅弐間として、裏行弐間ばかりの小借屋を建造したいという許可を求めたものである。史料中には、荒和祓屋の説明の他、その由緒なども見られる。

(32) 注(10) 第一七五冊(一三〇八箱)—一二。

(33) 注(10) 第一七五冊(一三〇八箱)—五。

『伊曾乃祭礼細見図』考

―瀬戸内祭礼文化圏の一事例―

福原敏男

はじめに

近年の都市祭礼の研究において、近世の祭祀組織を主題とした高牧實氏の『近世の都市と祭礼』（吉川弘文館、二〇〇〇年）と、中世から現代に至る祭礼風流の展開を総括した植木行宣氏の『山・鉾・屋台の祭り―風流の開花―』（白水社、二〇〇一年）が刊行された。本稿の問題関心は後者にあるが、後者においては、山鉾・屋台・山車・曳山・だんじりなどの祭礼風流の系譜と類型が総括的に論じられ、その展望が示された意義は大きい。これらが全国的に確認できるのは、都市民が個人的に蓄財することが可能となった江戸時代の中・後期以降である。彼らの費用負担のもと、練物と総称される祭礼風流（祭礼造り物）が、神社と御旅所間を往復する神輿渡御の前後を供して、曳かれ、あるいは担がれるようになった。

折口信夫による移動式神座《かみくら》説以来、九十年近くこれらの祭礼風流は祭礼に迎えられた神々の依代という説が一般的であった（「髯籠の話」『郷土研究』大正四年四月～「だいがくの研究（その二）」『土俗と伝説』大正七年十月までの一連の九編の論文）。その解釈は現在まで影響力を有するがため、形態など具体的な諸相の研究は遅れていた。

そのような研究状況のなかで、植木氏の研究で注目される点は、山鉾などの依代は祭礼囃子に囃されることによって移動すること、囃す囃子と囃される山鉾などが一組となって練るという視点であった。また、祭礼風流と囃子にはさまざまな職人技術や音楽、歌謡などが凝縮して表現されており、これらが融合した総合芸術である、ともいえよう。例えば、京都祇園祭の山鉾が「動く陽明門、美術館」と称されるのは、このような祭礼風流の特徴を言い当てたものである。祭礼風流は現在、現存するだけでも全国的に千五百件ほど確認されている。

本稿では、愛媛県東部の西条市（西條の表記もあるが本稿では書名等以外は西条に統一する）の西条祭りの藩政期、幕末の様相を描き出すことを目的とする。現在の西条祭りは十月十四日から十七日まで、連続する三つの神社祭礼の総称である。すなわち、石岡《いわおか》神社（十四・十五日）、伊曾乃《いその》神社（十五・六日）、飯積《いいづみ》神社（十六・十七日）の三祭礼である。このほかに、西条市域の嘉母《かも》神社祭礼（九・十日）を加えることもある。現在、西条祭りが通称となっているが、この総称は市内の主要な秋祭りを一括りに呼び慣わされたものという。本稿では、近世の伊曾乃神社の祭礼を伊曾乃祭礼、現行の西条祭りにおける伊曾乃神社の祭礼を伊曾乃神社祭礼と区別して表記する。

さて、現在の西条祭りは地域に根づいて、実に生き生きと盛んである。絢爛たる祭礼の主役は、一九九八年現在で、伊曾乃神社祭礼のだんじり（屋台とも称する）七十七台、みこし（本稿では神社神輿と区別するために平仮名表記にする）五台、石岡神社のだんじり二十五台とみこし二台、飯積の太鼓台八台である。現在でも歳によって増えつつある。

「ふる里の祭り」（出典後掲）には二十世紀の伊曾乃神社祭礼における屋台とみこし数の変遷が示されている。

明治三十五年（一九〇二）　屋台二十三　みこし四
大正十四年（一九二五）　屋台二十九　みこし四
昭和三年（一九二八）　屋台三十三　みこし四

昭和九年(一九三四)　屋台三十六　みこし四
昭和三十六年(一九六一)　屋台三十一　みこし四
昭和四十年(一九六五)　屋台三十　みこし四
昭和四十八年(一九七三)　屋台三十七　みこし三
昭和五十四年(一九七九)　屋台四十二　みこし三
昭和五十七年(一九八二)　屋台五十六　みこし三
昭和六十年(一九八五)　屋台六十九　みこし三
平成元年(一九八九)　屋台七十五　みこし四

同書によると、大正から昭和四十年代までの約半世紀のだんじりは三十台前後であり、現在の祭礼スケジュールはこの時代の習慣によるものであるという。また、戦前の新調ブームや戦後の購入などで増えたが、重いだんじりを担いで歩くのは重労働であり、担き夫《ふ》を氷見、小松、神戸等から日給で雇っていたこともあった。だんじりが昭和五十年代に入り増加する時期はバブル経済への移行期であり、経済力、職人や住民の競争に加え、台車(タイヤの応用)の発達によるところが大きい、という。以降、「昇だんじり」といっても、見せ場のみ昇く場合が多く、運行方法としては「押しだんじり」と表現できよう。

行政が調査した伊曾乃神社祭礼における祭礼風流の名称を、愛媛県学務部社寺兵事課編纂『愛媛県に於ける特殊神事及行事』(昭和二年)で確認しておきたい。

神輿楽車《だんじり》＝太鼓台の類で神輿とも称する、当時四台
御神輿　＝一般の神輿
楽車《だんじり》　＝台尻または屋台と称する、当時三十三台

鬼　　＝祈願により神輿の御供をなすもの七、八百人おり、行粧は鬼面を被り、毛織の襦袢股引きをはき、長い杖を持ち神輿に付随する

鬼頭　＝鬼の取締の必要上、その頭目として数十名置かれ、神幸の警固をする

次に、私が実見した一九九八年の大まかなスケジュールは以下に示しておく。

十月十四日以前にだんじりとみこしが各町で組み立てられる。

十四日の真夜中から提灯を飾っただんじりとみこしが各氏子地域を出発し、加茂川橋を渡って神社境内に集まり、勇ましい太鼓と鉦で囃し立て、神輿の出発を迎える。十五日の早朝暁闇、神輿は出発する。宮出しという。宮出し後、だんじりとみこしは神輿に付き添わず自由運行で町中へ繰り出し、賑やかに練り歩く。花集めと称し、各家から御祝儀を集めて廻る。商店街や駅前を中心に運行する。神輿は氏子町を渡御し、夕刻、御旅所の大町常心原（地名）に着く。御旅所には西条神社がある。

十六日が本祭りであり、御旅所で一夜を過した神輿を、各町内のだんじりとみこしが迎えに行く。宮出しと同様、早朝の暁闇のなか、各だんじりに、蠟燭を灯した提灯を一台につき百余りも飾る。十六日の夜明けとともに神輿巡行が始り、だんじり等が供奉する。笛・太鼓・鉦の囃子（伊勢音頭と呼ぶ）で、行列して市街を練り歩く。中心になる神輿には、「鬼頭」と呼ぶ鬼面をつけた鬼の頭目や、長哂、旗などが供奉する。旧街道の古い町並を通り、陣屋跡の御殿前（現西条高校）で番号順に勢ぞろいする。だんじりは「差し上げ」をはじめとする練りを演じ、見物客の喝采を浴びる。神輿が到着すると神楽をあげ、だんじりとみこしは出発する。札之辻から本町にかけて、昼食のため休憩をする。玉津の渦井川堤に勢ぞろいし、夕刻、加茂川河原での宮入りのクライマックスを迎える。これは、戦後、だんじりが川入りするようになって以降のフィナーレ光景であり、別れを惜しむだんじりが加茂川の右岸に集結して堤防にずらりと並ぶ。神輿が川を渡って宮入りするのを阻もうと、神戸地区のだ

んじりが川の中で競り合い、もみあうシーンを数万人の大観衆が見守る。ほかのだんじりは堤から伊勢音頭のリズムを激しく鳴らしたてる。川から上ると、神楽が奏され、神輿行列は神社に帰って、祭りは終る。

伊曾乃神社祭礼の場合、彫刻が華麗な三層の城郭型だんじりを数十人が担ぎ、これが七十七台もでるところが圧巻である。西条祭りの特色は、「昇きだんじり」と「曳きみこし」という運行方法にある。一般的に新居浜の太鼓台のように舁く（担ぐ）太鼓台、布団太鼓が多いが、西条の場合は綱を付けて曳く。祭りに因んで泥鰌を食べるので「どじょうまつり」の名もある。この日ばかりは、真面目そうな中・高生も、自分たちのグループで揃えた、暴走族と見紛うばかりの派手な祭装束で深夜まで闊歩している。つまり伝統行事のなかでも各々が個性を発揮できる祭礼なのである。西条祭りは規制が比較的緩やかな、「生きている」祭礼である。

この伊曾乃祭礼を描いた肉筆祭礼絵巻が伊曾乃神社（伊曾乃本と表記する）と東京国立博物館（外題『伊曾乃祭礼細見図』を『細見図』と略する）に各一巻伝来しており、本稿では後者に焦点を絞って考察する。二点とも紙本著色巻子装で、十九世紀の成立と思われる。城下町を始め、日本の近世都市部では前述のように様々な祭礼風流が展開しており、その行列を祭礼次第の時間の流れに沿って描いた絵巻が多く残っているが、この二点もそのような作例である。

一　祭礼研究史

東予地方は、屋根付きのだんじり（屋台とも称する）、布団を積んだ形の太鼓台（布団太鼓とも称する）、船型の御船（船だんじりとも称する）が集中して分布する地方として有名である。このうち、前二者は近畿から瀬戸内地方に分布している。

文献や画像資料によると、伊曾乃祭礼には立体刺繡で飾り、木製車付きの布団太鼓であるミコシ、彫刻飾りが発達した昇き屋台のダンジリ、芸屋台、御座船を模す船、傘鉾、鬼、造り物風流などの祭礼風流が存在していた。

伊曾乃祭礼、西条祭りの研究は昭和十三年（一九三八）山本信哉・大倉粂馬編『伊曾乃神社志』（大倉粂馬発行）、昭和十一年『伊曾乃神社志附録』（伊曾乃神社奉賛会編纂、発行）が嚆矢であろう。本書は戦前の神社史・誌としては学術的、実証的な成果であり、前者の第一編「調書」と第二編「資料」の両編における「祭祀」項において貴重な史料翻刻がなされている。以降、戦争を挟んで長らく祭礼研究は滞っていた。これは伊曾乃神社の研究のみでなく、全国的に皇国史観とその反動という時代背景の影響で、祭礼研究は一九五〇年代あたりまでは停滞している。

一九八〇年代以降、地元の研究者、ことに佐藤秀之氏の研究が他の研究と呼応して現れる。氏は『三訂版　伊曾乃祭礼楽車（だんじり）考』（一九八一年）、「東予地方に於ける屋台・大鼓台の伝播と分布」（『文化愛媛』一一、一九八六年）、「新居大島秋祭の一考察―祭礼風流の伝播試論―」（『文化愛媛』一八、一九九一年）、『西条市生活文化誌』第七章「ふる里の祭り」（本書には執筆分担者名が明記されていない）（西条市役所、一九八八年）などを発表している。佐藤氏は西条高校史学部に在籍した際、高校生の郷土史研究クラブのレベルを遥かに凌駕した『楽車道楽』を刊行し、その貴重な成果の積み重ねの上に、先述した業績が立てられている。佐藤氏の『三訂版　伊曾乃祭礼楽車考』は本格的な伊曾乃神社祭礼研究の嚆矢であり、それ以前に発表した『伊予民俗』一〇号掲載の同名論文の改訂版である。本書の特色は、全体の半分強の頁があてられた「伊曾乃祭礼「楽車」詳説」であろう。なかでも、「職人列伝」や「部落別楽車の特色」などは、地元研究者ならではのきめ細やかな調査報告である。「ふる里の祭り」は『西条市生活文化誌』（西条市、一九九一年）の八九一～九九九頁を占め、「祭礼風流「西條祭だんじり・みこし・太鼓台」」と題された百頁以上もの力作である。本書には伊曾乃本の祭礼絵巻も掲載されている。さらに同氏は一九九九年に発行された『愛媛民俗伝承の旅　祭りと年中行事』（愛媛新聞社）にも「西条のだんじり」という文章を載せている。

この他にも、村上俊行氏『改訂版　伊予西条だんじり祭り』(自費出版、一九八四年)、藤田駿一氏『喜多浜みこし』(自費出版、一九八五年)、吉本勝氏『西條のおまつり』(岡田弘文堂、一九九八年)などの地元の研究者による詳細な研究や写真集が出版されている。

また、愛媛県歴史文化博物館の学芸員大本敬久氏を中心に、二〇〇〇年、同館において『愛媛まつり紀行』展が開催され、県内の祭礼の特色を地域毎に視覚的に展示された。同企画展カタログには伊曾乃本の祭礼絵巻全巻がカラー掲載された。翌年の、大本氏による「愛媛の祭礼風流誌」(『愛媛県歴史文化博物館研究紀要』、第六号、二〇〇一年)は企画展を敷衍した研究成果である。

私自身は一九九八年と二〇〇〇年の現行の祭礼調査を実施し、その前後に伊曾乃本と『細見図』を調査した。伊曾乃本に関しては、国立歴史民俗博物館の事業として複製を製作した。また、二〇〇〇年八月十三日には、西条市の祭礼風流研究集団である「蝙蝠《へんぷく》団」(佐藤秀之氏代表)との間で半日以上にもわたる意見交換をし、翌十四日、佐藤秀之氏と江戸時代だんじり巡幸路の調査を行なった。

本稿は以上の調査成果に基づくものである。

二　西条と伊曾乃神社

愛媛県の東部(東予地方)、旧伊予国新居郡は西条市と新居浜市に二分される(以下の記述は『西條市誌』久門範政編纂、西條市、一九六八年更訂再刊、『愛媛県の地名(日本歴史地名大系第三九巻)』平凡社、一九九〇年を参照した)。西条市は、北は燧灘に臨む新居浜平野、南は高峻な石槌山系が連なり、高知県に接する。石槌連峰に源を発して北流する渦井・室・加茂などの河川が西条平野に展開して燧灘に注ぎ、海岸線の地先に干拓適地の干潟を逐次形成してきた。平野部は水量豊かな河川と地下水に恵まれている。西条藩は、一柳直盛の長男、直重が宇摩・新居・周布の三郡に三万石を継承して入封し、発足した。そして、この地に民政の拠点である陣屋を設置した。同時に三男直頼が、新居・周布二郡内で一万石を継承して小松（現周桑郡）に入封、小松藩が発足した。直重は、四周の城堀に導いた方形の陣屋を海岸近くに建設して、陣屋の東側に、喜多浜と総称される陣屋町七町（本町・横町・紺屋町・東町・大師町・中之町・魚屋町）を開設し、大町から有力商人を招致して町の繁栄を図った。直重の子である直興が寛文五年（一六六五）改易除封となって幕府領となり、寛文十年、紀伊藩主徳川頼宣の次男松平頼純が西条三万石に封ぜられ、以後十代、約二百年にわたって、松平氏代々による藩政が続き、東予地方の政治・経済・文化の中心地として明治維新に至る。近代以降、紡績や製紙の町となり、明治二十二年（一八八九）の町村制によって、市域内に一町十ケ村ができた。昭和十六年（一九四一）、新居郡西条町、飯岡町、神戸村、橘村、氷見町をもって市制を施き、西條市が成立した。現在の人口は約五万八千人である。

伊曾乃神社は西条市中野の小高い丘上に鎮座し、創建は古代に遡るものとされ、天照大神と景行天皇の第二皇子を祀る。松平頼純は高三石を伊曾乃神社に寄進し、その氏子は寛政九年（一七九七）の『惣改帳』や『西条誌』（以下の括弧内は後者の表記）によると、西条町・明屋敷分・大町村・神拝村・北（喜多）川村・樋之口村（分）・朔日市村・永易村・明神木村・福武村・千町山（村）・藤之石山（村）・荒川山（村）・洲之内（村）・西田分・中野村・中西村・安知生村、新田分、流田村、古川分、北（喜多）濱分の、合計一町と二十一ケ村である。西条藩三十二ケ村の内、加茂川東部十八ケ村は大町組、西部十四ケ村は氷見組と二つの村組に分けられ、各村組には郡奉行に直属する大庄屋が置かれ、組内諸村の庄屋を統括した。大町組の大庄屋は松木十左衛門、氷見組の大庄屋は高橋弥蔵で、村組の名称は大庄屋所在の村名を用いた。村高は山村と干拓の新田村で低く、中央の平地村で高かった。

西条藩主は「定府」であるため、ほとんど江戸におり、一度も封地に来ない藩主もいた。領内の政治向は主として江戸からの指示を受けて処理され、その方針も宗家紀伊徳川家にならった場合がほとんどである。西条独自の政治というよりも、紀伊家の出先機関の様相を呈し、紀伊、西条両藩の藩士の間にも交流があった。伊曾乃祭礼を考える時にも、紀州和歌祭との比較をする必要もあろうが、これは今後の課題としたい。藩主江戸在住が伊曾乃祭礼に与えた影響も考慮されてしかるべきであろう。つまり、一般の城下町祭礼の場合、隔年の藩主在国時の上覧に供する祭礼がクライマックスともいえるが、西条の場合、藩主不在の陣屋町祭礼であった。領国は徴税のための土地と考えられていたためか、西条勤務の藩士は二百数十名で、最高領知高六万八千石という石高に対してはやや少ない。天保十三年（一八四二）成立の地誌『西条誌』によると、陣屋町七町合計の家数三百十、人数一千三百四十七人であった。『西条誌』より、伊曾乃祭礼に参加した主な氏子村の家数、人数をあげておこう。明屋敷分は百三十八軒、五百七十八人、大町村は二百七十四軒、一千百八十三人、神拝村は七十八軒、三百四十四人、北（喜多）川村は百十三軒、五百五十八人、樋之口分は六軒、二十九人、朔日市村は七十二軒、二百五十七人、永易村は四十二軒、百五十三人、明神木村は十九軒、八十五人、福武村は百五十三軒、五百七十八人、千町山村は九十七軒、三百八十一人、藤之石山村は百七十三軒、八百八十四人、荒川山村は百二十三軒、五百八十九人、洲之内村は二百五十軒、百十七十七人、中野村は二百四十一軒、一千九十二人、中西村は五十一軒、二百三十八人、安知生村は七十八軒、三百七十五人、流田村は三十七軒、百五十六人、古川分は三十四軒、百四十八人であった。

三　近世の伊曾乃祭礼

伊曾乃神社の神輿が御旅所に渡御する祭礼は古くからあったものと思われる。その御旅所の位置は陣屋があった場所と伝承されている。前掲『伊曾乃神社志』に収録された史料によってその沿革を確認しておこう。『伊曾乃大社記』によると、寛永十三年（一六三六）以前は九月朔日に神社から神輿が、当時の御旅所があった神拝村に渡御した。翌二日より大町・神拝・北川・樋之口・明屋敷・朔日市・永易・明神木・福武・千町山・藤之石・荒川・洲之内・西田及び枝村など、凡そ十八ケ村の氏子などが参拝し、十五日に神輿が神社へ還幸した。『神社明細帳』によると、寛永十三年、一柳監物直盛が新たに陣屋を御旅所の地に設けたのに伴い、御旅所を大町村常心原に移した。この時、九月九日を祭日初日とし、十四日を神幸、十五日を還幸、十六日より九月末まで氏子の参拝の例とした。後、祭日が十一月一日神幸、二日還幸となった時期もあるが、京都の神祇管領長上家吉田家の命によって旧に復し、九月十四・十五日の両日を神輿渡御の日とした。

伊曾乃祭礼は藩、陣屋町町人、周辺氏子（農村・漁村・山村）及び神社の運営によって挙行されてきたが、西条藩による倹約令などの規制や自然災害などのため、必ずしも毎年同規模で行なわれたものではない。江戸時代の神輿渡御の順路は定かではないが、神社からいきなり城下へは入らず、加茂川左岸の氏子域を巡行して、夕刻加茂川を渡って御旅所に入ったものと思われる。現在、御旅所には大町地区の氏神である楢本神社と西条神社が鎮座する。西条神社は、もともと松平頼純が祖父徳川家康の霊を前神寺（現石槌神社）の境内に祀ったもので、明治に至るまで東照宮として前神寺で奉祀していた。明治五年五月十二日、東照宮を伊曾乃神社御旅所へ遷座し、代々の西条藩主の霊を合祀した後、西条神社と改めた（久門範政「西条神社のあたり」『民友新聞』、一九七二年九月十三日）。御旅所には神輿蔵である浄屋があった。『西条誌』巻之三、大町村の項によると、四間半×五間半の浄屋（常設建造物）があり、ここに神輿が駐輦する。この建物は、西条神社や楢本神社ではなく、伊曾乃本絵巻に描かれている楢本神社左の建物である。神輿は九月十四日の晩一夜駐輦し、十五日に西条御城下へ渡御する。近世には加茂川に架橋してなかったので、屋台やみこしは加茂川右岸の城下側の氏子町村で曳き回されていたのであろう。神輿は十五日、氏子町村から出された屋台などに先導されて、氏子町村を通り、途中陣屋において藩士に迎えられ、加茂川を渡って伊曾乃神社に還幸する。陣屋城門に迎えられた神輿に対し、重臣以下藩士及び群集は出迎えて平伏し参拝し、一人も頭をあげるものはいなかったという。この様子から祭りを一名、「西条の将棋倒し」(『雨夜之伽草』出典後掲)という。

このような伊曾乃祭礼に祭礼風流として登場したのが、母衣《ほろ》・屋台・傘鉾・御船などである。伊曾乃祭礼に屋台が登場するのは、文献上、寛延三年(一七五〇)西条藩より出された「午お書きだし」とよばれる倹約令(中野村庄屋久門家文書、愛媛県立図書館蔵、『西条市誌』による)である。現在の伊曾乃神社の神輿には、寛延二年の再興銘があり、神輿再興の翌年、「午お書きだし」が出された。それは、伊曾乃祭礼時に限り、「屋台宰領」の者に対しては、平素の身分にかかわらず、裃の着用と小脇差の携帯を出願によって許可するというものである。祭礼の屋台担当者は町人・百姓身分であっても、藩士のように帯刀が許された。もう一点、氷見の祭礼の時、供奉その他役付の者、「屋台宰領」の者は従来の仕来りの通り裃着用は許可されるが、衣服は綿服を着用すること、というものであった。いずれにしても、寛延三年には屋台が登場していた、ということを確認しておこう。

次に、宝暦十一年(一七六一)九月十五日の『年番日記』(『伊曾乃神社志』)に収録されている「伊曾乃神宮渡御御行列式」をみておこう。同年の祭礼には「宝暦十一年巳九月伊曾乃御祭礼供奉日用帳」(「久門範政家文書」)も残っており、同史料によって行列の人数を括弧内に記しておこう。御大鉾(二人)―太鼓(三人)―神市―大榊―御船―対御挾箱(二人)―羽熊(十人)―台蓋(笠、一人)―立傘(一人)―鉄砲―対御鑓(三人)―御長刀(二人)―矢籠(一人)―四神御鉾(四人)―神馬―御韓櫃(四人)―供奉―権神主(年行司四名)―御幣―御太刀―鳳輦(三十二人)―対御鑓(三人)―正神主―跡押が続き、最後に「屋體」が記されている。さらに幟持ち四人、鞍掛け持ち二人が加わり、合計七十三人であった。宝暦十一年に出た屋台数や町名は記されていないが、行

表1　祭費の割当（宝暦11年）

石高	祭費負担	町村名
1000	370目 4 分 7 厘	西条町
1100	266匁 6 分 4 厘	大町村
340	82匁 4 分 2 厘	神拝村
610	157匁 5 分 6 厘	朔日市村
580	140目 5 分 9 厘	北川村
280	67匁 8 分 7 厘	樋之口分　北濱分
100	24匁 2 分 4 厘	明屋敷分
650	157匁 5 分 6 厘	永易村　流田村
180	43匁 3 分 3 厘	明神木村
1200	290匁 8 分 8 厘	福武村
30	7匁 2 分 7 厘	荒川山
30	7匁 2 分 7 厘	藤野石山
70	16匁 9 分 7 厘	千町山
470	113匁 9 分 3 厘	中西村
210	50匁 9 分	古川分
580	140匁 5 分 9 厘	安知生村
450	109匁 8 分	洲之内村
480	116匁 3 分 5 厘	西田村
600	145匁 4 分 4 厘	中野村

列の最後という順番から考えると、後世、本町より出す御供屋台のみが参加していたものと思われる。本町はその町名から考えても、陣屋町七町の代表として屋台を出したものと思われ、後世、本町が御供屋台として区別されたのであろう。加えて、御船（船だんじり）がすでに登場していたことは興味深い。また、神輿を舁く駕輿丁を出すのは中野村・北川村・明屋敷と西条町から八人ずつである。同年の祭礼に関しては「伊曽乃祭礼諸入用勘定帳」（久門家文書）もあり、表1はその費用分担一覧である。

次に、天明六年（一七八六）九月の「磯野歳番諸事日記」（久門範政家文書）に記された「御渡行列式」をみてみよう。母衣と幟五本、屋躰と幟五本（中野村・福武・大町北組・大町河原町・北町・魚屋町・中野町・大師町・東町・紺屋町）、屋台の横町（幟なし）、傘鉾の北川村、大太鼓、神幟、大鉾、小鉾、御船、対御挾箱、台笠、立傘、長刀、羽熊十、鉄砲、対御鑓投鞘、矢籠、対御鑓御幣、御神馬、御韓櫃、神市、四神御鉾、供奉、権神主、御刀、御幣、神輿、対御鑓、正神主、屋躰本町の順に記されている。すなわち、一つの母衣と幟五本が一組、十台の屋台（一台毎に幟五本が一組）、屋台のみの横町、傘鉾、御船、最後に本町屋台の順である。先の宝暦十一年より四半世紀後に、母衣と傘鉾が登場し、十一台の屋台が増加している。注目すべきはこの時期はみこしが登場せず、北川が傘鉾を出している点、陣屋町七町は全町が屋台（だんじり）を出している点などである（二八八頁表2参照）。

この母衣と傘鉾は練物の構成要素であり、西条藩域に練物文化がいかに伝播していったかを知る史料として、新居浜一宮《いっく》神社祭礼の事例が参考になる（以下、『新居浜太鼓台』新居浜市立図書館、一九九〇年を参照）。正徳元年（一七一一）九月十九日の祭礼には幟、傘鉾、吹貫、母袋、聖、台車、御船が神輿渡御行列を先導している（「一宮神社文書御用留帳」）。正徳三年の祭礼にも幟二十二本、傘鉾二本、吹貫一本、母袋一つ、だんじり二つ、御舟一艘が出ている（白石文書「萬控帳」）。享保元年（一七一六）の「一宮神社御幸行列次第」（「一宮神社年代記録」）によると、幟二十八本、笠鉾五ツ、吹貫、母袋、聖、台車四ツ、御船弐ツが神輿渡御を先導している。翌享保二年「一宮神社行列覚」にも同様の練物が記され、笠鉾、母衣、台車（だんじり）、御船（船だんじり）が出ている。聖は高野聖か、尼の仮装であろうが定かではない。

「石岡神社文書」宝暦七年（一七五七）の記録によると、石岡八幡祭礼においても幟、屋台、笠鉾が出ており、屋台と同様、伊曾乃祭礼の母衣や傘（笠）鉾などの練物が祭礼史上の初期（江戸中期）の祭礼に参加しており、これが後に御輿太鼓（太鼓台、布団太鼓）にとってかわられていったのである。

伊曾乃祭礼の場合、天明六年より約半世紀後の制作と推定される二本の絵巻とも陣屋町以外のだんじりが倍増しており、傘鉾が描かれていない。氏子の興味が傘鉾からみこしへ変化して、傘鉾は廃絶したものであろう。

次は天保十三年（一八四二）の『西条誌』の中野村の項の記述であるが、「台尻并御輿太皷（本文では鼓と表記する）数、合二十三、内十九台尻、四御輿太皷」とある。屋台の表記がだんじりになり、御輿太鼓四が参加している。同書巻七の石岡八幡宮には台尻十六、巻十八の津根村の村山神社には台尻二と御輿太鼓三、巻十四の一宮明神（一宮神社）には台尻并御輿太鼓数合十七、巻十三の上泉川村の浦渡明神の項に台尻少々、巻十六の大島浦の大島八幡宮にも台尻、みこし太鼓等合せて六つ、という記述がある。御輿太鼓に関しては、文政九年（一八二六）西条の北（喜多）浜が「みこし太鼓」を建造した（『一宮神社文書』）記録がある。なお、『西条誌』によると、九月十四、十五日には領内外の商人が入り込んで、盛大な伊曾乃市という祭礼市が立ち、十六〜二十三日には馬市が立った。最初は東町に立てられた馬市は、のち市日を変え紺屋町、中之町に移った。

近世の伊曾乃祭礼を活写しているのは、『雨夜之伽草』（愛媛県立図書館蔵、嘉永元年、一八四八）に収録されている「西条花見車」に如くものはない。これは天保八年（一八三七）、萩野厚恒によって記された記録である。早く『伊曾乃神社志』に載録されたが、以下、関係箇所を現代文に改めてみる。

九月十四、五日、常心原の御旅所は相撲、子供戯場、歌祭文、早口、薬売、居合い抜き、独楽廻し、覗機関《のぞきからくり》、幻戯、品玉取、見世物、水茶屋、料理茶店、市店、菓子売等が所狭しと小屋掛けし、近郷遠里からの貴賤男女が寄り集まって賑わうこと夥しい。石川丈山、佐々木玄龍など、高名な書家の書いた幟もある。

十四日には御城下の町より狂言台を曳いてやってきた。上組と下組の二つ車の子供狂言が替る替るあり、見物の群集が人の山を築く。相撲場には四本柱を建て、四方に小屋を設え、幕を打ち廻して、夫々の役人が詰め、鑓を飾って厳重である。その芝（土俵場のこと）は石鐵山嶋之助、小野川喜三郎、谷風梶之助、玉垣額之助等の踏んだ芝であるそうだ。四本柱は天地雷蔵の寄進であり、玉垣額之助が選んだものだそうだ。神事相撲に四本柱があることは珍しい事と言い伝えられている。見物の数万人はさしも広い場所に錐を立てる処もない。

十五日には氏子十八ケ村、大町・神拝・北川・樋ノ口・明屋敷・朔日市・永易・明神木・福武・千町・藤之石・荒川・洲之内・西田、その他枝村が御城下の町々より楽車《だんじり》、様々の造り物に、金銀をちりばめたものを出し、御旅所において行列を整える。

そのあらましを以下に述べる。先頭には幟約二十本が左右に列する。次に鬼約三十人が二行に連なる。この鬼は三百六、七十人おり、赤黄黒青色々の鬼面を被り、頭に毛を長く垂れ、面の色と同様の毛織りの股引き、半纏を着、大きな煙草入れをさげているものもいる。大瓢箪を腰につけているものもいる。様々に派手を尽し、各々樫の棒を持ち、喧嘩口論を禁じる役である。

次は楽車である。幟二本、鬼二人、楽車、裃四人が前後の警固、鬼二人、幟二本、若者による前後の警固、以上が一集団であり、全部で二十四、五集団ある。

楽車は家型の造形物で二重あるいは三重の高欄付、黒塗りの金縁、朱塗りの銀縁等で、高欄の擬宝珠は金銀、高欄の縁には七福神の遊び、大江山鬼神退治、富士野牧狩、鵯越逆落し、八嶋合戦、牡丹に獅子、竹に虎等を、巧を尽くして彫透し、術を究めて彩っている。屋（家）根はみな縮緬で覆い、破風口には孔雀、鳳凰、鶴等を彫付け、金泥、銀泥で彩色している。

幕は金襴緞子、天鵞絨、羅紗、猩々緋等に、金紗銀糸等で、竹に虎、雲に龍、龍宮の玉取り、浦嶋子龍宮入、和藤内千里の竹籔等の意匠を、様々の高縫に金銀珠玉をちりばめる。幕の内に様々な造り物を飾る。幕の上には注連縄を引き渡し、向う柱に大きな箱祓を付け、その下は毛緬幕で模様を染め出したものもあり、五色の段々筋もある。幕の内で太鼓・笛・鉦等を打鳴らして囃し立てる。夜には四方に立派な提灯を灯し、若者の警固等が手に手に対の提灯を振り照らす。

次に御輿楽車（太鼓台・布団太鼓）というものを曳く。上に五重七重の布団を積み重ね、黒赤段々の布団があり、黒のみ、赤のみの布団もある。いずれも天鵞絨、羅紗等である。前後左右に布団〆（締め）が二つずつあり、これに様々な高縫が施されている。雲に龍、竹に虎、瀧に鯉、岩に獅子、桐に鳳凰等である。高欄の縁には四方に掛布団といって、天鵞絨、羅紗等に大造の縫の小布団を掛けたものがある。提灯は、昼は猩々緋で提灯の形を拵え、縁は黒天鵞絨、紋印は金の縫を四隅に掛ける。御輿楽車の中には、美麗な子供が化粧をして、派手な衣装を着飾り、天鵞絨錦等の手覆をし、色々の縮緬を二筋三筋襷にし、太鼓と鐘（鉦）を鳴らし、笛を吹く。この楽車は車で引く。先頭の綱を引く子供は皆股引、半着は更である。踏皮履物に至るまで揃いで、対の花笠を被る。御輿楽車は七、八つ出る。出す在所の若者が、大勢付き従う。

次は獅子、先頭は嬲《なぶり》で、赤い股引と半着を着た子供二人が簓《ささら》を持つ。その後に獅子、太鼓を舁かせ、笛吹き、太鼓打ちが付き添う。天鵞絨で縁取った猩々緋の幟、鬼女二人が綾錦の衣類に緋の袴を着し、白綾の被《かず》きを被る。その後に様々の造り物が続く。富家の子供が仮装し、義経、楠正成、真柴久吉、加藤正清、頼光、大江山鬼神退治、和藤内千里の竹藪、鷹匠等、様々の出立をする。あるいは張籠の山、または張抜の虎を引かせ、雑兵の出立の者に馬印を持たせ、又籏をなびかせて渡り行く。

その次は船楽車（船だんじり）といい、粧い飾った船型の楽車の内で太鼓を打ち、船謡を諷う。船玉明神は細い神輿であり、伊曾乃神社の末社に祭っている。

その次は神の御鑓、様々の御道具が出る。次は下禰宜が種々《くさぐさ》の神宝を捧げて二行に列す。御児、八乙女等が宝冠を戴き列する。神馬と小神司（騎馬で長柄の傘を指掛けさせる）が続き、袴と野羽織を着た者二人が股立取って割竹を引いて左右を制する。袴着の者四人、長柄傘、児侍、烏帽子大紋着の者四人が続く。沓持、箱持等は皆、烏帽子をつけ白丁着である。大宮司は乗輿で布衣の者が従う。その行粧は厳かである。次に、山村の猟師が対の野羽織と対の裁着袴を着、長脇指を帯し、対の袋入りの鉄砲と切火索を持ち、二列に連なる。凡そ五、六十人が御霊遷《みたまうつ》し、御宮入後の神輿御動座において鉄砲を撃つこと夥しい。昔、御城前において鉄砲を撃った者があった。役人が怒って咎めると、空を指差した。神輿の真上に一団の黒雲があったが、鉄砲の音に黒雲は虚空に舞い上がり、何処ともなく消え失せたことにより、この者は代々火付火縄の所持を許された。

次に、注連縄をひいた長持二棹を烏帽子と白丁着の者が舁く。次に、神輿の台、鬼数百人が神輿の前後左右を警固する。約四十の神輿舁きは皆、烏帽子と黄色の装束である。神輿付きの役人、警固の武士は何れも綺羅を飾り、威儀を正す。村の間は村役人、町の中は町役人が裃と帯刀等で供奉する。御供の役が凡そ七、八十人続く。御供は皆社司より出る紙札を頭に付け、男は股引脚半着、女は脚半をあて、何れも華美を尽し、落ち散った散銭を拾う。この鬼御供(散銭)は病気等の願解《がんほどき》として、治癒後二、三、五、七、十二年と献ずるものもある。その後、楽車一つ、鬼約二十人が続く。次第を守り、隊伍を乱さず、厳重であり、その結構は目を驚かし、魂を消す。

御城下を渡り、御城門の前には、悉皆、浅黄綸子、紫縮緬、緋緞子の幕を打ち、太守が上覧する。後の幕の内には、家中の諸士が雲の如く、霞の如く居流れている。御仮屋の前に神輿を据え、楽車、造り物等は次第を乱さず、御堀端に並んで、調子を正して囃し立てる。綺羅、川風に閃き、堀水に映じて壮観言うべくもあらず。見物人は数万、人の山を築く。警固の武士は非常を禁めて、威儀洋々である。禰宜は管絃を奏し、神楽謡を諷い、八乙女は白妙の袖を翻して舞い、大宮司と小神司は祝言を誦み、幣帛を捧げる。それより、町々を渡御する。神輿御立ちの後へ、町より狂言台を曳き来り、子供踊りを御上覧する。見物の群集は夥しいことというばかりなし。この子供狂言は両様(上組・下組)共、町々でも行なわれる。十八日には御庭において相撲を御上覧する。夕方、神輿は御旅所に還幸して、加茂川を渡り、伊曾乃神社へ入る。供奉の楽車、造り物等は次第を守って、加茂川の堤に双び、神輿を見送る。神輿は新地町の御仮殿に暫くお休みになって、横黒より永易、明神木、金澤、天野(皇)、小川等を渡御して還幸する。楽車等は先へ帰り、この堤に列んで待つ。夕陽映じて晃く煌《きら》びやかにして、無双の壮観である。見物の男女はさしもに広い川原に充満し、人また人に立籠めて、芝生に席を設け、真砂に莚を敷き、弁当を開き、酒瓢を傾け、吹(水)筒を逆さにする。弾くものあり、諷うあり、舞うあり、踊るあり、実に泰平の余福にして、皆人、一刻千金の思いをなす。御宮入りが済めば、楽車、造り物等、また行列を正し、その村々処々へ帰り行く。夜は十四、五日の両夜共、終夜子供芝居があり賑わしく、すべて見るもの、聞くもの、目を驚かし、心神を悦ばさずという事なし。この両日の賑わいは中々拙き筆に尽くし難し。

これほど詳細に祭礼が叙述されている史料はないが、見物衆を数万としているなど、数の誇張もある。祭礼風流の問題として貴重な情報は、富家の子供による仮装行列、造り物風流である。義経、楠正成、真柴久吉、加藤清正、頼光、大江山鬼神退治、和藤内千里の竹藪、鷹匠等の様々の出立をし、張籠の山、または張抜の虎、つまり張りぼてを引かせ、雑兵の出立の者に馬印を持たせて練り歩く造り物は、伊曾乃祭礼に関する他の文献史料や絵画資料にはみられないのである。

いずれにしても、江戸時代にはだんじり・みこし・船だんじり・狂言台・傘鉾・鬼・造り物・母衣などの祭礼風流が出ていたことを確認しておきたい。

四 『伊曾乃祭礼細見図』の検討

『伊曾乃祭礼細見図』（『細見図』と略す）は東京国立博物館の徳川宗敬氏寄贈本に含まれている。これは明治十七年に伯爵を授けられた一橋家第十一代徳川達道《さとみち》が収集した江戸期典籍のコレクションである。紙本著色一巻、紙高三十五センチ、長さ二十六、七メートルである。絵巻各所に貼られた短冊型文字は伊曾乃本にはない貴重な情報であり、外題箋に「伊曾乃祭礼細見図」とある。この絵巻の巻頭が原状であるのか、先導の行列が失われてしまったものか不明であるが、だんじりの描写から始っている。伊曾乃本には先導が描かれ、他の祭礼絵巻から推測しても、先導が描かれていた可能性が高い。図1は佐藤秀之氏が作成した現在のだんじりの部分名称である。伊曾乃本も同様であるが、先ず運行方法に注目すべき点が生じる。一般的に、だんじりは曳いて運行（曳行）し、みこし（神輿太鼓）は舁《か》い（担ぐ）て運行するところが多いが、伊曾乃祭礼では江戸時代から現代に至るまで、舁き（担ぎ）だんじり、曳きみこしを特徴とする。舁きだんじりを可能にしたのは、襖、唐紙、障子の軽量の素材であり、この絵巻にも、胴板に紙を用いたと想定されるだんじりが数台描かれている。現在はゴムタイヤが付

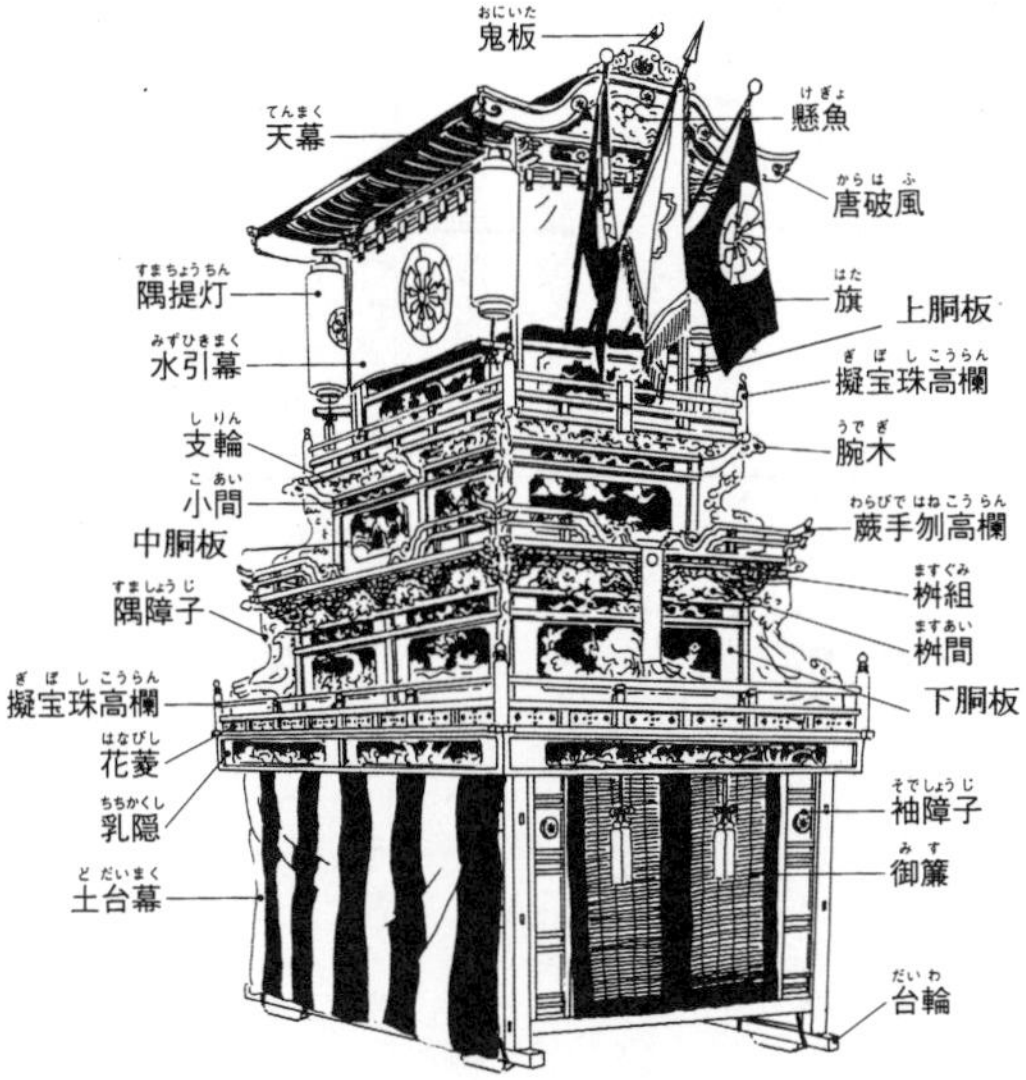

図1　西条のだんじりの部分名称
（佐藤秀之氏作図を福原が補充）

けられ、舁いて移動するというよりも、重量はタイヤが吸収し、押して運行する、といったほうが適切である。絵巻の時代はもちろん人間の力で移動していた。現在は、見せ場になると外に出た舁き棒を何人もで舁くが、大正時代の古写真（西条市立郷土博物館蔵）では外部の舁き夫は見えない。つまり、舁き夫は土台幕内に入って舁いていたのであり、途中、見せ場においてとまっては幕内で囃子を奏したものと思われる。いくら軽量であっても、だんじりの幕内の徒《かち》囃子が、舁きながら、幕内で囃すのは困難であろう。大本氏（前掲「愛媛の祭礼風流誌」）によると、愛媛の祭礼において「曳いて見せる」文化は十九世紀（以前）のもの、以降、ダンジリを「担いでいる姿を見せる」要素が強い。南予の牛鬼も十九世紀の絵巻では、すべて担ぎ手は胴体の中に入っているが、現在では外に体を現して担ぐのが一般的である。十九世紀には、担ぐ姿を「見せる」祭りではなく、外観装飾を見せるのが一義であったとする。興味深い見解である。現代人は掛け声をあげ、同じ動作で舁く、担ぐことに動的な興奮を覚え、観客もそれを見ることに関心が移った。悠長な曳き物や練り物を見る感性は失われてしまった。また、『細見図』は伊曽乃本と異なり、だんじりの隅提灯が描かれていない。現在は暗くなると一つのだんじりに百余りの提灯を付けるが、この当時は隅提灯四つを付けるのみで、あとの照明は供奉人が手に持った弓張提灯であった。『細見図』のみこしには提灯が四隅につけられている。『細見図』の特徴は伊曾乃本に比べてだんじりやみこしの高欄や升組形式まで詳細に描かれている点であり、全国の祭礼絵巻を概観しても、抜きん出て詳細を極めているといってよい。十九台のだんじりには、切妻の反り屋根が描かれている。青がほとんどであるが、『雨夜之伽草』に記されているように縮緬で覆ったものであろう。だんじり四隅に帯刀（二本差し）裃姿の警固、後方に二人ずつの幟（町名を墨書）持ちがついて一組となる。四人の警固は伊曾乃本と同様の描写であるが、これは西条藩士ではなく、祭礼時に帯刀を許された屋台宰領役であると思われる。つまり、氏子の町役であろう。だんじりは二層か三層、白か黒に描き分けられ、白は桧白木（素木生地）、黒は漆塗りを表現したものであろう。胴板に施された彫刻、土台幕に描かれた文様や絵、屋根の懸魚のデザイン、袖障子の繊細な細工物、そして何よりも上層の造り物が実に見事に描かれている。京五条橋上の弁慶と牛若や二十四孝の一齣など、日本の物語、中国の伝説や説話を散りばめた多彩なテーマがだんじり全体に横溢している。だんじりの後には四台のみこしが続くが、描かれた年のみこしが四台であったのか、描かれなかったみこしが存在するのか、不明である。伊曾乃本には中西のみこしも描かれている。みこしに施された彫刻や布団締めの高縫いの金糸刺繡も精緻を極めている。鉦を吊るして打つ者が進行方向右側、鋲留め大太鼓が中央、締め太鼓が左側という、囃子方の楽器構成も詳細に描かれている。次に獅子嬲《なぶり》、獅子太鼓、二人立ちの獅子、船だんじりが続く。次には神社から出た諸役と西条藩士の行列が続き、最後に上組車と下組車の狂言台二台が描かれている。

本絵巻に描かれただんじり十九、みこし四の数は『西条誌』の記述と一致し、この絵巻は天保十三年（一八四二）ころの様子を描いているものと考えられよう。『細見図』は九月十五日、御旅所を出発して神社への還幸途中、御陣屋に至る前、行列が整えられている様子を描いたものであろう。というのは、陣屋前以外では、行列が延びていたり、混乱していることが想定されるからである。以下、絵巻の場面毎に検討を加えておこう。

中の（野）村のだんじりは、三層の白木造りで、土台幕は「夜桜に短冊」が大胆なデフォルメの構図で染め抜かれている。上胴板には波に千鳥、中胴板には桐に鳳凰、下胴板には側面が宝珠型の縁取りに波に鶴、正面が伊勢二見浦の夫婦岩の透彫が施されている。中野村の水引幕は四本柱下まで覆うほど長いことが特徴であり、水引幕の朱と中・下胴板の透彫の地の朱がよく調和している。隅障子は上が牡丹、下が波の彫刻である。屋根の懸魚には桐があしらわれている。「中野の一番だんじり」と呼ばれ、一番に行列する。佐藤秀之氏の『伊曾乃祭礼楽車考』では文化三年（一八〇六）の新調という。一層と三層の高欄の四隅は擬宝珠、二層は組高欄（刎高欄）である。

北の町のだんじりは、二層の白木造りで、土台幕の絵柄は樹下の黒と栗毛の二頭の馬である。下胴板には源平屋島合戦（奈須の与一扇の的）、上胴板には流水に菊の透彫が施されている。上層には太鼓橋に薙刀と黒塗り高下駄が置かれており、京五条大橋における弁慶と牛若の打合いを見立てた造り物であろう。水引幕には黒天鵞絨地に龍紋の金糸刺繡が施され、四方とも中央を赤紐で括って造り物が見える演出をしている。隅障子は山に松の彫刻、袖障子は柴垣の意匠である。後部で赤鬼が棒を持って警固する。一層高欄の四隅は擬宝珠、二層は組高欄（刎高欄）である。

福武村のだんじりは、三層の黒塗り、土台幕は摂津出見浜の住吉高灯籠と北前船であり、瀬戸内海と上方の海上交通を介した文化伝播を彷彿とさせる。下胴板には宝珠型の縁取りに唐獅子、中胴板には牡丹、上胴板には鶴の透彫が施されている。屋根の懸魚は桐の意匠で赤く塗られている。支輪と上隅障子は波、下隅障子の牡丹は胴板の唐獅子に合わせたものであろう。乳隠しには波に貝（蛤らしき）と扇尽くしが施され、これは中胴板周辺の波に合わせた意匠であろう。一層と三層の高欄の四隅は擬宝珠、二層は組高欄（刎高欄）である。

南組（大町南組＝常心）のだんじりは、三層の黒塗り、土台幕は竹林に虎、上胴板は波に扇、中胴板は唐獅子と牡丹、下胴板は筆と白鼠（正面）、老人と鹿（側面）の透彫が施されている。上隅障子は唐獅子、下隅障子は鯉の滝登り、屋根の懸魚は金具で六葉の菊、水引幕は黒地に火炎を表すものであろうか。三層支輪は雲龍、二層支輪は波、乳隠は松枝が描かれている。一層と三層の高欄の四隅は擬宝珠、二層は組高欄（刎高欄）である。

喜多川村のだんじりは、二層の白木造りで、土台幕が紺地に白の松皮菱、下胴板には酒呑童子と頼光の四天王、上胴板には山伏姿で笈を背負っている人物が見えるので、同様のテーマであろう。隅障子も京から大江山の峠を越えている一行の彫り物である。支輪は唐草模様、乳隠は水に流れる赤い花を表わす。水引幕は黒地に金糸刺繍で鳳凰を表しているのであろう。一層と二層とも高欄の四隅は組高欄（刎高欄）である。佐藤秀之氏の『伊曽乃祭礼楽車考』によると、喜多川のだんじりは享和三年（一八〇三）に建造され、黒塗り三層で大江山鬼退治を彫刻していたが焼失したとある。本図の二層白木表現と三層黒塗りの違いはあるが、胴板の彫刻主題は同様である。

永易村のだんじりは、三層の白木造りで、土台幕が白と紺の縦縞、下胴板には雁らしき鳥、中胴板と上隅障子には同型の雲、上胴板には唐草模様の透彫がある。下隅障子の四隅に力士、乳隠しには将棋駒、屋根の懸魚は鶴、上層の造り物は雪を被った竹に鋤と鍬で、二十四孝の一齣を表している。一層の高欄の四隅は擬宝珠、二・三層は組高欄（刎高欄）である。後部で赤鬼が棒を持って警固する。

河原町のだんじりは、二層の黒塗り造りで、土台幕は松にかかった霞か雲、上層には土台幕に合った松に鶴と岩の造り物、水引幕は緑地に唐草模様を描く。下胴板は鳴と蛤と漁夫（漁夫の利の説話）の透彫がある。支輪と隅障子は波、上胴板は赤い扉の彫り物、乳隠は松の枝である。切妻屋根の前面には黒地に金の模様が描かれている。一層の高欄の四隅は擬宝珠、二層は組高欄（刎高欄）である。後部で赤鬼が棒をもって警固する。

神拝村のだんじりは、二層の白木造りで、土台幕が波に松と鯉、上胴板は波、下胴板は唐獅子と牡丹の透彫、隅障子は竹林に七賢の彫り物、水引は紺地に金糸で刺繍をしている。懸魚は菊らしき金具である。支輪は唐草模様、乳隠は菊文様、一・二層とも高欄の隅は組高欄（刎高欄）である。後部で赤鬼が棒をもって警固する。「神拝村」と短冊型の貼札がある。神拝村の江戸期のだんじりは現在、古屋敷のだんじりとして現存している。それは天保十一年（一八四〇）建造の黒塗り三層だんじりであり、「富士之巻狩」の場面が彫刻されている。本絵巻の神拝のだんじりとは異なるので、『細見図』の下限はそれ以前とすることができる。

短冊型の貼札には「古川分土場」、幟には「土場」とあるだんじりは、二層の白木造りで、土台幕が紺地に黒の松皮菱の意匠である。上胴板は流水に花が浮かんでいる図、下胴板は宝珠型の縁取りに唐獅子と牡丹の透彫、隅障子は松、岩に流水の彫り物、水引幕は紺地に金糸で雲龍文様の刺繡が施されている。一層の高欄の四隅は擬宝珠、二層は組高欄（刎高欄）である。

短冊型の貼札には「朔日市横黒」、幟には「横黒」とあるだんじりは、二層の白木造りで、土台幕が波に浮かんだ酒壺の上に猩々の絵柄である。上胴板には白象と牡丹、下胴板には雲龍と梅と波に白菟の透彫、乳隠しには三人の蓑笠姿の人物が綱で船を曳いている光景、支輪は唐草模様である。隅障子は竹林、上部には御高祖頭巾の女人形が提灯を持ち、籬を進む造り物がある。歌舞伎の一場面であろうか、主題は不明である。一層の高欄の隅は擬宝珠、二層は組高欄（刎高欄）である。

明屋敷のだんじりは、二層の黒塗り、土台幕は白地に紺の松皮菱である。描写からすると、胴板、乳隠、隅障子は襖、唐紙、障子を嵌め込んだものと思われる。上胴板は宝珠型の縁取りに唐獅子牡丹、下胴板は牡丹の襖、隅障子と袖障子は黄色の桟の障子、乳隠は千両の意匠、水引幕は紺地に金糸で雲龍が刺繡されている。だんじりの部分名称を隅障子や袖障子というように、軽量の障子が本来の姿であったのだろう。一層・二層とも高欄の四隅は組高欄（刎高欄）である。

短冊型の貼札に「魚屋町」のだんじりは、二層の黒塗り、土台幕は紺地に竹林を白抜きで染めている。このだんじりも、胴板と乳隠は四角の縁取りからみて襖、障子である可能性もある。下胴板は黒地に龍と鳳凰を金色で描き、上胴板は亀と唐獅子の図である。乳隠しは流水に浮かぶ紅葉であろう。隅障子は唐獅子、上部には網と竹と太刀の造り物がある。水引幕は紺地に雷文様が金糸で刺繍されている。屋根が白色なのは特徴の一つである。一・二層とも高欄の四隅は組高欄（刎高欄）である。後部には赤鬼が杖を持って警固する。旧魚屋町のだんじりは現存している。佐藤秀之氏の『伊曾乃祭礼楽車考』によると、だんじりに文久二年（一八六二）の銘があるという。現存のだんじりの胴板は花鳥図、隅障子は琴棋書画図で明らかに本図とは異なり、本図に描かれただんじり以後に建造されたものであろう。魚屋町屋台彫刻の江戸時代の下絵（石水公親氏蔵）は琴棋書画図や花鳥図がテーマであり、一部の写真が『西条市生活文化誌』に掲載されている。

中之町のだんじりは、二層の黒塗り、土台幕は紺地に白で松皮菱を染め抜き、下胴板は蓑亀（瑞兆の霊亀）乗り仙人と鯉（側面）、福禄寿に唐子と笥と傘（正面）、上胴板には宝珠型の縁取りに大根と大黒、唐船らしき船の透彫があり、上下胴板で七福神と唐船をイメージしたものであろう。隅障子は前方に龍、後方に虎、乳隠には波上を走る白兎が彫られ、上層に薄に蝶の造り物がある。水引幕は紺地に雷文様が金糸で刺繍されている。一・二層とも高欄の四隅は組高欄（刎高欄）である。

短冊型の貼札「大師町」のだんじりは、二層の黒塗り、土台幕が白地に紺の怒濤文様を染めている。このだんじりも下胴板と乳隠は襖、唐紙、障子の嵌め込みと推測される。下胴板は花鳥（尾長鳥らしい）、上胴板は唐獅子牡丹、乳隠は黒地に紅葉尽くし、支輪は牡丹である。隅障子は松に鷹の彫り物、上層に薄に蝶の造り物がある。一・二層とも高欄の四隅は組高欄（刎高欄）である。

短冊型の貼札には「東町新地」、幟には「新地」のだんじりは、二層の白木造り、土台幕は白と紺の棒縞、下胴板には流水に鯉（正面）、葡萄に栗鼠の図（側面）である。上胴板側面には恵比須と大黒、正面には布袋と唐子、隅障子には唐獅子牡丹の彫り物がある。乳隠の正面に水仙と梅、側面に菊と牡丹が描かれ、支輪には竹林の彫り物がある。上層に御幣が立てられ、水引は紅地に黒っぽい雲と金糸で龍が刺繡されている。御幣が立てられるのは、殿《しんがり》の本町の御供屋台とこの新地のみである。一層の高欄の隅は擬宝珠、二層は組高欄（刎高欄）である。

短冊型の貼札に「東町」のだんじりは、三層の白木造りで、土台幕が唐獅子と紅白の牡丹であり、下胴板と乳隠は襖の嵌め込みであろう。下胴板には岩に紅白牡丹、乳隠しは稲穂に雀が描かれている。中胴板は流水に鶴、上胴板の正面は虎と竹、側面は雲と龍の透彫、上隅障子に松、下隅障子に蓑亀の彫り物がある。上層には満開の桜の下、頰被りの男人形が裾を絡げて褌を見せており、高札が立つ造り物である。主題は花咲爺か。水引幕は紺地に金糸で雷文様を刺繡している。一層の高欄の隅は擬宝珠、二・三層は組高欄（刎高欄）である。

短冊型の貼札に「紺屋町」のだんじりは、二層の黒塗り、土台幕は紺と白の横縞、下胴板には白牡丹と桟上の小間部分に竹、乳隠は赤牡丹を描いた襖絵であろう。上胴板は宝珠型に唐獅子、隅障子には竹林七賢の意匠があり、これも襖絵の可能性がある。上層には猿まわし人形と御幣と日の丸扇子を持ち、烏帽子を被った三番叟姿の猿人形の造り物がある。水引幕は雷文に花弁の文様、屋根の切妻には鳳凰が彫られ、屋根が白いのは魚屋町だんじりと同様である。一・二層とも高欄の四隅は組高欄（刎高欄）である。現存する紺屋町のだんじりの建造は江戸末期とされる（前掲『伊曾乃祭礼楽車考』）。黒塗り二層は本図と同様であるが、現存のだんじりの胴板は「三国志演義」、支輪は「龍宮玉取り」であり、『細見図』とは異なっている。

短冊型の貼札に「上横町」のだんじりは、二層の白木造り、土台幕が紺地に白抜きの波文様、下胴板には橋上の鶏、上胴板には波に蒐の透彫があり、支輪と隅障子に雲龍、乳隠に流水に鯉が彫られている。上層には雪が降り積もった竹に、鍬を持った蓑笠姿の百姓人形の造り物があり、この主題も二十四孝の一齣か。一層の高欄の隅は擬宝珠、二層は組高欄（刎高欄）である。

以降はみこしが続く。短冊型の貼札に「喜多川村樋之口分」、幟に「樋之口分」とあるみこしは、黒塗りで、布団は黒を赤で挟んだ五枚重ねである。現在は布団締めで飾られている布団の下の部分と乳隠は、木材に透彫か、襖が嵌め込まれているか、明らかではない。下に松、上に龍が描かれている。乳隠には流水に赤花が描かれている。上部括に繋がる黒い布団締めにも黒地に金糸刺繍らしきものが見える。提灯には若、喜多とあり、喜多川若連中のことであろう。警固が曳き棒に横座りしている姿も興味深い。中に三人の童がおり、唐子髷の者も見える。楽器構成としては、鉦を吊るして打つ者が進行方向右側、鋲留め大太鼓が中央、締め太鼓が左側にすわり、これは全みこしに共通している。伊曽乃本と異なり、高欄には四角の布団が側面にのみ懸けられている。伊曽乃本には高欄の正面と両側面に掛けられている。背面は見えないが、現行の姿から推測するに四隅全てに掛けられている可能性も高い。本図は進行方向左側面しかみえないが、恐らく両側面に掛けられているのであろう。赤で縁取り、黒天鵞絨らしき地に金糸刺繍が施されているのであろう。各みこしの提灯には村名と「若」とあり、若者組が担当していたことが推測される。

短冊型の貼札に「喜多浜」、幟に「はま」とあるみこしは、黒塗りで、布団は黒を赤で挟んだ五枚重ね、布団締めには金糸刺繍が施される。布団の下の部分は、上に雲龍、下に椿が描かれている。樋之口分と同様、乳隠には流水に赤花が描かれている。水引幕には猩々緋地に竹と虎の金糸刺繍、高欄に懸けられた布団中央には黒地に金糸で渦巻き文様を刺繍している。後部に赤鬼が杖をついて警固をしている。

短冊型の貼札に「朔日市村」のみこしは、白木造りで、布団は黒を赤で挟んだ五枚重ね、布団締めには金糸の刺繍、高欄の布団にも中央に黒地に金糸刺繍が見える。布団下の部分は透彫に見えるが、白木造りのための印象かもしれない。上が桐に鳳凰、下が栗鼠と鼠であろうか。乳隠には流水が描かれている。水引には猩々緋地に黒の雲龍文の刺繍が施されている。後部に赤鬼が杖をついて警固をしている。

短冊型の貼札に「大町村明屋敷分神拝村之内新町」、幟には「新町」とあるみこしは、黒塗り、他のみこしとは違い、布団はすべて紅の五枚重ね、布団締めと高欄の布団には黒地に金糸で雲龍らしき刺繍がある。布団下の部分は正面上が唐獅子、側面が鳳凰、正面下が流水に扇流しである。乳隠には流水が描かれている。後部に赤鬼が杖をついて警固をしている。

短冊型の貼札に「獅子嬲、獅子太鼓、流田村」とある獅子(二人立ち)が一組である。獅子の伝承は途絶えているが、佐藤秀之氏が二十年位前に古老より、市塚地区がかつて獅子を担当していたことを聞き書きしている。市塚は室川西岸の流田の枝在所である。市塚には永易村分もあるが、流田村分の市塚が獅子の所役であったのであろう。二人の獅子嬲は他所では獅子あやしなどともいう。技楽の師子児や師子子に由来するものであろうが、法隆寺の平安時代の師子子には「師子前、ハエハライ」の墨書がある。唐子をイメージさせる装束をつけ、両手に桴を持っているところから、ある場所にいたると太鼓を曲打ちするものと思われる。明神木村「正一位伊曾乃大社」の幟と短冊型の貼札「船持中」とあり、船持ちから出された船だんじり、赤鬼警固三人、「正一位伊曾乃大社」の幟、短冊型の貼札に「神太皷、大鉾、中鉾、対箱、台傘、立傘、長刀、羽熊十筋」、羽熊持ちの控え(交替要員)十八、短冊型の貼札に「鉄砲十四隻、対道具、矢籠、神馬、唐櫃、神市千代女、尾崎越後、八条伊藤和泉、近藤備前、御太刀八条高橋備中、神幣徳永対馬、四神鉾、町年寄、八条佐貫伊織、伊佐□佐貫、高橋豊前、盗賊方、目明、御持同心、寺社同心、年番」と続く。赤鬼四人、短冊型の貼札に「神輿伊曾乃大社、昇人三十六人、年番、大庄屋、押道具、権神主玉井大和守、正神主野間近江守、神主父野間上総介」、「いその大社」幟と赤鬼二人の後に本町だんじりの一行が続く。

短冊型の貼札に「本町」とあるだんじりは、二層の黒塗り、土台幕が紺と白の青海波、下胴板の正面は牛乗り笛吹き童子の背面、側面には極彩色の番いの鳳凰、上胴板正面には伊勢二見浦の夫婦岩、側面には流水に蓑亀が描かれた透彫か、嵌め込み障子、隅障子には唐獅子牡丹の彫り物であろう。乳隠には黒地に金で唐草文、支輪には流水に貝と菊と宝珠、上層には松と御幣が立てられている。懸魚は菊。水引幕は黒地に朱と金刺繡で渦巻きがあしらわれている。一・二層とも高欄の隅は組高欄（刎高欄）である。

最後尾に二台の狂言台が続くが、これは祭礼行列に連なったものではなかろう。伊曾乃本においては行列は本町だんじりで終っており、狂言台は時空間とも異なる場面に描かれている。『細見図』は町で曳かれた狂言台の姿を描いたものと思われる。

短冊型の貼札に「下組車」とある狂言台は、屋根の反りからみて、唐破風形だと思われる。屋根には竹材らしきものが張られている。反り屋根の下にも屋根らしきものがあり、波に月と草花が描かれている。正面中央には「下組」、両端には「下之町」と「ヒイキ」（贔屓）と書いた長提灯があり、側面には「下若」の文字を書いた提灯が吊るされている。幕には川に草花が描かれ、前柱上部には芝居小屋の櫓に立てる梵天（大幣束）を連想させる御幣が立てられている。注目されるのが、巨大な木車と、吹き抜け構造にある。上下に押しつぶされたような不格好さは、巻子本という画面の紙高幅の制約からきたデフォルメであろう。伊曾乃本をみると、狂言台は進行方向前面を吹き抜けの舞台とし、御簾で仕切って後方を楽屋としている。たぶん、囃子座は御簾内で下座を鳴らしているのではないか。両車とも上演時には、右前方に張り出しの花道が臨時に設けられている。

伊曾乃本に描かれた上組車は屋根が唐破風、屋根正面には「上組車」と書いた五つの長提灯、下組車の屋根は青竹張りのようであり、正面には「下組車」とある五つの長提灯が付けられている。『細見図』を見ると、舞台を開いた状態で、六本柱のように見える吹き抜け構造であり、だんじりやみこしの描写は実に細かいが、狂言台の構造は大分省略されている。

短冊型の貼札に「上組車」とある狂言台が続く。正面長提灯の文字が「上組」と「ヒイキ」とある。下組車同様、屋根には竹材らしきものが張られている。反り屋根の下には這い松らしき絵柄があり、幕には灰色地に朱で龍紋の刺繡であろうか。両車とも舞台を開いたままで曳かれているが、他所の芸屋台をみると曳行時は閉じられているところが多い。

さて、ここで比較のために伊曾乃本も少し紹介しておこう（次頁表2）。紙本著色一巻、外題簽に「伊曾乃大社祭礼略図」とあり、これは後筆と思われる。戦後神社所蔵に帰した。紙高三〇・三センチ、長さ二五一・五センチである。巻頭に「伊予国新居郡賀茂郷伊曾乃大社開基天元二年」とあり、このあとに祭礼行列の先導者が続く。三人の町人、うち二人は鉄杖（錫杖）を突いている。帯刀（二本差し）、裃姿とそのお供が二人ずつ、帯刀（二本差し）裃姿十人とそのお供が十人ずつ。鬼役の大人（黒装束・仮面）と子供（赤装束・仮面）。老人の町人。この帯刀裃姿の者が西条藩士であるのか、祭礼に際して格別の装束を許された町役であるのか、判断しかねる。

中野村のだんじりから、十番目の横黒のだんじりまでは、黒塗り三層で、その四隅を四人の帯刀（二本差し）裃姿が警固している。この四人に関しては、先述したように祭礼時に藩士同様の格好が許された氏子の屋台宰領役のものであろう。以下、十八の全てのだんじりに同様な警固がつく。中野村の土台幕は猩々と酒瓶。「正一位伊（曾乃）」の幟。福武村のだんじりと「多天満」の幟、北の町のだんじりと「正一位伊曾乃」の幟、川原町のだんじりの土台幕は牡丹、「正一位伊」の幟。永易のだんじりと「多天満」の幟。常心のだんじりと「正一位伊」の幟。喜多川のだんじりと「正一位伊曾」の幟。神拝のだんじりと「多天満」の幟。喜多町のだんじり。横黒のだんじりの土台幕は猩々と酒瓶。栄町は白木三層、朱の高欄のだんじり。魚屋町と中の町のだんじりは黒塗り三層。大師町のだんじりは白木三層。新地のだんじりは黒塗り三層。東町のだんじりは白木三層、朱の高欄。紺屋町のだんじりは黒塗り三層。上横町のだんじりは朱塗り三層。中西のみこしの曳き手として子供三人、大人三人。鬼子が肩車されている。中西のみこしの押し手二人。裃姿の神輿太鼓宰領が一台に付き、二人ずつ警固している。朔日市のみこしは曳き手六人と押し手四人。喜多浜のみこしは曳き手七人と押し手四人。喜多川のみこしは曳き

表 2　江戸時代における伊曾乃祭礼風流の変遷

出典 ／ 祭礼風流	磯野蔵番諸事日記 天明 6 年(1786)	東京国立博物館蔵 伊曾乃祭礼細見図	伊曾乃大社蔵 伊曾乃大社祭礼略図
屋台または だんじり	中野村 福武村 大町北組 大町河原町 北町 魚屋町(西陣) 中野町(西陣) 大師町(西陣) 東町(西陣) 紺屋町(西陣) 横町(西陣)※	中野村 北の町 福武村 大町南組 喜多川村 永易村 河原町 神拝村 古川分土場 朔日市横黒 明屋敷 魚屋町(西陣) 中の町(西陣) 大師町(西陣) 東町新地 東町(西陣) 紺屋町(西陣) 上横町(西陣)	中野村 北の町 川原町 永易 常心 喜多川 神拝 喜多町 横黒 栄町 魚屋町(西陣) 中の町(西陣) 大師町(西陣) 新地 東町(西陣) 紺屋町(西陣) 上横町(西陣)
笠鉾	北(喜多)川村		
みこし		喜多川村 喜多濱 朔日市村 新町	中西 朔日市村 喜多濱 喜多川 新町
船だんじり		船持中より出す	描かれている
御供だんじり	本町(西陣)	本町(西陣)	本町(西陣)
狂言台		下組車 上組車	上組車 下組車

(西陣)は西条陣屋町を表わす
喜多川(村)のみ、だんじりとみこしを出しているので下線を引いた
※横町以外は屋台と幟 5 本が 1 組であるが、横町のみは幟はない

手四人と押し手三人。新町のみこしは曳き手五人と押し手三人。「正一位伊曾乃大社」の幟持ち。二人立ちの獅子。獅子を棒で追う黒鬼と赤鬼一人ずつ。女房二人。御神輿一基を乗せた船だんじり。「正一位伊曾乃大社」の幟持ち四人。棒打ちをしつつ進む白鬼五人、赤鬼五人、黒鬼十人、肩車をされた赤鬼子一人。鉄砲を担いだ藩士

四十一人が横二列で進む。参勤交代（大名行列）の風流として、先箱二人（交替二人）、槍六人（交替六人）、羽熊二人（交替二人）、台笠一人（交替一人）、立傘一人（交替一人）、鑓六人、弓二人、社旗と鉾二、神饌（唐櫃）二、四神旗と鉾四、神饌（唐櫃）二、巴太鼓、帯刀の宰領役の町人（藩士の可能性もある）十八人、神主九人（太刀・御幣・榊持ち各一人）、神子一人、鳳凰をいただいた御神輿、駕輿丁二十六人、鉾持ち二人、神馬一頭、神饌（唐櫃）二、先箱二、立傘、乗輿の神主父、駕籠の権神主、正神主の一行が続く。本町の御供屋台は白木三層、上部に御幣は描かれていない。後に女房などの人々が続く。

以降は「御殿前略景」として、御旅所から神社までの還幸の途中の風景を描く。西条陣屋前に御神輿を、堀端にだんじりとみこしを据えて神事を行なっている。次に、時間としては逆行するが、「御旅所略景」として、浄屋に駐輦している神輿、相撲、子供狂言を見物する黒山の人だかりが描かれている。最後に「小供狂言之図」として、上組車と下組車の上演風景が描かれている。

『細見図』が伊曾乃本と相違する点は、だんじりの上層部にさまざまな造り物が見える点である。これはだんじりの歴史を考える上で非常に貴重な資料となっている。例えば、橋に薙刀、植物と農具、松に鶴、女人形、綱に太刀、薄、桜、猿の三番叟、案山子、御幣である。だんじりの造り物の趣向には流行り廃りがあったり、マンネリを避けることもあり、毎年あるいは数年に一度は替えていたものと推測される。大師町と中野町のつくり物は薄に蝶であり、江戸天下祭りの武蔵野を連想させる。武蔵野はなんらかの事情で費用のかかる祭礼の造り物を出せない場合の間に合わせである。

南予地方には人形を乗せた山車が各地に登場する（愛媛県歴史文化博物館『愛媛まつり紀行』、大本敬久氏「愛媛の祭礼風流誌」）。高欄付きの台の上に人形を乗せ、唐破風屋根で覆い、台下にて三味線や鉦、太鼓で囃すという構造である。台の部分には木彫りの鮮やかな彫刻がある。豊臣秀吉、加藤清正、神功皇后の三韓征伐などとともに、伊方町小中浦では五条大橋に牛若丸と弁慶の人形もあり、伊曽乃祭礼にも同様のテーマがある。本町だんじりは御供屋台と称され、毎年、御幣をのせた特別なものであったようである。伊曽乃本では隅提灯に町名が記されているが、『細見図』のだんじりやみこしは短冊型貼札や幟に町名が記されている。

描かれただんじり十九台、みこし四台、船だんじり一台の数は、『西条誌』のだんじり十九台、みこし四台とほぼ一致し、この絵巻は天保十三年（一八四二）ころの様子を描いていると考えられよう。『細見図』では古川分土場と福武のだんじりが描かれ、伊曽乃本では栄町のだんじりと中西のみこしが描かれている。『細見図』と、伊曽乃本では、陣屋町以外のだんじり及びみこしの運行の順番が異なるのは、籤などで決めたものか、描写時に行列順が乱れていたものか、絵巻が現実を反映していなかったものか、不明である。中野村のだんじりは先頭、本町の御供屋台は殿（しんがり）、本町以外の陣屋町六町（魚屋・中野・大師・東・紺屋・横の順）の位置は決まっていたらしい。細部の違いとしては、『細見図』の明屋敷が伊曽乃本においては喜多町とある点、前者では大町南組（大南）が後者では常心とある点である。

表2によると、天明六年（一七八六）から約半世紀の間に、だんじりとしては大町南組（常心）、喜多川村、永易村、神拝村、横黒村、古川分土場、栄町、東町新地の分が増加している。北（喜多）川は傘鉾を出さなくなり、両絵巻ともにだんじりとみこしを出している。天明六年に傘鉾を出したのも、絵巻でだんじりとみこし両方を出したのも喜多川だけであるので、特別な役割を担ったものかもしれない。

佐藤秀之氏は『細見図』の成立を一八二六～四〇年、伊曽乃本絵巻の成立を一八四〇～六二年と推定されている（筆者へのメモ）。前者には文政九年（一八二六）創建の喜多浜みこしが描かれるので上限が決まり、天保十一年（一八四〇）改造の現存神拝村のだんじりと『細見図』の描写では形態が違う点から下限を決めている。伊曽乃本に関しては、神拝村の天保十一年改造黒塗り三層の描写で上限を決め、下限は文久二年（一八六二）改造の現存魚屋町のだんじりからの考察である。伊曾乃本は「造り物だんじり」の終焉以降の最幕末に描かれた可能性も指摘できる。

佐藤氏の描写年代考証は拝聴すべき説であるが、『細見図』が描かれた背景から私説を述べてみよう。天保六年、第九代藩主松平頼学《よりさと》は大小六十艘の船行列で西条に入部した。享保十四年（一七二九）以来百年を越える間、久しく中絶していた藩主の入国に領内は歓喜してこれを迎えた。『南紀徳川史』によると、天保六年五月六日に西条へ着き、翌七年一月二十七日に西条を発っている。滞在中の九月、領内の地誌を編纂させ、樋之口分の庄屋國平を絵師として伴い、以降七ヶ年を費やして天保十三年に完成したのが『西條誌』である。『細見図』も伝来から考えて、頼学が専門絵師に描かせたものであろう。以上から考えると、『細見図』の景観年代は天保六年としてよいのではないか。藩主在国で祭礼は盛り上り、頼学自身書画を能くし、天保六年の祭礼を上覧している。『細見図』は頼学が在国の祭礼の殷賑を、領内の実態報告として江戸に報告するために描かせたのではないか。ところで、第十五代和歌山藩主茂承は西条松平家から紀伊徳川家を継ぎ、明治十七年侯爵を授けられている。『細見図』は西条松平家―徳川達道―徳川宗敬―東京国立博物館という伝来か、紀伊徳川家（茂承）を介して達道が収集したものか、いずれであろう。

描かれただんじりとみこしの造型、構造からみると佐藤氏の年代考証は正しいが、描かれた背景から考えると、『細見図』は天保六年（一八三五）九月十四・十五日両日の祭礼を描いたものと思われる。

五　だんじり

植木行宣氏による山鉾の分類（前掲『山・鉾・屋台の祭り―風流の開花』）を載せる（表3）。この分類によると、伊曾乃祭礼の傘（笠）鉾は「ホコ系の笠鉾タイプ」、だんじりと船だんじりは「囃子系の囃子屋台タイプ」、みこしは「囃子系の太鼓屋台タイプ」、狂言台は「囃子系の芸屋台タイプ」に属する。だんじりは外観的には、建造物的な二、三層の社殿風、城郭風造型が主体となる。この特徴は「ヤマ系の飾り山タイプ」と共通するが、伊曾乃の場合専用の囃子を主とするので囃子屋台に分類でき、底抜け屋台の徒囃子である。先述したように見せ所でとまって囃したのであろう。天明六年には依代を具象する母衣や傘鉾が確認されているが、以降姿を消している。囃す行為に楽しみを求めるだんじりやみこしの祭礼になったのである。植木氏も主張しているように、全てこの分類に整然とおさまるものでもない。例えば、だんじりにしても、みこしにしても、江戸期は隅提灯のみであったが、現在のように夜間提灯で覆われると、灯籠を山風に拵えた風流灯籠である「ヤマ系の灯籠山」（西条の場合は提灯山）とみなした方がふさわしいかもしれない。西条祭りのだんじりと同様のものは小松や東予市にも分布している。例えば、周桑郡小松町の各所で十月十四〜十七日に多数のだんじりが集って勇壮な舁き比べ大会や統一運行がある。『雨夜之伽草』にいう「楽車」とはまさに、囃子（「楽」）の車をいう。伊曾乃の祭礼では舁きだんじりが特徴である。先述したように、それを可能にしたのは本来、襖、唐紙、障子などを素材とした軽量性

表 3　山鉾の分類

- 山鉾
  - 囃されるもの
    - ホコ系
      - 鉾　　祇園祭りの鉾
      - 笠鉾　　高岡の御車山、秩父祭りの笠鉾
    - ヤマ系
      - 作り山　　博多山笠、敦賀祭りの曳山　角館祭りの曳山
      - 人形山　　江戸型山車、名古屋型山車　大津祭りの曳山
      - 飾り山　　三つ山神事の山
      - 灯籠山　　夜高行灯、ネプタ
  - 囃すもの
    - 囃子系
      - 芸屋台　　長浜祭りの曳山、秩父祭りの屋台
      - 囃子屋台　　城端の庵屋台、岸和田の地車
      - 太鼓屋台　　新居浜祭りの太鼓台

（植木行宣氏『山・鉾・屋台の祭り』より）

であろう。この素材は可塑性に優れ、耐久性に劣る。特に、雨風、日照に弱い特徴を持つ。

さて、伊曾乃祭礼のだんじりは「屋躰（体）」が文献上の初出である。一般的には屋台・屋体・家体と表記されることが多く、『日本国語大辞典』第二版（小学館）によると、小さい家の形をした台で、特に祭礼などの際、中に御神体などをまつり、持ち運ぶようにしたものをいう。台車を付け、人形・飾り・囃子方などを乗せて練り歩く道具である。随筆『我衣』（一八二五年）には「やたいと云物、正徳年中迄有之、其始は寛永頃よりも有けるにや、大ぎゃう（大仰）に成たるは元禄の頃より初たり、享保年中より御停止、やたいと云は、一間に九尺程に床をつくり、手すりかうらん（高欄）を付て、其内に人形を二ツ或は三ツすへて、すそに幕を張、まくの内に鐘太鼓笛等の鳴物を入てはやす、牛馬にて引くなり」とある。『日葡辞書』のやたいの項にも、家の形、外観とあるように、本物の家や店などの作り、構えを言った。これが能楽や演劇などで、舞台の上にしつらえた家屋・宮殿・社殿・仏閣・陣屋にみせる簡素化された建築物をさす事例が十七世紀には現れた（『男色大鑑』）。先の『我衣』の記述によると、舞台の大道具に先立ち、祭礼の屋台の呼称が現れたという。東照宮祭礼など、初期城下町祭礼において祭礼風流が登場する時期は十七世紀前半あたりであるので、『我衣』の記述は信憑性を有する。

だんじりとは、近畿地方を中心として西日本に分布する祭礼の屋台をいう。檀尻、車楽、楽車、檀輾、段尻、台躙、檀輾、楼車などの漢字で表記される。文献上早い事例は、『言経卿記』天正十七年（一五八九）四月十五日条にみえる、摂津天王寺（現大阪市）の法会「土塔会」の再興に関する記事といわれる。「ホコ二、ダンシリ二」の記載があり、だんじりと鉾が出ていた。河内地方の花車楽もほぼこの時期の成立と考えられている。俳諧『音頭集』（一六七四年）秋には「たん尻は又みる山のふしき哉（季吟）」とあり、だんじりには山のミニチュアのイメージがある。

歌舞伎で舞台に登場する「出の芸」として、丹前六方が知られている（服部幸雄氏『歌舞伎のキーワード』岩波書店、一九八九年）。大坂において、この芸のことを「出端《では》」とか「だんじり」と称していた。また、天和頃、江戸で中村勘三郎の向こうを張って子供芝居を興行した中村善五郎座は、もともと軽業をやっていた都伝内（いにしへ伝内）の流れを汲んでいたという。そこで行なわれた芸能を、弥之助芝居といったが、元禄六年（一六九三）十二月十三日に松平大和守の屋敷で上演したときの演目に「段じり舞　狂言三人」があった。和田修氏は段じり舞を子供による六法のような芸態と推測している（小松市史講座資料、「曳山子供芝居の演劇史的考察」二〇〇二年十一月三十日）。この名称から考えると、もともとだんじり上における六法の所作による「出の芸」が、舞台においても上演されたものと考えられよう。

『書言字考節用集』三（一七一七年）には「車楽　ダンジリ　摂州　大坂天満祭礼」とあり、車楽の早い用例である。江戸でもだんじりは用いられており、『月堂見聞集』巻之十三（一七二二年）に「江戸山王神事練物駄尻等夥多」とあり、江戸の曳山、屋台をだんじりと称している文献はこのほかにも少なくない。『物類称呼』四（一七七五年）には「屋台　やたい　東国にて、やたいと云、大坂及西国にて、だんじりと云」と、東のやたい、西のだんじりを区別し、『守貞漫稿』には祇園祭りの山鉾、大坂のだんじり、江戸のだしが「異制同意」であるという。『武江年表補正略』に、踊り屋台のもとは「台尻にて、難波にてだんじりといふ」とあるが、その呼称には判然とした地域差があるとも言いきれない。近代国語辞書で山車を最初に採用した『言海』（明治二十三年）は「だし　山車〈飾物ニ出ス意カ〉祭礼ノだんじり（東京）」とあり、当時だんじりの称が全国的に一般的であり、また同書には「だんじり　車楽、山車〈台躙ノ転カ〉祭礼ノ行装ニ引キ廻ハス飾物ノ名。山、人物、草木、禽獣ナド甚ダ高ク作リ立テテ、錦繡ナド絡ヒ、車ニ載セテ囃シ行ク。関東ニだし、京畿ニ山、鉾ナドイフモコレナリ」と記され、語源は「台躙《に》じり」と解釈されている。河内や摂津のだんじりには少し前まではニワカが付き、芸能と対になるものが少なくなかった。形態としては和歌山粉川祭りの鉾や岸和田祭りの囃子屋台、津島祭りの人形山のような様々な造型をだんじりと称している(前掲『山・鉾・屋台の祭り―風流の開花』)。また、だんじりを地車と宛てる用例は西日本に分布するが、現在では摂河泉(大阪・兵庫南部)の地車が知られる。地車の初出は元禄二年(一六八九)の井上通女の『帰家日記』とされる(作美陽一氏『大江戸天下祭り』河出書房新社、一九九六年)。幕末や明治初期の大坂(阪)では天満宮、御霊神社、坐摩神社、高津宮、生国魂神社などの祭礼史料に地車があてられ、『近来年代記』等に頻出する。安永九年(一七八〇)の天神祭りには八十四基もの地車が出た記録があるという。地車という漢字は江戸の山車に対して用いられていったものと思われる。造り山が動く山車に対し、地が動くことを連想させるほど豪壮な祭礼振りから地車と宛てられたものと思われる。山車と書き、だしと読ませる「山車」は近代に生まれた用語であるが(前掲『山・鉾・屋台の祭り―風流の開花』)、大正五年(一九一六)折口信夫の『髯籠の話』以降、急速に一般化してゆく。そして、山車の語の普及以降、関東の山車に対して、「地車」があてられた関西のだんじりも多いものと思われる。

西条藩領域におけるだんじりの初見は、伊曾乃祭礼ではなく、新居浜一宮神社祭礼である(以下は『新居浜太鼓台』新居浜市立図書館、一九九〇年を参照)。『一宮神社文書』に、正徳元(一七一一)、享保元・二年(一七一六・一七)の「台車」の記載があり、正徳三年には同様の台車が「だんじり二つ」と表記されている。いずれにしても、「台車」の記載より、伊曾乃とは異なる「車付きの曳きだんじり」であると推定される。また、「白石文書」寛政二年(一七九〇)九月の記事によると、「檀尻引」きの子供五、六人に俄を踊らせる願いを村役人が大庄屋に出している。

さて、佐藤秀之氏は伊曾乃祭礼におけるだんじりの変遷を次の三期に分けて考えている(筆者への書簡)。前期はだんじり上で芝居を演じる「芸だんじり」(新居浜の事例に有る)であったものが、宝暦年間(一七五一~六四)の狂言禁止令により、絵巻にみる二台の狂言台のみになった。中期は「造り物だんじり」旺盛であったが、天保十三年（一八四二）の華美禁制によって、後期には造り物もなくなり、現在の旗を掲げる姿になった。

これに対して、筆者は伊曾乃祭礼のだんじりの変遷を次のように二期に考える。前期は上層に造り物があった「造り物だんじり」と、後期は水引幕が伸びて旗が正面に飾られる現在の「旗だんじり」である。伊曾乃祭礼においては歌舞伎狂言を演じたのは始めから狂言台二台のみであろう。狂言台は他のだんじりとは構造が異なり、伊曾乃祭礼のだんじり上においては、子供であっても人間が芸をやることはなかったであろう。次に、造り物から旗への変化の要因を考えてみる。佐藤氏は天保期の領主よりの禁制を画期と考察されたが、確かにだんじり上の造り物を毎年あるいは数年毎に替える場合、奢侈禁制の対象となるかもしれない。しかし、幕末、近代初期まで続いた造り物もあったものと思われる。それが途絶えたのは、むしろ、風流精神や各世代共通の娯楽、教養知識の喪失であったのではないか。造り物は当座性、一回性などの風流の美意識と、芝居や読書を背景に理解される場面構成（見得など）である。激動の時代にこの文化伝統が喪失し初めた時、造り物はなくなったのではないか。その代償として、日清・日露戦争勝利祝賀という国民国家統合の象徴である旭日旗などの旗や地域の旗を飾る趣向が流行し、現在に至ったものと思われる。

六　みこし太鼓

西条市や東予市には、「みこし」もしくは「みこしだんじり」と称する車輪を付けて曳く型の布団太鼓が見られる。瀬戸内地方では主に舁《か》く形態の、御（神）輿太鼓、御輿だんじり、太鼓台、布団だんじり、布団太鼓などと称す祭礼風流が好まれている。鋲打ちの大太鼓を台組や櫓組の中に据えて、主に青少年が乗り込み打ち囃すものである。四本柱吹き抜けの比較的簡素な構造に、何重もの大座布団を乗せる。瀬戸内海沿岸の布団太鼓は、太鼓による囃子よりも、華やかな布団を重ねる造型美とダイナミックな舁《か》き（さし）上げ、荒々しい太鼓練りの方にウェートが置かれているともいえよう。植木氏（前掲『山・鉾・屋台の祭り—風流の開花』）によると、この系譜は大阪淀川沿いに伊賀辺りまで入り、日本海の海路に沿うように山陰の海岸部にも流布している。布団太鼓は、江戸時代に上方で発生したものというのが通説である。十八世紀後半から化政期（一八〇四〜三〇）頃に、現在のような布団を積み重ねた形のものが、海上交通の発達と相俟って瀬戸内を中心とする西日本の各地に伝播した。東は三重県、近畿では大阪府、京都府、兵庫県、奈良県、和歌山県、山陽地方、四国各県、九州では大分県、宮崎県、長崎県に点在している。東予地方の宇摩平野の祭礼は太鼓台が中心であるが、新居浜型の太鼓台とは異なり、屋根布団が七枚（新浜型は八〜十枚）であり、高欄の前後に掛け布団を付けるという特徴を持つ。これは香川県西部の「ちょうさ」と共通しており、地域的にも県境を接しているため、そちらの祭礼文化圏に属しているともいえる（前掲大本氏「愛媛の祭礼風流誌」）。伊曾乃祭礼の場合は、太鼓・鉦・締め太鼓をのせて三人の子供が打ち鳴らし、赤と黒の華やかな布団を五枚重ねて屋根としている。一般に、太鼓台は人が舁いて移動するものが多く、ところによっては臨時に車を付けて曳くところもある。伊曾乃祭礼のみこしは、近世以来、大型の木車が付いており、曳き棒や綱で曳くものである。先述した通り、天明六年（一七八六）時点では北川（喜多川）村は傘鉾を出し、みこしは登場していない。文政九年（一八二六）、西条の北（喜多）浜が「みこし太鼓」を建造し（新居浜『一宮神社文書』）、これと前後して天保期までの間に、他のみこしも新造したか、他所のものを購入したのであろう。

新居浜地方に視野を広げてみると、化政期（一八〇四〜三〇年）に入ると、同地方の祭礼様式に大きな変化が見られる（越智廉三氏前掲「史料に見る新居浜太鼓台の歴史」『新居浜太鼓台』新居浜市立図書館、一九九〇年）。それまで二、三十年も続いてきた俄系統の出し物（芸だんじり）が影をひそめた。越智氏によると、「その熱狂性の低い都市風の優美さが、この地方の風土に、ついに根付かず仕舞いになった」とその要因を想定している。また、同氏は「俄がひっこむと、しばらくの間、台車と御船に力を注いでいたが、文政六年（一八二三）ごろから神輿太鼓というニューモードが導入される」と指摘する。

東予地方における布団太鼓の初出は、伊予三島の寛政元年（一七八九）「神輿太鼓控覚帳」（佐藤正治氏蔵）であり、同年には香川県大野原町の大野原八幡宮「御神幸行烈入用覚帳」に「ちょうさ太鼓」が登場している。この時期に讃岐から東予地方に、飾り幕が華麗な布団太鼓が流入してきたようである。

新居浜における布団太鼓の初見は「船大工仲間永代迄の諸覚帳」（『郷土研究』五八号に掲載、一九三二年九月）である。ここに文政六年（一八二三）の「東町太鼓」が記されており、これは神輿太鼓のタイプと考えられている。「太鼓台」の文字の初見は天保四年（一八三三）の大島中町による太鼓台の新造立である。また、文政九年（一八二六）の「一宮文書」に「当方ニテ檀尻再興又ハ近年ニ至リみこし太鼓と申もの出来之節ハ」とあり、だんじり主流からみこし太鼓の隆盛の画期がこの時期にあったことをうかがわせる。

太鼓台の伝播については、久葉裕可氏は「京・大坂（大阪）から西へ—という説明で済まされることが多いが、実際はそれだけではないであろう。各地の祭礼に互いに影響され合いながら、改良を重ねて、今日見られるような形になったものと思われる」（「新居浜の太鼓台」『愛媛民俗伝承の旅　祭りと年中行事』）というが、賛同できる。

七　狂言台

移動式舞台において歌舞伎・所作事・踊り・音曲などの芸能を演じる芸屋台・芸山がいつどのようにして成立したのか。山路興造氏は滋賀県長浜市の「曳山博物館を考えるフォーラム」のなかで、舞車から曳山芝居、曳山歌舞伎へという繋がりがあったことを示唆している。

舞車とは祭礼に際して、その上（中）で芸能を演じる曳山である。車付きであるのでこう呼ばれたものであろう。貞治三年(一三六四)を初見とし、京都祇園会に久世舞車が室町将軍家から調進された。これは上で曲舞を演じるものであり、下京以外から出ていた。久世舞車は南北朝を過ぎると姿を消していく(前掲『山・鉾・屋台の祭り―風流の開花』)ともされるが、『花営三代記』応永二十八年(一四二一)六月七日条の「有祇園会、舞車御所へ参る」など、舞車を将軍が上覧することなどが続いていた。京都祇園会の鉾の中で、鉾を囃す羯鼓舞を演じている画像資料として、桃山期の「模本月次祭礼図」(東京国立博物館蔵)が著名である。さらに、滋賀県多賀大社を描いた二種類の参詣曼荼羅に描かれている舞車も、曳山芝居を考える資料として貴重である。桃山期の作例と推定されるサントリー美術館本では廻廊付近の曳山が描かれている。屋根は入母屋で板葺き、四本の柱と板張りの床、四輪の御所車風の曳山である。多賀大社本は江戸初期の作例で、曳山は随身門の上手に描かれており、桧皮葺き、入母屋の屋根、三本の柱、板張りの舞台、そしてやはり御所車風の両輪が見える。舞台の上には三人の演者がおり、真中の人物は白尉面をつけ、狩衣を着、手には扇を持ち能を演じている。南北朝・室町時代を通じて、多賀大社周辺には六座の猿楽があり、その内二座は長浜にあったと能勢朝次は考証している(『能楽源流考』岩波書店、一九三八年)。長浜曳山歌舞伎は在地史料からすると、十七世紀に遡ることを想定されつつも、芸屋台形式の曳山の成立に関する確実な史料は十八世紀半ばの『近江輿地志略』である(「曳山祭の成立」『長浜曳山祭総合調査報告書』第二章、長浜市、一九九六年三月)。近江においては、寛永十五年(一六三八)、大津で三輪屋台造りという、現在の四宮祭りに曳き出される曳山(絡繰山)の原形が登場する(中島誠一氏「芸山の分布―形態に関する考察」前掲『長浜曳山祭総合調査報告書』第五章第一節)。

伊曾乃祭礼の事例を検討しよう。『雨夜之伽草』などの文献では、狂言台と称している子供歌舞伎狂言の移動舞台である。西条の狂言台の名称は狂言屋台の省略とも推測される。伊曾乃本には御旅所における子供狂言の様子が、見重を写し取るがごとくみごとに描かれている。『細見図』には狂言台の曳行時の様子が描かれている。

六本柱の構造からみると、両絵巻とも、左右張り出し構造であったようである。『細見図』によると、曳行時には側面が振動によって上下しているような印象を受け、仕切りの御簾も見えない。上演時には、左右の張り出し部分につっかえ棒をして、後部の囃子座との間に御簾を垂らし、花道を付けるなどの準備を、御旅所で行なったものと思われる。『雨夜之伽草』によると、十四日に城下の町より狂言台を曳き来り、上組・下組二車の子供狂言がかわるがわる演じられる。見物の群衆が人の山を築くとあり、祭礼の第一目に御旅所で子供狂言が演じられたらしい。上組車と下組車に関しては、大町組と氷見組という二つの村組がそれぞれ上組車と下組車を出したのかもしれない。謡曲の番外曲である『舞車』によると、遠江見付では、祇園祭の前夜、ここの宿に泊まった旅人二人に、東西二つの舞車の上で舞わせる習慣があった。二つの車が出て、上演を競い合うのは伊曾乃に限らず古くからあったことであろう。

以下、越智廉三氏の所説（前掲論文）によって新居浜と西条の狂言屋台の系譜を紹介しておこう。

寛延三年（一七五〇）、西条藩は飢饉などのため倹約令を出している。例えば、『福田文書』によれば、伊曾乃祭礼の雇相撲を改め、軽く寄相撲で済ませ、勧進能・相撲・繰り・見世物などを領内へ留め置かず、他領の見世物も差し留めた。宝暦三年（一七五三）には藩内に宝暦一揆が発生し、同六年には西条藩役人は、神事祭礼の節、神いさめのため、踊り・狂言浄瑠璃をもてあそぶなどは愚にして不敬の至り、との示達を出している（『福田家文書』）。これ以前、祭礼時に、踊りや狂言浄瑠璃が流行し始めたようであり、宝暦十年（一七六〇）には、祭礼に「俄」と名付けた歌舞伎狂言躰のものや子供角力興行などを催し、風俗を乱し、家業を怠るものがあり、郡奉行より禁止の触書が出ている（『大島村上家文書』）。安永八年（一七七九）に新居浜の東須賀に狂言屋台が建造され、一宮神社神前に奉納している（『一宮年代記』新居浜市史資料）。天明五年（一七八五）垣生村が初めて芸だんじりを出し、子供が芸能をし、翌六年同村は村内と八幡神社で子供芸をし、沢津村も大島より芸だんじりを借りて子供芸をさせた（『大原家文書』）。天明八年、沢津村は芸だんじりを新調し、沢津・垣生とも芸能をし、寛政八年（一七九六）にも同村は芸だんじりを出した（同家文書）。寛政十一年（一七九九）六月に幕府は祭礼の際の芝居・見世物などの禁止の触れを出し、芸だんじりも止んだ（同家文書。『御触書天保集成』九五三六号）。同年、垣生村が州之内村の大工に一貫三百目で注文していた新調の芸だんじりが九月に納品されたが、祭り芸、浄瑠璃は御公儀より差し止められているので、芸能はなかった（同家文書）。文化元年（一八〇四）と二年の祭礼は簡素にし、子供踊りなどの差し留めの御達しが出、伊曾乃祭礼でも子供狂言様のものを差し留め、錺り物・宮相撲様のものをしばらく省略するよう御達しがあった（『小野家文書、御用方留帳』）。

文化年間（一八〇〇年代以降）に入ると、新居浜地方では俄だんじり（芸屋台）のブームが衰え、台車（だんじり）と御船（船だんじり）の祭礼への回帰の傾向を示してくる。これが太鼓台流行前の情勢であった。

先述した『西条市生活文化誌』によると、徳川幕府の寛政改革により西条藩においても狂言は差し止められ、幕末には復活したようだが、明治以後廃れたとある。

八　船だんじりと鬼

船だんじりイメージの原型は船代、御船代にあろう。これは天磐船の形といわれ、遷宮の時にも用いられる。陸上渡御をする船型の曳きだんじりに関しても、史料上は京都の祇園会の事例が早い。中原康富は応永二十九年（一四二二）の京都祇園会の様子を「桙・山・船已下の風流、美を尽す」と記し、例年の通りであるといっている（『康富記』）。この船が現在のような船鉾の前身か、現在の山のような船型山か不明であるが、少なくとも「船」型はこれ以前に登場している。

瀬戸内海には神輿を乗せて海上渡御をする船が多いが、車を付けて曳いて陸渡御をする形態の船型のだんじりも多い。新居浜浦一宮神社祭礼の船型だんじりは、文化三年（一八〇六）の「御船新造立」（『一宮年代記』市史資料）や『西条誌』に見える。川之江市川之江町東浜の関船「八幡丸」も文化三年（「役用記」川之江市立図書館蔵）に記載されている。現在、土居、川之江、寒川、三島などに伝承されており、全国的にも船型の山車は多い。船型のだんじりは、船だんじり・御船・船車・御船屋台ともいい、神輿をのせて渡御する事例が多い。江戸時代、将軍や大名などの乗る豪華な船を御座船といい、特に御召関船と呼ばれた海御座船は西国大名などが参勤交代のために国元から大坂までの航海に用いたものが代表的である。天保六年、藩主頼学の西条入部の際にも御座船が用いられている。富裕な町人などが川遊びに用いた屋形船を大名を真似て町御座船、町屋形船などというが、祭礼の船だんじりはこのような規模のものである。伊曾乃祭礼には、宝暦十一年（一七六一）の『年番日記』に「御船」は見られる。飾った船屋形（館）の内で太鼓を打つ囃子である。『雨夜之伽草』には「船車」と記され、粧飾る船の屋形の内で太鼓を打ち、船謡を歌うとある。同書によると、伊曾乃神社末社に祭られている船玉明神の細い神輿を載せて渡御するものであり、伊曾乃本絵巻には船だんじりに乗った船玉神社の神輿が描かれている。『細見図』の貼札によると、「船持中」が出すとある。黒川裕直氏（『予州新居浜浦』、一九七五年）によると、西条藩の御船歌として「都あたり」「恋くどき」など三百四十もの歌詞があるというが、久門正雄氏（『国語拾遺語原考』新紀元社、一九六〇年）によると、船歌は明治中頃には既に廃れていたという。

鬼は神輿が通過する道を清める露払いとして解釈される。鬼頭は神輿の神幸やだんじりの行列の監督を勤め、祭礼執行に対して絶対的な権限を持つ。現在では鬼頭会が組織され、衣装は黒い股引と半纏に、多くの小さい白糸の房を付けたものを着て、黒い足袋をはき、黒い帽子を被り、腰に鬼面をつけることに統一されている。西条市立博物館には、明治時代中期に使用された鬼頭の面が保存されているが、大本氏の表現（前掲「愛媛の祭礼風流誌」）によれば伎楽の迦楼羅のような形相で、牙を鋭く表現している。絵巻を見ても、実際に鬼面を被っているものや、棒先に鬼面をつけているもの、形相についても一般的な鬼や迦楼羅、天狗のようなものまでさまざまな種類がある。

これらの鬼は、祭りの当日、神輿渡御の先導し、地区内の家々を廻ったりして露祓い、悪魔祓いをする役割を果たす。西条の場合はだんじりが暴れたり、行列を乱すことのないように祭りを統括する。鬼は新居大島、西条、新居浜の祭礼に出る。ダイバ(提婆)・ダイバンと称する鬼面をつけた露払いは県内各地にみられる。

九　瀬戸内祭礼文化圏

伊曾乃祭礼に展開した、屋台、みこし、船だんじり、狂言台、傘鉾などの祭礼風流を考える時、そこに瀬戸内祭礼文化圏という視点の導入が必要である。例えば、守屋毅氏が『愛媛の祭りと民俗』(雄山閣、一九七八年)で示した「環瀬戸内海文化」という視点である。「櫂ねり・櫂伝馬・船踊り—瀬戸内の海の祭り—」は瀬戸内海の海祭りの類型を浮き彫りにした論文であるが、内陸部の伊曾乃祭礼にもこの提言が敷衍できよう。佐藤秀之氏が「新居大島秋祭の一考察」(『文化愛媛』一八、一九八八年)において注目したのもこのような視点である。

西条では、二層、三層の担いだんじり(屋台)しか見られない。ところが新居大島には一層の担いだんじりが三台、三層屋台の中に見られる(併存している—福原註)。(中略)一七〇〇年代に上方より伝わった古い担いだんじりの型式が残っているとも考えられる。新居浜浦の「だんじり」の文字の初見は正徳三年(一七一三)であるから大島への伝播はそれ以前である可能性が大きい。新居浜浦は天明・寛政期(一七八〇年代)は曳きだんじりの全盛であり、文化・文政期の太鼓台伝播の嵐の中で明治までに太鼓台に主役を奪われ姿を消した。東からの太鼓台伝播の中、西条以西と大島に担いだんじりが残った。(中略)(大島は—福原註)西条藩内第一の湊として文化の先進地であり、上方との交流も多かったため上方だんじりの建築様式が多く見られる。四条、氷見、小松等のだんじりより発展した形態とみると大島に最も早くだんじり（屋台）が伝わり、近隣の町村に影響を与えながら独自に発達したものと考えられる。（中略）太鼓台は、長崎などを除き主として瀬戸内海地域に分布している。（中略）太鼓台、ふとん太鼓は、屋台より後に伝播している。もともと上方で一六〇〇年代に造られ始めたようだが海上交通の発達とともに瀬戸内海沿岸地方へ伝わった。伊予では、寛政元年（一七八九）伊予三島での記録が初見である。文化・文政頃には川之江、新居浜、西条に相ついで御輿太鼓が登場しており、東予地方の豪華な太鼓台のもとができている

と、瀬戸内海の海上交通を介して伝播・交流する祭礼文化圏について論じている。また、同氏が注目した大島八幡宮祭礼の宝暦八年（一七五八）の記録に、祭礼行列に幟一三丁、屋台二ツ、聖二ツとあり、屋台や練物の初見記事は伊曾乃祭礼よりも早い。隣接した新居浜においては、だんじりの時代（登場してから、毎年でていたものではなく、可能な限り奉納したものであろう）が百年余り続き、化政期になって漸次、太鼓台が取って代った。

西条の場合は、だんじりがみこしに駆逐されずに、併存して見事な調和を遂げている。屋台（だんじり）の記録が現れた江戸時代中期以降、貨幣経済が藩領内に浸透して、屋台彫刻などに財を注ぎ込む経済的余裕もできたものと思われる。また、新居浜浦は元禄四年（一六九一）の別子銅山開抗から賑い、京都糸割符仲間など上方との経済交流が江戸中期以降活発になっている。西条藩特産の奉書紙生産も注目される。神拝村には藩営の紙漉長屋と紙方役所などが設置され、文政十年（一八二七）完成した加茂川尻の港から大坂へ出荷した。

大本氏は、西条だんじりや新居浜太鼓台のように、「見せる」ことを意識しながら、次第に大型化し、台数も増え、祭礼が大規模化した祭礼を東予地方の特色とする（前掲「愛媛の祭礼風流誌」）。その要因としては、経済的に豊かであったこと、地区間での装飾の競い合いが激しかったことを上げており、この祭礼風流の発達に比して、獅子舞や神楽などの民俗芸能が他地域に比べて少ないことも指摘している。

佐藤秀之氏は伊曾乃祭礼の歴史的経緯について、「京都の町衆が祇園祭を支えたのと同様に、経済力を持ってきた西条地方の町衆や豪農が、上方の祭礼にならい競いあって新しい「風流」をとりいれたと考えられる。貨幣経済が藩領内に浸透し、海上交通も発達した江戸中期にだんじりが登場するのは当然ともいえる」（前掲『ふるさとの祭り』）と論じているのは妥当な見解である。

おわりに

山路興造氏は、「京都の祇園会を模したものといわれるが、今日のごとく多くの屋台が出る祭りとして華やかさを加えたのは、藩制《(政カ)》時代に西条藩主の松平氏が力を入れるようになってからである」（「西条まつり」文化庁監修『日本民俗芸能事典』一九七六年）と述べている。もちろん領主側の上意下達による振興、奢侈禁制や飢饉などによる規制はあったろうが、それだけではなく、町人側の要求など、さまざまな要因が絡まりあって展開してきたと思われる。

最後に伊曾野祭礼の変遷をまとめておこう。十八世紀後半までは神輿渡御に伴ない、屋台や船とともに母衣・傘鉾が参加していた練物であった。十九世紀の瀬戸内祭礼文化圏の展開のなかで、だんじり・みこし・船の中で囃す嗜好が選ばれ、十九世紀末には趣向を替えた「造り物だんじり」が「旗だんじり」に変っていった。特に『細見図』の描写は精細を極め、だんじりに施された細部の彫刻主題や造り物の流行が見事に表現されている。伊曾乃本には陣屋前における神事、御旅所における相撲や子供狂言上演のようすが描かれ、この二点を合わせると、十九世紀という時代相と、瀬戸内祭礼文化圏という地域相の祭礼意匠が横溢している。ここには歌舞伎などの芸能や読書を通して培った教養、文化が反映している。『細見図』は一地方都市の祭礼絵巻という価値にとどまらず、瀬戸内祭礼文化圏の一指標として位置付けることができるのである。

〔付記〕西条市の祭礼風流研究集団、蝙蝠《へんぷく》団との集会及び佐藤秀之氏との意見交換を元に『細見図』の画面比定をした。特に、佐藤氏の懇切なご指導に対して感謝申し上げる。

本研究は科学研究費補助金、基盤研究(C)(2)「山車等の祭礼シンボル―祭礼風流―の造形に関する民俗学的調査研究」によるものである。

あとがき

御祭騒《おまつりさわぎ》という言葉がある。祭りで大騒ぎをすることから転じて、一般にはわけもなくむやみに騒ぎまくること、ばか騒ぎをいうのであるが、祭りは賑やかなもの、楽しいもの、ということから展開した言葉であり、そこには祭りを待つ心のはたらきがあった。少し堅い話になるが、まつりとは何かについて、その語義について、古来より諸説がある。まつを語根とした言葉で神を待《ま》ち迎える意とか、まつらふ（服従）から発したもので神の命令に従う義であるとか、仕え奉る・立て奉るなどの奉《まつ》るで神に対する奉仕を意味するとか、様々に考えられている。

本居宣長は、政（まつりごと）とは奉仕事（まつりごと）で、臣が天下に奉仕するという形がもとだと考え、神の祭も、まつろひ、神に奉仕るという事であるから、その意味が共通している点を強調した。実際のところはまつりは極めて狭義に、神に奉仕する儀礼だけをさしており、しかも祭りといっても神霊に奉祀する神事《かみごと》を主体とするというよりは饗宴・歌謡・舞楽・芸能・競技・囃子・行列などの祭事に関心がはらわれ、また人の持て囃されていることもあるが、またれるものという祭りの一面は連綿として受け継がれてきているといえよう。

そしてまた、こんにち日本の代表的芸能に数えられる能楽や歌舞伎なども、神事、あるいは祭事奉仕者と深いかかわりのもとに発生し発達してきたこともよく知られているところである。神社神道において祭りのない神社は無い。日本の伝統、文化を考えるとき、祭礼と芸能はきわめて重要な問題である。神社史料研究会叢書の一冊としてとりあげ、題して「祭礼と芸能の文化史」とした所以である。

本書は、薗田稔・福原敏男両氏の編により九本の論考を収めたもので、平成十三年八月に鶴岡八幡宮を会場として行った第七回サマーセミナーで研究発表されたものが中心である。神社史料研究会叢書の第三輯ということであり、出版予定の五冊の折り返し点をようやく過ぎたことになる。それにしても、当初の予定より大幅に遅れたのみならず、大いなる難産であった。しかしそれだけに慶びも大きいといわねばなるまいか。なお、第四輯には『社家文事の地域史』、第五輯には『神社継承の制度史』を予定している。

本書を成すにあたって、研究の上で自由に史料を利用させて頂いた所蔵者、神社史料研究会・サマーセミナーの開催で御世話になった東京大学史料編纂所・鶴岡八幡宮・鎮西大社諏訪神社、そしていつもながら種々厄介をおかけした思文閣出版の長田岳士氏・林秀樹氏・後藤美香子氏に、衷心より御礼を申し上げる。

平成十五年七月

神社史料研究会　代表

橋本政宣

神社史料研究会　研究会発表一覧

平成十三年（二〇〇一）

第二十二回　於東京大学史料編纂所
（通常例会は当所、以下省略）

三月二十二日(木)
千葉県佐原の祭礼について　福原　敏男

第二十三回
六月二十一日(木)
近世鎌倉の祭礼をめぐって
―円覚寺鎮守弁財天社の事例を中心に―　勝田　みほ

第二十四回　平成十三年度サマーセミナー（於鶴岡八幡宮）
八月二十六日(日)
神社廻廊の祭儀と信仰―春日社御廊を中心として―　松尾　恒一
越前志津原白山神社の祭礼芸能
―能装束にみる芸能の伝承と断絶―　宮永　一美
鎌倉幕府の将軍祭祀　岡田　荘司
八月二十七日(月)
鶴岡八幡宮放生会行列と鎌倉十四ヶ村　増田　弦
中世諏訪祭祀における王と王子　島田　潔
社家の文事の地域史序説―柳営御会のことなど―　棚町　知彌
〇鶴岡八幡宮参集殿において、源頼朝木像写をはじめ、社蔵の古文書・古記録を見学した。

第二十五回
十二月七日(金)
『末吉文書』にみる荒和大祓　浦井　祥子

平成十四年（二〇〇二）

第二十六回
六月二十七日(木)
鹿島神宮御戸開神事についての一考察
―物忌職の奉仕を中心として―　森本ちづる

第二十七回　平成十四年度サマーセミナー（於鎮西大社諏訪神社）
九月一日(日)
伊藤栄治・永運の文事―歌学と神道学の近世前期―　川平　敏文
中西信慶の文事―「伊勢歌壇」史をたずねて―　神作　研一
『守武千句』の時代　井上　敏幸
長崎諏訪社「諏訪文庫本」の構成　上野　洋三
九月二日(月)
宇佐宮の出家神主　嵯峨井　建
北野社社家の歌学学習の実態
―香川景樹の添削をめぐって―　菊地　明範
烏森稲荷社山田家の連歌―「歌学集成本」の成立―　入口　敦志
謡曲「諏訪」について　若木　太一

九月三日(火)

○諏訪神社客殿において、社蔵の能面・能衣裳を見学し、午後より貸切バスにて祐徳稲荷神社・高良大社・太宰府天満宮を巡拝し、各社の宝物殿にて社宝を拝観した。

平成十五年（二〇〇三）

第二十八回

四月十六日(水)

北野社の「宮仕衆」について　棚町　知彌

執筆者一覧（執筆順）

薗田　稔（そのだ・みのる）
1936年生。秩父神社宮司、國學院大學特任教授、京都大学名誉教授。著書に、『神道―日本の民族宗教』（弘文堂、1988年）、『誰でもの神道―宗教の日本的可能性』（弘文堂、1998年）、『祭りの現象学』（弘文堂、1990年）、『日本の神仏の辞典』（共著、大修館、2001年）など。

福原敏男（ふくはら・としお）
1957年生。日本女子大学人間社会学部助教授。著書に、『社寺参詣曼荼羅』（大阪市立博物館編、平凡社、1987年）、『祭礼文化史の研究』（法政大学出版局、1995年）、『神仏の表象と儀礼』（国立歴史民俗博物館振興会、2003年）など。

松尾恒一（まつお・こういち）
1963年生。国立歴史民俗博物館民俗研究部助教授。著書に、『延年の芸能史的研究』（岩田書院、1997年）、共著に、『日本史小百科　神道』（東京堂、2002年）、論文に、「御幣に見る南都の神仏習合世界」（『自然と文化』63号、2000年３月）、「魔群・魔性の潜む山―高知県物部村、西山法・猟師の法をめぐる民俗世界―」（『文学』第２巻６号、2001年11・12月）など。

廣瀬千晃（ひろせ・ちあき）
1974年生。総合研究大学院大学生。論文に、「抜頭と相撲節会―勝負楽としての抜頭と陵王」（『智山学報』第50輯、2001年）、「福島県江平遺跡出土竹笛について」（『福島県文化財調査報告書第394集　福島空港・あぶくま南道路遺跡発掘調査報告書12〈江平遺跡〉』、2002年）、「法会と音楽」（『中世寺院の姿とくらし―密教・禅僧・湯屋』国立歴史民俗博物館、2002年）など。

島田　潔（しまだ・きよし）
1963年生。國學院大學日本文化研究所・神道文化学部兼任講師、神道資料館学芸員（非常勤）。論文に、「中世諏訪上社大祝と職位式―即位儀礼の構成と意味―」（『國學院大學日本文化研究所紀要』77、1996年）など。

森本ちづる（もりもと・ちづる）
1970年生。明治神宮総合管理部文化奉賛課研究員。論文に、「神社祭祀における童子女—上賀茂社忌子についての一考察—」(『明治聖徳記念学会紀要』復刊21号、1997年)、など。

宮 永 一 美（みやなが・かずみ）
1970年生。福井県立一乗谷朝倉氏遺跡資料館学芸員。論文に、「朝倉氏と芸能—幸若舞を中心に—」(『戦国大名朝倉氏と一乗谷』、高志書院、2002年)、「戦国大名朝倉氏による芸能の保護と越前猿楽」(『芸能史研究』161号、2003年）など。

髙 橋 寛 司（たかはし・ひろし）
1957年生。埼玉県神社庁学芸員。共著に、『川越氷川祭り調査報告書』本文編・資料編（川越市教育委員会、2003年)、論文に、「近世以降における農業遺跡としての地下室の利用」(『江戸遺跡研究会会報』32号、1991年)、「埼玉の祭礼行事・解説」(『祭礼行事・埼玉県』、おうふう、1995年）など。

軽 部　　弦（かるべ・げん）
1978年生。鶴岡八幡宮出仕。

浦 井 祥 子（うらい・さちこ）
1970年生。徳川林政史研究所非常勤研究生。著書に、『江戸の時刻と時の鐘』（岩田書院、2002年)、論文に、「江戸における情報音をめぐって—時刻・火災の報知などを中心に—」(『史潮』新44号、1998年)、「時の鐘の変遷と衰退をめぐって—上野寛永寺の例を中心として—」(『日本近世国家の諸相Ⅱ』、東京堂出版、2002年）など。

橋 本 政 宣（はしもと・まさのぶ）
1943年生。東京大学史料編纂所教授。著書に、『近世公家社会の研究』（吉川弘文館、2002年)、編著に、『神主と神人の社会史』（思文閣出版、1998年)、『近世武家官位の研究』（続群書類従完成会、1999年）など。

（2003年７月末現在）

祭礼《さいれい》と芸能《げいのう》の文化史《ぶんかし》　神社史料研究会叢書第３輯

平成15年(2003) 8月23日　発行

定価：本体6,500円(税別)

編　者　薗田　稔・福原敏男

発行者　田中周二

発行所　株式会社思文閣出版
〒606-8203 京都市左京区田中関田町２－７
電話 075－751－1781(代表)

印　刷
製　本　株式会社 図書印刷 同朋舎

 ISBN4-7842-1159-4　C3321

既刊図書案内

神主と神人の社会史　神社史料研究会叢書Ⅰ　橋本政宣・山本信吉編

神人の成立（山本信吉）鴨社の祝と返祝詞（嵯峨井建）中世、春日社神人の芸能（松尾恒一）洛中日吉神人の存在形態（宇野日出生）石清水八幡宮神人の経済活動（鍛代敏雄）中世後期地方神社の神主と相論（東四柳史明）戦国期鶴岡八幡宮の歴史的伝統と社務組織・戦国大名（横田光雄）西宮夷願人と神事舞太夫の家職争論をめぐって（佐藤晶子）寛文五年「諸社祢宜神主等法度」と吉田家（橋本政宣）　●A 5 判・320頁／本体 6,500円　ISBN4-7842-0974-3

社寺造営の政治史　神社史料研究会叢書Ⅱ　山本信吉・東四柳史明編

神社修造と社司の成立（山本信吉）建武新政期における東大寺と大勧進（畠山　聡）金沢御堂創建の意義について（木越祐馨）戦国期能登畠山氏と一宮気多社の造営（東四柳史明）中近世移行期における寺社造営の政治性（横田光雄）両部神道遷宮儀礼考（松尾恒一）近世出雲大社の造営遷宮（西岡和彦）諸国東照宮の勧請と造営の政治史（中野光浩）近世における地方神社の造営（橋本政宣）　●A 5 判・312頁／本体 6,500円　ISBN4-7842-1051-2

鎮守の森は甦る　社叢学事始　上田正昭・上田篤編

社叢とは何か（上田篤）社叢の変遷と研究の史脈（上田正昭）社叢研究の現在と新しい研究の方法：１考古学から社叢をみると（高橋美久二）２祭りは時代の文化を映す鏡だ（植木行宣）３絵図・地図に現れた鎮守の森（金坂清則）４鎮守の森は緑の島となる（菅沼孝之）５緑の回廊が動物を豊かにする（渡辺弘之）６やしろは大地を隔離し解放する（藤沢彰）７新しい都市の社叢を創ろう（田中充子）社叢学の可能性（対談：上田正昭・上田篤）
●46判・250頁／本体 2,200円　ISBN4-7842-1086-5

鎮守の森の物語　もうひとつの都市の緑　上田 篤 著

地球環境と自然保護へのとりくみを緑のオアシス「鎮守の森」を通して提言する。はじめに―鎮守の森って何だろう？／鎮守の森を歩く―様々な素顔／山は水甕　森は蛇口―津軽の森と岩木山／火がつくった国土―伊豆の森と山と島／鎮守の森から山を拝む―若狭の森と神の山／ある町の鎮守の森の記録―美浜町のヤシロと遙拝の構造／むすび―鎮守の森はなぜなくならないか／展望―鎮守の森を民俗資料に　●46判・300頁／本体 1,700円　ISBN4-7842-1155-1

王権と神祇　今谷 明 編

王権と宗教に関する新たな見取り図を目指した国際日本文化研究センター共同研究報告書。１古代王権と神祇（岡田荘司・G、エミリア・嵯峨井建）２怪異と卜占（西岡芳文・西山克・今谷明）３神道説の諸様相（田中貴子・阿部泰郎・伊藤聡・大谷節子）４神道と天皇観（白山芳太郎・中村生雄）　●A 5 判・348頁／本体 6,500円　ISBN4-7842-1110-1

三匹獅子舞の研究　笹原亮二著

神奈川県北部に伝来する三匹獅子舞の実態を、民俗芸能における伝承の内実と実践の諸側面を検討することによって明らかにする。　●A 5 判・334頁／本体 6,500円　ISBN4-7842-1151-9

（表示価格は税別）